「近代化遺産」にみる国家と地域の関係性

山本理佳

古今書院

Reconsideration of the Relationship between the Nation and Locality in the Construction of "Modern Heritages"

YAMAMOTO Rika

ISBN978-4-7722-3148-0
Copyright © 2013 by YAMAMOTO Rika
Kokon Shoin Publishers Ltd., Tokyo, 2013

はじめに

　本書の端緒は，もう15年以上前の佐世保市（長崎県）での調査の一幕にあった。佐世保市は近代日本の軍事拠点として発展してきた都市である。戦前は旧海軍の鎮守府・軍港が置かれ，第二次世界大戦後引き続き米海軍の基地および海上自衛隊の地方総監部が置かれた。当時，調査を始めたばかりの著者には，戦前から戦後，軍事的に占有される区域が具体的にどう存続／変化したのか，見当もつかなかった。その疑問を，明治生まれの佐世保の古老になげかけてみた。「戦前の軍港は今と比べてどうだったんでしょうか？　どのように違うんですか？」。抽象的すぎる質問に古老は半ば呆れながら，「もう全っ然違う。戦前と今ではだいぶ変わっている。別物だ」と答えた。

　その後の史資料・文献調査により，砲台・通信施設，水源・水道施設，ほかさまざまな旧軍施設・区域が市，県，民間企業に数多く払い下げられ，転用されていたこと，ただし港湾付近の要所はほぼ日米双方の軍事（防衛）機関が引き継ぎ，押さえてきたことが明らかとなった。つまり，戦後も「軍港」としての港湾設備はほぼ引き継がれていた。この点を受けて，市史をはじめ経済的・歴史的・地域史的研究成果の多くは，戦前・戦後を通じた佐世保市の軍の機能を核とする主要経済基盤の継続性や軍事拠点としての地域構造の連続性を強調していた。

　では，戦前から同じように佐世保港を占拠し，今日に至っても佐世保の地域構造を規定し続ける「軍港」を，古老が「別物」と断じたのはなぜなのか。佐世保で100年近くを生きた古老は，戦後，「軍港」にどのような「別物」を見ていたのだろうか。その後まもなく古老は亡くなり，私は直接答えを得る機会を失った。それから，私はその答えを明らかにするために，佐世保の戦後の変

化を研究していくこととした。

いわゆる「富国強兵」という近代国家の両支柱を担った拠点——すなわち軍事拠点ばかりでなく，重工業産業の拠点となってきた地域は，戦後，さまざまな変化を余儀なくされた。まず，冷戦体制と称される，米ソ両国を核とする資本主義圏／共産主義圏の対立的な政治（軍事）・経済的ブロックが出現し，それぞれに越境的な集団防衛体制が築かれることとなった。敗戦後アメリカとの緊密な共同防衛体制を築き上げてきた日本では，アメリカの駐留軍基地が戦前からの軍事拠点をはじめ，各地に置かれるようになった。さらに1970年代にはアメリカ経済の低迷やオイルショックを契機とする産業構造の転換により，重厚長大産業の生産は大きく減退し，国内重工業地域は不振を余儀なくされた。そこに加えて，1980年代半ばのプラザ合意後，日本の工業系大企業による生産拠点の海外移転化やサービス産業への参入などの多角経営化が進み，国内産業拠点の空洞化が著しく進行した。そして1980年代末の冷戦体制崩壊後には，経済のグローバル化のさらなる進行とともに，軍事においても，越境的な集団防衛体制がますます本格化していくことになった。自衛隊海外派兵や朝鮮半島有事問題による自衛隊活動の拡大化とともに，日米の共同防衛体制のさらなる強化も図られるようになり，国内の各軍事拠点における軍備増強にも拍車がかけられている状況にある。

とくに政治・経済のグローバル化が加速度的に進行し，日本でも経済・軍事的側面の越境的動きが本格化する1980年代末以降，他方では「近代化遺産」という文化遺産概念が確立され，全国的に普及するようになった。「近代化遺産」とは，1990（平成2）年に文化庁（建造物課）が全国調査を開始するにあたり創出した文化遺産概念であり，おもに近代期（明治〜昭和戦前期までの間）につくられた建造物を対象とする。一般建築物のみならず産業施設，土木構造物を対象とするよう設定され，工場や鉄道，軍事遺構までも含みこむ幅の広いカテゴリー概念として創出された。

社会科学においては，文化遺産／自然遺産は国家の象徴として国家共同体の紐帯を維持・強化する役割を果たすとされる。世界的に近代国民国家が成立・強化されていく19〜20世紀半ばにかけては，各国で文化遺産制度が確立され

た。そして，現代の政治・経済のグローバル化の加速度的進行は，国家的紐帯や国家そのものの存在意義に揺らぎを与える事態であるために，再びナショナリズムの隆盛と文化遺産の動員が活発化していく。「近代化遺産」とは，こうした時代状況において，近代国家形成期のあらゆる痕跡を動員し，現代の国家的紐帯を維持するツールとして創出されてきたものといえる。

ところで，日本においては，このような国家イデオロギー的機能をもつ文化遺産の構築を地域での実践が率先して担ってきたことを示す研究が数多くなされてきた。地域は国家と一体化したイデオロギー実践を担うものとされ，そうした地域の国家に対する従順な関係性は前提とされがちである。実際，本書が対象とする「近代化遺産」も，一見「近代日本をつくり上げた」国家的象徴として，各地域で熱心に構築されているようにとらえられる。このことは，本書の研究対象地域とする佐世保市や北九州市についても例外ではない。

しかし，ここでふと思い浮かんだのが，佐世保の古老の言葉である。近代国家の象徴としての「近代化遺産」を多く抱える軍事・重工業地域は，先に示したように，戦後さまざまな変化を経てきたのであり，たとえば古老は今日「近代化遺産」の対象ともなっている「軍港」を戦前期とは「別物」と断じた。地域の人々の目から見れば，そこには「近代日本をつくり上げた」頃とは「別物」の景観が広がっている。だとすると，国家と一体化したイデオロギー実践を担う地域，という前提は，ことに近代から現代にかけて変化を経験した地域の人々の実践から問い直されていくべきではないだろうか。こうして，文化遺産の構築過程における国家と地域の関係性を，現代の地域の日常的な実践から再考していこうとしたものが，本書である。

本書は文化遺産のポリティクス（政治性）を明らかにする文化地理学的研究であると同時に，近代以降の時代的変化を記述分析していく歴史地理学的研究であることをも目指す。ことに近年の歴史地理学では，時間軸のみを基準とする単線的な時代区分としての「近代」に対し，場所ごとに多様な「近代」やさまざまな指標（資本主義の展開，国民国家形成，都市化）ごとに展開する「近代」が検討されるべきであることが論じられている（グレアム・ナッシュ 2005；米家 2012：68-69）。たとえば日本においては明治維新から第二次世界大戦終結

までを「近代」とする時代区分の再考や「現代」という同時代的状況への着目の必要性が主張されている（米家 2012；三木 2012）。本書ではこうした歴史地理学的議論を参照しつつ，便宜的に近代／現代の時代区分を以下のように設定し，使い分ける。第1章で詳述するが，それは近年指摘される近代国民国家システム（編成原理）の変容（西川 2000：8）に関わるものであり，ここでは領域国家のあり方を軸とする。すなわち近代とはおもに国家の政治・経済活動が国土と厳格に結びついていた時期を指す。一方，現代とは国家の政治・経済活動が国土の枠を越えて急速に広がる時期とする。とくに経済に関しては，1980年代半ばのプラザ合意後の日本企業の多国籍化（生産拠点の海外移転）が促進されていく時期，軍事に関してはおもに1980年代末の冷戦体制崩壊以降の日米共同防衛体制の強化が図られる時期を現代ととらえる。ただし，日米共同防衛体制が第二次世界大戦後に築き上げられたことも，現代という時代の萌芽的現象として扱っている。

　なお，本書で鍵となる「近代化遺産」は，文化庁による概念創出および全国調査を核とし，主として1990年代以降文化遺産として構築されていった近代期建造物を指す。日本における近代期建造物を価値ある歴史的建造物として構築する動きは，すでに1960年代より見られたが，本書が対象としたいのは，1980年代末以降の急激なグローバル化を背景に顕在化した動きである。そのため，それ以前に文化遺産として構築されていく対象とは区別して，「近代化遺産」とカギ括弧つきで記す。他方，人間が創り出したモノで，（おもにそのモノの本来の機能とは別に）社会的に保護・保存すべき価値ある対象として認知・構築されるモノについては文化遺産という用語を用い，その構築される過程を文化遺産化，そして近代期建造物で1990年代以降の動きと関わって文化遺産化するものは「近代化遺産」化と表記する。文化財という用語は，日本の文化財保護法における選定，指定，登録されるカテゴリー，あるいはその具体的な対象（となったモノ）を示す場合に限定的に用いる。これは，本書が対象とする「近代化遺産」の多くがいわゆる文化財保護法における文化財とはなっておらず，文化庁が調査対象として設定した大枠をもとに，一般的・社会的に広く保存されるべき価値あるモノとして構築されていることによる。

凡　例

- 下記固有名詞を指す場合のみ，「鐵」を用い，ほか「製鉄産業」などの一般名詞や「製鉄所」などの歴史的総称の場合は「鉄」を用いた。
「官営製鐵所」「官営八幡製鐵所」「日本製鐵株式会社」「八幡製鐵株式会社」「新日本製鐵株式会社」「新日鐵住金株式会社」
- 本書執筆中の2012（平成24）年10月1日，「新日本製鐵株式会社」は会社合併により「新日鐵住金株式会社」に名称が変更された。当会社Webサイトからの引用での明記以外は，すべて「新日本製鐵株式会社」（および本書での略称「新日鐵」）で表記した。
- 「旧帝国軍」，「旧帝国海軍」は，すべて「旧軍」，「旧海軍」と表記した。
- 在日米軍および自衛隊施設の両方を指す公的な名称は「防衛施設周辺の生活環境の整備等に関する法律」（1974年制定）の定める「防衛施設」であるが，本書においては機能的側面における戦前からの継続性を前提とするため，「軍事施設」を用いた。

目　次

はじめに …………………………………………………………………… i
凡　例 ……………………………………………………………………… v
写真・図表一覧 …………………………………………………………… xi

序　章　問題意識と目的 …………………………………………… 1
　1. 研究の目的 ……………………………………………………… 1
　2. 研究対象地域の概要 …………………………………………… 4
　3. 研究方法 ………………………………………………………… 5
　4. 本書の構成 ……………………………………………………… 6

第Ⅰ部　本書の分析枠組み ………………………………………… 11

第1章　現代的国家支配と「近代化遺産」 ……………………… 13
　第1節　現代的国家支配とは何か ………………………………… 13
　　1. 国家の成立原理と近代国家 …………………………………… 13
　　2. 近代国家特有の支配形態 ……………………………………… 14
　　3. 現代的国家支配とは …………………………………………… 15
　　4. 現代的国家支配の文化主義的側面 …………………………… 16
　第2節　現代的国家支配と「近代化遺産」……………………… 17
　　1.「近代化遺産」の概要 ………………………………………… 17
　　2. 1980年代後半以降の文化政策の活発化 …………………… 20
　　　2.1　「文化」の重要性の高まり―概念の変遷から― ……… 20
　　　2.2　企業の多国籍化を背景とした文化外交の展開 ………… 22
　　　2.3　国際化時代の国民文化醸成 ……………………………… 25

3. 活発化した文化政策と「近代化遺産」……………………… 27
　　　3.1　文化財登録制度導入 ……………………………………… 27
　　　3.2　文化財の増大化 …………………………………………… 28
　　　3.3　文化財の地域的偏在の是正 ……………………………… 29
　　　3.4　資本・軍事活動の文化的戦略 …………………………… 31

第2章　「近代化遺産」の構築実践における戦略と戦術 …………… 37
　第1節　地理学の景観研究における国家イデオロギー ……………… 37
　　1. 英語圏地理学における展開 …………………………………… 37
　　2. 日本の地理学における特徴 …………………………………… 41
　　3. 国家に従順な地域という視点の陥穽 ………………………… 43
　第2節　「近代化遺産」をとらえる分析枠組み－戦略と戦術－ …… 44
　　1. 現代の文化遺産研究における地域的視線への着目 ………… 44
　　2. 現代における地域の抵抗可能性 ……………………………… 46
　　3.「近代化遺産」をめぐる権力と抵抗 ………………………… 48
　　　3.1　「近代化遺産」にみる地域の国家への収斂 …………… 48
　　　3.2　近代期建造物保存にみる抵抗性の収斂 ………………… 49
　　4. 具体化実践における抵抗性をとらえる枠組み－戦略と戦術－ … 53

第Ⅱ部　北九州市における産業施設の「近代化遺産」化 …………… 61

第3章　近現代重工業都市の変容－八幡から北九州へ－ …………… 63
　第1節　重工業都市としての地域概要 ………………………………… 63
　　1. 北九州市の概要 ………………………………………………… 63
　　2. 製鉄所の動向 …………………………………………………… 70
　第2節　八幡における製鉄所を核とする空間構造の成立 …………… 72
　　1. 八幡の空間形成 ………………………………………………… 72
　　2. 八幡東部の階層的空間構造 …………………………………… 76
　第3節　八幡から北九州への空間再編 ………………………………… 84

1. 八幡東部の階層的空間構造の崩壊 ……………………………… 84
　2. 八幡西部の商業的発展 …………………………………………… 87
　3. 北九州市の成立と空間再編 ……………………………………… 89

第4章　産業施設の「近代化遺産」化－戦略と戦術－ ……………… 101
　第1節　東田第一高炉存廃問題の概要 ……………………………… 104
　　1. 経　緯 …………………………………………………………… 104
　　2. 存廃論議の内容 ………………………………………………… 105
　第2節　企業の空間再編と住民の戦術的実践 ……………………… 106
　　1. 住民にとっての高炉の意義 …………………………………… 106
　　　1.1　さまざまな時代軸 ………………………………………… 106
　　　1.2　製鉄所と過去に対する批判的見方 ……………………… 109
　　　1.3　時代変革のシンボルとしての高炉 ……………………… 110
　　2. 地域変化と高炉保存 …………………………………………… 112
　第3節　国家と企業による戦略的実践 ……………………………… 121
　　1. 高炉保存の具体化における住民の不在 ……………………… 122
　　2. 高炉の「近代の文化遺産」へのカテゴライズ ……………… 122
　　3. 東田地区再開発事業と高炉保存 ……………………………… 124
　　4. 高炉保存における問題 ………………………………………… 129
　第4節　まとめ－さらなる戦術的実践 ……………………………… 133

第Ⅲ部　佐世保市における軍事施設の「近代化遺産」化 …………… 137

第5章　近現代軍事都市における変容－米軍存在をめぐって－ …… 139
　第1節　米軍存在と戦後の地域変容 ………………………………… 139
　　1. 軍事都市としての地域概略 …………………………………… 139
　　2. 戦前の海軍工廠を核とする産業構造 ………………………… 143
　　3. 戦後の多角化した産業構造 …………………………………… 147
　　4. 米軍の経済効果の歴史的変遷 ………………………………… 148

    4．1　米軍の経済効果の特徴 ………………………………………… 148
    4．2　米軍の経済効果の歴史的変化 ………………………………… 149
  5．佐世保市行政の政治的背景と返還要求 ………………………………… 158
 第2節　米軍原子力艦艇寄港反対運動と米軍存在の矛盾の顕在化 ……… 162
  1．米軍原子力艦艇寄港反対運動の概要 …………………………………… 162
  2．エンタープライズ闘争時の国家が放った暴力 ………………………… 163
  3．米軍存在の矛盾の露呈 …………………………………………………… 165
    3．1　米軍基地をめぐる空間構造と寄港反対運動 ………………… 165
    3．2　学生による基地突入 …………………………………………… 168
    3．3　米軍存在の矛盾を露呈した空間構造 ………………………… 171
 第3節　米軍存在の矛盾の曖昧化と演出 …………………………………… 172
  1．1970年代の米軍基地縮小化と空間構造の変化 ………………………… 173
  2．改変された「暴力」の空間 ……………………………………………… 174
  3．佐世保市行政による米軍存在の演出 …………………………………… 177

第6章　軍事施設の「近代化遺産」化－戦略と戦術－ ……………… 191
 第1節　佐世保市における旧軍施設の「近代化遺産」化の概要 ………… 192
  1．歴史的経緯 ………………………………………………………………… 192
  2．空間的特徴 ………………………………………………………………… 195
 第2節　米軍正当化という戦略への収斂 …………………………………… 196
  1．「優れた保存管理者」としての米軍像の構築 ………………………… 196
    1．1　長崎県近代化遺産総合調査の影響 …………………………… 196
    1．2　調査結果に基づく米軍評価 …………………………………… 198
    1．3　米軍による演出 ………………………………………………… 200
  2．煉瓦に関連した景観づくり ……………………………………………… 202
    2．1　煉瓦廃材の活用 ………………………………………………… 202
    2．2　行政の景観政策への取りこみ ………………………………… 206
 第3節　住民の米軍基地返還志向と戦術的実践 …………………………… 207
  1．住民の米軍基地返還志向 ………………………………………………… 207

2. 米軍基地立入のツールとしての「近代化遺産」……………………… 211
　第4節　まとめ－矛盾を見すえた戦術的実践－ ……………………………… 214

終章　結　論 …………………………………………………………………… 219
　1.「近代化遺産」をめぐる国家と地域の関係性 ……………………………… 219
　2. 重工業／軍事都市における戦後の変容－景観の「別物」化－ ………… 220
　3. 本研究の限界と課題 ………………………………………………………… 223

あとがき …………………………………………………………………………… 225
引用文献 …………………………………………………………………………… 229
索　引 ……………………………………………………………………………… 241

写真・図表一覧

[写真]

4-1	現在の東田第一高炉（2010年8月撮影）	101
4-2	再開発地区内の東田第一高炉（2002年11月撮影）	126
4-3	保存後の東田第一高炉（2003年6月撮影）	132
4-4	木々の中にたたずむ東田第一高炉（1991年）	132
5-1	市街地側から見た佐世保橋上の機動隊（1968年1月）	173
5-2	壁画レリーフ「世界をつなぐ海」（1997年8月撮影）	176
6-1	米軍基地内の石碑（2008年6月撮影）	201
6-2 (1)	煉瓦廃材（都市研メンバー所有地内）（2005年7月撮影）	203
6-2 (2)	再生煉瓦のストック（都市研メンバー所有地内）（2005年7月撮影）	203
6-3	市街地に設置された歩行者案内サイン（1999年9月撮影）	203
6-4	再生煉瓦を使用した駐車場名板（2006年5月撮影）	205
6-5	再生煉瓦を使用した市内證券会社ロビー（2005年7月撮影）	205

[資料]

4-1	東田第一高炉の給水塔	131

[図]

1-1	国会における「文化」関連概念出現頻度の変化（1947-2010年）	21
1-2	文化庁予算の推移（1968-2010年）	22
3-1	北九州市の行政区界と新日鐵工場敷地（2006年現在）	64
3-2	八幡製鉄所の生産状況〈粗鋼生産量，高炉稼働数〉の変遷（1901-2010年）	65
3-3	製鉄所従業員数変遷（1889-2010年）	66
3-4	北九州市の旧市域別人口の変遷（1889-2010年）	66
3-5	北九州市の産業における工業／鉄鋼業の割合変化（1963-1995年）	67
3-6	旧八幡市域の変遷とおもな工場群位置	74
3-7	高度成長期頃の八幡東部中心部（1950-1960年代）	77
3-8	1950年頃の高見・槻田地区の階層的空間構造	80
3-9	1964年頃の高見・槻田地区の階層的空間構造	81
3-10	現在の八幡東部中心部（2005年現在）	85
3-11	八幡東部地区の商業の変遷（1972-2007年）	86

3-12　八幡東区・西区の人口変遷と製鉄所従業員数（1970-2010 年）　88
3-13　1965 年の市街化・工業区域と 1963-1967 年の計画道路　91
3-14　1985 年の市街化・工業区域　92
3-15　北九州市の商業（卸売・小売業）の変遷（1963-2007 年）　93
4-1　開発の進む東田地区（1990 年代）　125
4-2　高炉稼働停止時の東田地区（1970 年代）　126
5-1　佐世保湾周辺の軍事施設の分布と米軍制限水域（2008 年）　140
5-2　佐世保湾周辺の旧軍施設分布（戦前）　141
5-3　佐世保市の人口および面積の変遷（1884-2009 年）　142
5-4　海軍工廠従業員数の変遷　144
5-5　佐世保市全域図　145
5-6　在日米軍と佐世保駐留米軍（1950-2010 年）　151
5-7　佐世保における米軍艦艇入港数と米軍基地内日本人従業員数（1949-2010 年）　152
5-8　佐世保市における市民総所得に対する特需の割合（1955-2009 年）　153
5-9（1）戦前（大正期）の佐世保港付近　154
5-9（2）戦後（平成期）の佐世保港付近　155
5-10　1960 年代の佐世保川河口付近　166
5-11　大正期の佐世保市街地図　167
5-12　佐世保川周辺の整備事業区域　174
6-1　佐世保市の「近代化遺産」に占める軍事施設割合　196
6-2　歩行者案内サイン設置場所（1999 年当時）　204

［表］
1-1　「近代化遺産」分類例（長崎県）　19
1-2　国の文化財（建造物）の都道府県別件数（2012 年 9 月 1 日現在）　30
3-1　八幡製鉄所のおもな動向　68
3-2　新日鐵の第 1 次中期経営計画（1987 年）における高炉稼働数の変化　71
3-3　八幡区内主要工場の企業名変遷　73
4-1　東田第一高炉存廃問題の経緯　102
4-2　「東田第一高炉」の変遷　105
4-3（1）特集「東田高炉への思い」における主張：さまざまな時代軸　108
4-3（2）特集「東田高炉への思い」における主張：過去の否定　110
4-3（3）特集「東田高炉への思い」における主張：「文化」と地域　111
4-4　東田高炉存廃問題に関わった人々の地域属性と活動　114
4-5　東田地区再開発事業の経緯　127
4-6　東田土地区画整理組合構成　128

4-7	東田第一高炉の設備詳細	130
5-1	旧軍港四市の旧軍施設転用状況（土地，2000年現在）	157
5-2	佐世保における米軍基地動向と市長・市議会構成の変遷（1951-2007年）	160
5-3	『市勢要覧』における軍事拠点に関する記述（1954-2002年発行分）	178
5-4	1960年代の『市勢要覧』における軍事拠点記述の詳細	180
5-5	観光案内地図における旧軍施設・軍事施設表記	182
6-1	佐世保市における旧軍施設の「近代化遺産」化の動き	193
6-2	都市研による近代期建造物の位置づけの変化	197
6-3	シンポジウムにおける米軍の煉瓦造建造物保存に関する発言	200
6-4	佐世保市における旧軍施設の存廃状況（1980年代以降）	202

序章　問題意識と目的

1. 研究の目的

　「近代化遺産」は，1990（平成2）年の概念創始とともに急速に注目度を高めてきた。「近代化遺産」の具体的事例を紹介する一般向け書籍の出版や映像資料の制作・放送，新聞社の企画事業などメディアでの動きは活発化し，さらに2000年代には経済産業省や国土交通省でも「近代化産業遺産」「近代土木遺産」といった類似する文化遺産概念の創出と認定が進んでいる。また，ユネスコの世界遺産の国内暫定リストのなかにも，同概念内に位置づけられる「富岡製糸場と絹産業遺産群」，「九州・山口の近代化産業遺産群」がそれぞれ2007（平成19）年，2009（平成21）年に掲載された。

　実際に人気の高い観光資源として地域に寄与している「近代化遺産」は多い。たとえば近代期建造物を保存・活用した最も初期の例とされる小樽運河を擁する小樽市の年間観光入込客数は，当該施設が整備公開された1986（昭和61）年の200万人から年々増大し，2000年付近には800～900万人を記録，その後も600～700万人を維持している[1]。観光客の主目的には運河および市街地に多く残存する近代建築が挙げられ[2]，これらは観光都市小樽を牽引する主要な観光資源となっている。また，横浜市は年間観光入込客数が，2,000万人を超える巨大観光都市であるが，うち約800万人が訪れるとされるみなとみらい・桜木町エリアには「横浜ドックヤードガーデン」や「横浜赤レンガ倉庫1号館・2号館」などの「近代化遺産」が存在する。いずれも1990年代から2000年代にかけて整備・公開され，きわめて人気の高い施設となっている[3]。よく知られた観光地である長崎市でも，近年では1970年代まで石炭採掘の拠点となっていた端島（通称：軍艦島）の上陸ツアーが人気を集めている。端島が先

にあげた世界遺産国内暫定リスト掲載の「九州・山口の近代化産業遺産群」の構成資産に含まれたことを受けて，禁止されていた島への上陸が2009 (平成21) 年4月に解禁され，それとともに開始されたツアー[4]である。参加者数は，年間2万人という長崎県の当初予想を大きく上回り，2009 (平成21) 年度で約5万9千人，2010 (平成22)，2011 (平成23) 年度は両年度とも8万人を超え，解禁後3年で22万人にも達した[5]。ツアー開催に参入している民間会社は5社あり，各社それぞれが毎日2便程度運行している。著者も2010 (平成22) 年8月にそのうちの1つに参加したが，すぐに満席となるほどの人気ぶりであった。

　このように，近年の日本において高い注目と人気を集める「近代化遺産」であるが，本書はこれを国家イデオロギー的側面を強くもつ，政治的存在としてとらえる。これは文化遺産が国家の存在を象徴的に強化し，国民のアイデンティティを醸成するものとして，すなわち近代国民国家の支配のツールとして成立してきたととらえる国民国家研究の一視点に基づくものである[6]。1980年代以降，社会科学分野では近代の国民国家の存立そのものを批判的にとらえる研究が盛んとなるが，なかでも人為的国境によって創り上げられる「想像の共同体」[7]でしかない国家に対し，強固な帰属意識を持つ人々＝国民はいかにして創り上げられたのか，という命題は数多く追究されてきた。とくに社会学や地理学においては，近代国家による空間（景観）の整備，制度化が国民意識醸成に強力に寄与してきたことをとらえており，国家という枠組みのもとに体系化され，価値づけられていく文化遺産も，そうした「国家のイデオロギー装置」[8]として位置づけられた。本書も以上のような国民国家研究の視点から，「近代化遺産」を国家のイデオロギー支配の一翼を担っているものとして追究するものである。

　ただし，文化遺産の国家イデオロギー性は，日本でも20年に及ぶ国民国家研究の蓄積により，すでに自明のものとなっている。ここで本書があえて「近代化遺産」の国家イデオロギー性に着目する意義はその現代性にある。これまでの文化遺産の国家イデオロギー性をとらえる研究の多くは，近代国家成立・成熟期に着目してきたのに対し，「近代化遺産」は1990 (平成2) 年以降に確立さ

れていくきわめて新しい文化遺産概念である。とくに1990年代には冷戦体制崩壊による地政的再編[9]と経済的グローバル化が加速し，国家の政治・経済の範域は領土（国土）から大きく乖離していくものとなる。この脱領域化の進行により弱められる国家共同体としての紐帯を，補強・維持しうる新たな「国家のイデオロギー装置」が必要とされるのであり，「近代化遺産」はまさにこうした動きのなかで呼び出されてきたものと本書はとらえる。この現代特有の状況下にあるという点で，「近代化遺産」は新たに着目していくべき側面をもつ。

　「近代化遺産」に関する学術的アプローチは建築史，土木史，産業技術史，科学史などの分野で建造物の工学的意義や技術史的意義の研究が数多く進められてきたほか，その保存活動に焦点を当てた研究もなされてきた。たとえば，建築史や都市政策などの工学的立場から，歴史的建造物をまちづくりに活かそうとする動きを，地域政策の先進的な取り組みとして紹介する啓蒙的書籍が1990年代に多く出され，このなかで近代期建造物に焦点化した論考がいくつか見られる。代表的なものに大河（1995）や西村（1997）があげられる。2000年代には，その保存の動きを社会学的に追究していこうとするものも多く出され，例として片桐・鳥越（2000）や荻野（2002）などがある。ことに旧産炭地域における炭鉱施設保存に関しては近年多く研究されており，多様な主体が関わる活動実態の分析（木村2010；森嶋2011など），労働者の記憶保存を重視する研究（永吉1998，2009a；木村2011），あるいは研究者自身が保存活動に関わりつつ，保存のあり方を模索・提唱する研究（永吉2009bなど）が進められている。これらは，「近代化遺産」に多様な主体と多様な価値観が関わりつつ構築されている様相をとらえているが，国家イデオロギー的側面についてはあまり言及がなされていないか，もしくは多様な価値づけのなかの一側面として部分的指摘にとどまる傾向が強い。また，先行研究の多くが個別具体的な地域の実証分析でとどまっており，「近代化遺産」という概念によって引き起こされている現象を総括する研究は管見の限りない。

　しかし，一般建築物や産業施設，土木構造物など多くの対象が「近代化遺産」という1つの概念でまとめ上げられ，社会現象化していることを考えると，「近代化遺産」そのものの意義・機能を問うていく必要がある。ことに「近代化遺

産」概念の創始には，国家が直接的に関わっていること，そしてその後20年来に及ぶ文化庁主導の全国調査が「近代化遺産」の大量発掘および全国的浸透に大きく寄与したこと，などを鑑みると，「近代化遺産」は現代の変容著しい状況下で国家が自らの共同体維持・強化のために創出した大規模プロジェクトとしてとらえられるべきものではないだろうか。

とくに本書が「近代化遺産」の現代性から再検討するのは，はじめにでも述べたように，日本の地理学をはじめとする文化遺産研究において前提とされてきた，地域の国家に対する従順な関係性である。先行研究の多くは，地域での文化遺産構築の実践が国家を支持する強力な媒介項となってきたことを示すが，本書では近代から現代への地域変容を経験してきた住民の実践を詳らかにすることにより，その固定化した関係性を再考したい。

以上をふまえ，本書は「近代化遺産」を，現代的な国家支配のツールとして，すなわち国家共同体としての紐帯をイデオロギー的に強化するために創り出されたものとしてとらえつつも，具体的にそれらが地域でどのように実践されているのかを明らかにすることを目的とする。

2. 研究対象地域の概要

本書の研究対象地域は，北九州市（福岡県）および佐世保市（長崎県）である。この両市が位置する北部九州は，朝鮮・中国方面の大陸への近接性，および筑豊や三池などの石炭資源の豊富な地域を背後に抱えていたことにより，国家の軍事戦略の最前線拠点ならびに重工業産業の最重要拠点として機能した。いわば，近代国家の支柱となった地域と位置づけうる[10]。なかでも北九州市と佐世保市は，その中核をなす製鉄産業および軍事の拠点として発展した地域である。現在，両地域ではそれぞれ製鉄産業や軍の象徴的景観を「近代化遺産」として構築する動きが見られる。北九州市では，1980年代末に製鉄所操業開始のシンボルでもある高炉施設の存廃問題が起き，1990年代半ばにその保存が決まった。さらに佐世保市では，ことに現役の軍事施設が「近代化遺産」として構築される動きが1990年代後半から活発化している。

両地域とも，戦前から重工業都市，軍事都市として近代国家を最前線で支え

てきた歴史をもち，まさに「近代化遺産」の国家のシンボル性を最も従順に受容しうる地域である。しかし，本書ではむしろこの両都市の，戦後の著しい変化を経てきた点に着目する。北九州市はことに1970年代以降の重厚長大産業の不況とその後のグローバル化のなかで深刻な産業空洞化を経験している。また佐世保市は戦後，日米共同の安全保障体制の確立により，自国防衛をなす自衛隊のほか，米軍の基地が置かれることとなった。1980年代末の冷戦体制崩壊後にはこの日米共同の防衛体制が強化されることとなり，佐世保における米軍存在はますます増強されつつある。いわば，地域社会の著しい衰退，新たな軍事的主体の出現など，両地域においては戦前とは異なる側面を抱えるようになっている。これらのことをふまえたうえで，本書では，そうした変化を日常的に見つめ続ける地域の人々の「近代化遺産」への関わりを詳らかにしていきたい。

3. 研究方法

　研究対象地域の分析データは，佐世保市においては1996（平成8）年8月から2009（平成21）年7月までの期間，北九州市は2001（平成13）年5月から2006（平成18）年末頃までの期間の断続的現地調査から得られたものであり，その後2012（平成24）年7月までの追加補足調査，文献などによる情報収集を含んだものである。

　調査は，「近代化遺産」の保存に関わる活動に参画しながらの取材，またそれらに取り組む人々（住民，行政職員など）への聞き取りを行い，これらの一次資料のほかにさまざまな行政資料・文書，パンフレット，新聞・雑誌・情報誌，歴史資料など，広範囲に及ぶ情報収集で得られたデータを分析対象とした。それら全体でつむぎ出される「近代化遺産」のイデオロギー的機能や意味づけをすくいとることを試みた。この方法は地理学における景観研究の，多様な対象（物的環境そのもの，あるいは言語や地図，絵画などの表象など）からその意味作用を読み込んでいくものである。ことに近年の景観研究では，物的側面と表象（言語）的側面，双方を対象化していくことが主張されると同時に，その両側面の相違や融合・重複（たとえば言語の物質性やイメージの経済効果な

ど)といった問題も議論されている(今里 2004 ; 森 2009)。とくに対象の性格の違いに敏感であること,そしてその違いに基づく厳密な分析を求める方法論が提唱されてもいるが(今里 2004),本書ではそうした厳密な対象ごとの分析よりも,特定の意味がいかに広がりある対象から醸成されているのか,という視点からの分析を行う。本来「景観」はそうした多様な対象を横断的に含み込む分析概念であり,その分析手法は,我々がさまざまな表象が氾濫するなかで,物的景観を眺め,総合(全体)的に何らかの秩序ある意味づけを獲得し,また生産していくという現実に近い状況を炙り出しうると考える。そのため,本書では主たる分析対象を言語的表象としつつ,物的側面も適宜分析対象としていく形をとる。

4. 本書の構成

本書はⅢ部で構成される。まず第Ⅰ部(1・2章)では,ここで概説した分析対象である「近代化遺産」の位置づけ,およびその分析枠組みを示す。第1章では,本書における現代的国家支配とはどのようなものかを定義し,その代表的事例として「近代化遺産」が位置づけられることを示す。第2章では,地理学における国家イデオロギー性を明らかにする景観研究のレビューから,日本において地域の国家に対する従順な関係性が固定化してとらえられている点を明らかにする。そしてそのことを再検討するべく設定した本書の分析枠組み――戦略と戦術――から,「近代化遺産」を構築する実践をとらえることを示す。

続く第Ⅱ部,第Ⅲ部が地域ごとの実証部であり,第Ⅱ部(3・4章)で北九州市,第Ⅲ部(5・6章)で佐世保市の事例分析を示す。第Ⅱ部の北九州市の事例では,まず第3章で八幡を中心とする北九州地域が主として 1970 年代から製鉄産業の衰退とサービス産業の台頭により,これまでの地域構造が変容し,1980 年代末には製鉄産業のさらなる合理化によりその構造の崩壊が決定的となったことを示す。そうした 1970 年代以降の地域変容を背景として起きたのが,「東田第一高炉」という製鉄産業施設の保存問題であり,第4章ではその高炉の「近代化遺産」化の実践を取り上げる。第Ⅲ部の佐世保市の事例では,第5章で戦後新たな軍事的主体となった米軍がもたらしたさまざまな変化を描出する。こ

とに戦前の旧海軍との相違を含め，経済的側面や社会的事象における米軍存在のもつ問題性を描出し，それに対し，1980年代以降活発化していく佐世保市行政による米軍の地域受容を促そうとするイメージ戦略や施策を示す。そうした近年の時代状況を背景としつつ，盛んになっている米軍施設の「近代化遺産」化の実践を第6章で明らかにする。終章では，本書の地域の日常的実践に焦点化した記述分析を通して，文化遺産をめぐる国家と地域との関係性が必ずしもその従順な関係性のみに還元できないことを確認する。さらにそうした地域での日常的実践と国家の戦略とのずれが生じる背景に，近代から現代への領域国家をめぐる越境的な空間編成の変化があることも検討する。最後に本書が描出した「地域」もまた一面的かつ現在的なものにすぎないことに触れる。

［注］
1) 小樽市産業港湾部観光振興室「平成23年度観光入込客数」（小樽市ホームページ：http://www.city.otaru.lg.jp/kankou/torikumi/irikomi/index.data/H23zenki.pdf［2012年7月31日最終閲覧］），国土交通省都市・地域整備局「事例004 戦略的な観光振興でまちづくり（北海道小樽市）」（まち再生事例データベース：http://www.mlit.go.jp/crd/city/mint/htm_doc/pdf/004otaru1.pdf［2012年7月31日最終閲覧］）．
2) 小樽市が2003～2004年度に実施した「小樽市観光客動態調査」では，来樽目的を「運河と歴史的景観」と回答した観光客割合が25.1%，「異国情緒」4.5%となっているほか，小樽運河を訪れたと回答した観光客割合は8割にも上っている（小樽市経済部観光振興室 2006：6-14）．
3)「横浜ドックヤードガーデン」はもと三菱重工業株式会社横浜造船所の第2号ドックで，1973（昭和48）年に使用が中止されたが，その後保存活用計画が進み，「横浜ランドマークタワー」とともに1993（平成5）年に整備公開されたものである．1997（平成9）年には国の重要文化財に指定された．隣接する元同造船所第1号ドックも「日本丸」を係留する「日本メモリアルパーク」として，1985（昭和60）年に整備公開され，2000（平成12）年に国の重要文化財の指定を受けている．また，「横浜赤レンガ倉庫1号館・2号館」は1992（平成4）年に市が保存活用を目的として国から取得，その後整備が行われ，文化・商業施設として2002（平成14）年に公開された（伊東 2000：222-230，横浜市港湾局ホームページ：http://www.city.yokohama.lg.jp/kowan/m-sight/akarenga/［2012年7月31日最終閲覧］）．
4) 端島は1974（昭和49）年1月の炭鉱閉山直後に無人の島となる．その後所有者であった三菱マテリアル株式会社が2002（平成14）年に島全体を高島町に無償譲渡し，2005（平成17）年の高島町編入合併により長崎市の所有となった．長らく上陸は

禁止されていたが，2009（平成21）年1月，ユネスコの世界遺産国内暫定リストに掲載された「九州・山口の近代化産業遺産群」の構成資産に端島が含まれていることを受け，所有者の長崎市が見学コースをつくり，一般観光客の上陸を許可した．この上陸解禁に伴い，2009（平成21）年4月から軍艦島上陸ツアーが開始された（木村2010，相川俊英「長崎県端島ルポ・郷愁漂う廃墟に心惹かれたツアー客が殺到―『軍艦島』を眠りから呼び覚ました元住民の魂」（ダイヤモンド・オンライン：http://diamond.jp/articles/-/22139 [2012年7月31日最終閲覧]））．

5) 杉本（2011），相川俊英前掲Webサイト．
6) 文化遺産は19世紀のヨーロッパで国家的事業として始まったものである．その背景には「産業革命とそれに続く膨大なエネルギー消費を伴う近代文明」による大規模な環境改変のほか，近代国民国家の形成・確立があった．「それまでの都市レベルでの共同体を束ねて広域の国民国家を形成しようとするとき，その域内に共通な国民文化を発見し，それを証拠だて国民に展示公開すべきものとしての文化遺産が，国家統合の基礎理念を担うものとして不可欠となった」のであり（益田1995：45），文化遺産はそうした近代的国家支配に有効に機能するツールとして生成されてきた側面をもつ．
7) ベネディクト・アンダーソン（Benedict Anderson）による国民の定義．アンダーソンは国民を「イメージとして心に描かれた想像の政治共同体」と定義し（1987：17），国家とその成員である国民がイデオロギー的に創り上げられていることを明示した．
8) マルクス主義国家理論が国家として明示したのは物理的暴力の行使に関わる「国家装置」（政府，行政機関，軍隊，警察など）であったが，これに対しアルチュセールはそうした「国家の抑圧装置」のみならず，国家の非物理的な抑圧が多様かつ隠された諸形態で存在するとした．そのことを明示するために提示したのが「国家のイデオロギー諸装置」という概念であり，学校装置，家族装置，宗教装置，文化装置など，国家は多様な諸側面に深く根を下ろしたものであるとした（2005：120-127）．
9) 本書では，山﨑の，「地政とはあくまで地理的な様相を持つ政治経済的な国際関係を意味し，知識人によるそうした関係の学（術）的表象とは必ずしも一致しない」（2005：184）として，geopoliticalの訳語を「地政学的」と訳出せず，「地政的」を用いるとする見方にならい，「地政的」と表現する．
10) 北部九州一帯が国家成立の拠点としての意味を持った地域であることは，近代以降急激な都市形成・発展を遂げたという特徴からもうかがえる．水内（1987）は，全国の諸地域計108の都市を対象として，近代期の都市形成過程の分析を行い，そこで北部九州を近代以降の発展が顕著な地域として実証的に位置づけた．具体的には，1930（昭和5）年時の職業分類に基づいて，Ⅰ地方行政規模の大きい都

市／Ⅱ流通，生産機能の発達に保証されつつその他都市雑業的就業機会も豊富な都市／Ⅲ軽工業を主力とする都市／Ⅳ重工業を主力とする都市の4つを抽出し，そこに，都市人口の増加状況を合わせ，分析を行った．そして，ⅠおよびⅢ類型の都市は近世期には城下町であったことなど都市的側面の歴史的蓄積を持っていた都市であること，一方Ⅱ，Ⅳは近世期の蓄積は少ないが，近代以降の日本における人口増加を牽引する地域発展を遂げた都市であることを示した．さらにこの後者に北部九州の諸都市（Ⅱ：下関，若松，門司，小倉，長崎，Ⅳ：八幡，大牟田，戸畑，佐世保）が数多く含まれていることをとらえた．

第Ⅰ部　本書の分析枠組み

第1章　現代的国家支配と「近代化遺産」

　「近代化遺産」が国家の文化遺産制度の1つとして成立している以上，それが国家の枠組みをイデオロギー的に強化する機能を果たすのは自明のことである。本書で「近代化遺産」を取り上げる意義は，それがきわめて現代的な現象であるという点にある。ここでの現代とは，先に示唆した近代期の国家の領域的支配が変化した時期を指す。本章では，この国家支配のあり方を便宜的に近代的国家支配と現代的国家支配と称し，まず第1節においてはそれぞれどのような事態かを明示する。さらに第2節でその現代的国家支配と「近代化遺産」とがいかに関連するのかをとらえる。

第1節　現代的国家支配とは何か

　本書における現代的な国家支配とは，近代的な国家支配から変化したあり方を指している。本節では，その前提となる近代的国家支配とはどのような支配かを具体的に検討した後，現代的な国家支配について定義づけることとする。

1. 国家の成立原理と近代国家

　国家とはそもそも何か。萱野（2005）によれば，それは物理的暴力＝武力の独占によって支配をなそうとする運動である。これはウェーバー（1980:9）の，物理的暴力という支配手段によって国家を定義すべきとする見方を出発点としたものであり，その物理的暴力の独占によって秩序と支配の確立をなそうとする運動が国家の本質であるという。また武力によって支配をなそうとする動きには必然的に富の我有化を伴うが，その富の我有化がさらなる武力の強化・蓄

積を生む。すなわち，「暴力によって富を我有化し，そしてその我有化した富を利用しながら暴力を蓄積するという循環運動…をつうじて国家は出現する」（萱野 2005：97）。すなわち，武力による支配が求める富の我有化と，そこから蓄積される武力によるさらなる支配，この循環運動が国家そのもののファンダメンタルな動きである。

さらに近代以降には，資本主義の成立に裏打ちされた，最上位の権力主体という側面（＝主権国家）が加わる。富の我有化の歴史のなかでも，資本主義の発達は特定のエージェント（主体）が他を圧倒しうるだけの武力を蓄積することを可能にした。そして国家の優位性があらゆる権威，とくに宗教的権威からも確保しえたなかで主権が成立し，国家は特定の空間内での最上位の権力主体となりえた（萱野 2005：168-172）。

さらに資本主義も国家という権力機構を利用することによって，世界を凌駕しうる生産様式として成立していった。そして近代国家は資本の増殖を促すことでより多くの富を徴収しようとし，資本主義の効率的活動を支える方向へ自らを編成することとなる。国境管理，労働管理の様式，徴税の再分配など国家の政策の多くが「資本蓄積極大化のための決定的なメカニズム」として機能し，いわば近代の国民国家機構は「資本主義が生み出したもっとも重要な制度のひとつ」となった（ウォーラーステイン 1997:57-69）。このように，近代以降には，国家のファンダメンタルな運動に，資本主義システムが入り込み，むしろ国家を動かす基盤となった。

2. 近代国家特有の支配形態

では，資本主義システムを基盤とした圧倒的な武力蓄積によって，主権国家として成立した近代国家に特有の支配形態とはいかなるものであろうか。それは領域的支配にある。主権国家としての成立，すなわち最高権力としての国家の確立は，一定の空間内において同等の権力主体の存在を他に許さず，排他的形態をとることで成し遂げられていった。このことが明確な国境線で区切られた領土＝国土を成立させるものとなる。萱野は，この明確な領土＝国土の成立により，国家の支配形態が空間化したとみる（2005：187）。近代以前の国家支

配は多様な主従関係のネットワークのうえに成立するものであり，支配状況に領域的広がりをもつとしてもそれを面的に支配したわけではなかった。それが明確な国家領域の成立により，いわば「国家の存在をささえるものが，人間のあいだの主従関係から，非人称的な領土へと転換された」（萱野 2005：187）のである。この実体化した国土に基づき，政治（軍事）・経済という多様な領野の秩序が強固に結びつけられ，支配形態として確立したことこそ，近代国家特有のものであったといえる（遠藤 2000：34）。つまり，国家のなかでも近代国家に最も特徴的なあり方とは，こうした国土を基軸とした領域的支配にある。

3. 現代的国家支配とは

　近代国家は，明確な国土をもつことで成立した，強固な領域的支配を最大の特徴とする。ところが，近代国家の動力基盤となった資本主義は，その第一義的な目的である資本蓄積極大化を，今度はその国土枠を超える流動的動きによって図っていくようになる。

　とくに冷戦体制崩壊後，加速度的に進行するグローバル化に際しては，国家そのものの消滅や衰退も指摘されてきた。たとえば多国籍企業の本社を多く抱える先進国においては，各企業の越境的活動によって構築される政治・経済的な範域が国土を超えて成立し，国内市場や国内生産拠点は実質的に空洞化している状況がみられる（萱野 2005：267-269）。経済的次元では，国家という枠組みはもはや意味をなさず，また機能もしない状況になっていくであろうと，その無用性や弱体化が推論されてきた。

　しかし，今日においてもなお「国家は…グローバルな基準で政治的意思決定を下す第1位の権力として，影響力を持ち続けて」おり（グレアム 2005：120），また「国家による世界の政治経済に対する適切な統治 governance と調整 regulation の必要性は否定できない」（山﨑 2001：515）。国家は，現代においては「自国資本の指揮本部と国外の生産拠点，そして販路をむすぶネットワークを保全する」よう機能し，またそれに合わせて国境をこえた軍事防衛体制を構築している（萱野 2005：265-269）。近代国家が領土内の市場を統一し，均質化するよう機能してきたことに比すれば，国土との関係性は希薄化したが，

国家機能は弱体化していない。

　このように，現代の国家は決して弱体化してはおらず，資本主義にとっては重要な役割を担うものとして機能している。いわば，資本主義を基盤とする富の蓄積と，それを援護し支配の後ろ盾とする武力，双方の運動を実体とする国家の成立原理は変わらない。また，現在でも国家という共同体の存立根拠は国土にある。現代は，国家の実質的な政治・経済の空間的範域と存立基盤としての国土とが乖離しているとみるべき状況にある。

　本書では，この国土と乖離した国家支配のあり方を現代的国家支配とし，国土と強固に結びついた近代的国家支配と一線を画するものとして，区別してとらえることとする。

4. 現代的国家支配の文化主義的側面

　現代的国家支配の特徴は国土と乖離したあり方にあるが，そこと関連したもう1つの特徴が，文化主義的側面を強くもつことにある。

　萱野によると，現代国家は，もはや資本の循環が領土内で完結しないことから，「富の効率的な徴収のために，統合された国内市場を均しく整備し，開発することに関心を失」う。いわば，領土内の「住民全体の生存の『面倒をみる』ような役割を放棄または喪失していく」のである。こうして国家は，国民の強い帰属意識にもつながっていた「経済的な生存共同体をみずからの内部に保持できなくな」る（2005：268-269）。

　こうしたなかで重用されるようになるのが，文化的共同性である。さまざまな事象は国家という枠組みと結びつけて表象され，その共同体の象徴に仕立て上げられる。加速する経済の流動化によって国土が形骸化する現状においては，その文化主義的に創り上げられる紐帯が国家共同体の存立根拠としての国土を支えるものとなる。とくに現代，加速するグローバル化のもとでのナショナリズムの活発化が指摘されているが，これは以上のような事態の顕現としてとらえられる。

　すなわち，現代的国家支配においては，実質的な脱領域化が進行している分，その存立根拠である国土に基づく共同性を文化主義的に補強していかなくては

ならない側面を強く持っているのである。

第2節　現代的国家支配と「近代化遺産」

　以上で示した現代的国家支配の政策的ツールが「近代化遺産」であると，本書ではとらえる。以下ではそのことをみていく。

1.「近代化遺産」の概要

　本書の対象とする「近代化遺産」は，先に示したように，1990年代以降大量に文化遺産として構築されてきたものを指す。この急激な増大化の直接的契機は，文化庁が1990（平成2）年に開始した全国調査「近代化遺産（建造物等）総合調査」（以下，文化庁主導の全国調査）にあった。この事業は，都市開発や産業構造の変化に伴う近代期建造物の取り壊しが相次ぐなか，残存する建造物を網羅的に調査し記録することを緊急の課題として実施されたものであった[1]。「近代化遺産」は，この時にそれら調査対象を特定するため，暫定的に用いられたことを起源とする概念である。調査事業は，各都道府県を事業主体として行われ，それぞれ原則として調査期間2年，予算は各年度400万円の計800万円（国庫補助率50%）が上限とされた（亀井1999：27）。1990（平成2）年度に開始以降，予算のついた県から順次着手していく形となっているが，21年を経た2011年度末現在で42都道府県が完了している[2]。具体的に，各都道府県の調査では，悉皆調査の形をとり，最初に約1,000件を目安に対象建造物がリストアップされる（第1次調査）。それをもとに第2次，第3次の詳細調査が行われ，重要対象が選定されていくが，最終段階の絞り込みでも約50〜100件の対象選定が目安とされた（亀井1999：27）。こうしてきわめて多くの建造物が保護すべき文化遺産として取り上げられることになった。

　また，その大量さから建造物種も多岐にわたる。調査開始当初から，対象は「主として近代的技術によって造られた産業・交通・土木に関する構築物」[3]という形で幅広く設定された。具体的な分類項目は，各地域の特性に応じて設定するものとなっていたため全国一律ではないものの，各都道府県でそれほど

大きなバラツキは見られないことから，例として長崎県の分類（表1-1）をもとにその特徴を検討する。まず種別が産業，交通・通信，土木，軍事，建築物，その他の6分類，そのなかの細かい分類があわせて22項目設けられており[4]，その内容から幅広い建造物が設定されていることがわかる。たとえば産業分類では工場施設や港湾施設，ほかさまざまな設備まで含まれる。交通・通信や土木においては，鉄道，車両から橋梁，石畳，運河，水道施設，堤防，堰にいたる多様な施設や構造物が含まれており，また軍事施設では砲台や弾薬庫，防空壕など特殊なものも含まれている。

　もともと，この調査はすでに日本建築学会が全国的に行っていた近代洋風建築の調査結果を前提にしたものとなっており，たとえば関係者[5]は「文化庁はこれ〔著者注：近代洋風建築〕を除いた近代建築を行政調査の対象としようという問題意識があった」と述べている（広島県教育委員会事務局管理部文化課1998：315）。そして一般建築物以外の「産業・交通・土木に関する構築物」が主要な調査対象として設定された。これらの「近代化遺産」には，すでに調査がなされていた近代洋風建築も保護すべき重要な対象という前提が含みこまれていたのである。

　さらに，近代期建造物に大きく関わる文化財種は主として有形文化財の建造物および記念物の遺跡があるが，上述の全国調査は建造物を担当している当時の文化庁文化財保護部建造物課（現在は文化庁文化財部参事官内に改組）によるものである。遺跡（「近代遺跡」）については，1994（平成6）年以降に本格化する，「近代の文化遺産」を総合的に保護していこうとする動き[6]のなかで，他の文化財種とともに1995（平成7）年に着手されることとなった[7]。

　以上の経緯から，「近代化遺産」は近代の「産業・交通・土木に関する構築物」という創出当初の調査対象設定自体の幅広さを前提としつつ，これより以前に調査研究が進められていた近代建築やその後評価されていく「近代遺跡」なども含みこみ，さらに発展していく。このような「近代化遺産」概念の包含性については，その対象設定がそれまでの文化財カテゴリーとは異なり，曖昧で広がりをもつものとなっていた点，および「近代化」という言葉には「明治以来の夢を背負ってきた」というような懐古主義的な方向性も加わるためか，「一

表1-1 「近代化遺産」分類例（長崎県）

種　別	分　類	内　　容
産業	農業	試験場, 集産所, 加工所, 倉庫, 給排水施設, 酪農施設, その他
	林業	事務所, 製材所, 集材所, 森林軌道, 詰所, 倉庫, その他
	水産業	船だまり, 漁港, 捲上小屋, 水産加工施設, 倉庫, 製氷所, その他
	鉱業	坑口, 山神社, 貯炭層, 貯水槽, ボタ山, 運搬施設, 建物, 倉庫, 排水溝, 事務所, 鉱山施設, その他
	窯業	陶磁器窯, 陶石粉砕場, 製品製作場, 倉庫, その他
	醸造業	醸造場, 酒蔵, 門塀棚, その他
	造船・工業	ドック, 船台, 試験場, 修船場, 事務所, 運転場, 社交クラブ, 捲上小屋, 倉庫, 工場, その他
	商業	銀行, 証券, 商品陳列場, 金庫, 商店, 倉庫, その他
	その他	染め物工場, 織物工場, 作業場, 乾燥場, その他
交通・通信	鉄道	橋梁, トンネル, 軌道施設, 駅舎, 駅施設, その他
	道路	橋梁, トンネル, 切り通し, 石畳, 擁壁, 運輸施設, その他
	港湾	ターミナル, 埠頭, 桟橋, 運河, 灯台, 検疫所, 税関, 倉庫, その他
	通信	郵便局, 電話局, 通信施設, その他
	上・下水道	ダム, 浄水施設, 下水道, 排水溝, その他
	電力・ガス	発電施設, 変電施設, 送電施設, ガス施設, その他
	河川・河岸	堤防, 護岸, 堰, 放水路, 水門, 防潮堤, 防波堤, その他
	その他	石垣, 公園, 採石場, その他
軍事	軍事施設	砲台, トンネル, 水道施設, 軍港施設, 弾薬庫, 隊舎, 貯油所, 防空壕, 兵舎, 資材倉庫, 工場, 詰所, その他
建築物	宗教施設	社寺, 教会堂, 司祭館, 牧師館, 門, その他
	教育施設	校舎, 講堂, 体育館, 倉庫, 門, 塀, その他
	その他	官公庁, 公共施設, 病院, 医院, 洋風住宅, その他
その他		

長崎県教育委員会（1998）より作成.

般的には非常に受けが良」く，広く普及していくものとなった点が指摘されている（建築史学会1995：92）。

近年では，「近代遺産」「近代化産業遺産」「近代産業遺産」「近代土木遺産」など類似した文化遺産カテゴリーが，他省庁や学界，企業などで積極的に用いられ，構築されている状況も見られる。ことに経済産業省は，近代産業に関わる建造物・施設・設備，総計1,000件以上を，「近代化産業遺産」として選定・表彰した（2007，2009年）。現在では各地でこの経済産業省選定を示すプレー

トがつけられた「近代化産業遺産」を目にすることができる。なお,本書の「近代化遺産」は,以上の類似する概念で表象される対象も含むものである。

2. 1980年代後半以降の文化政策の活発化

本項では,近年急増している「近代化遺産」が,脱領域化する現代的国家支配における文化政策といかに関連したものであるかを検討する。

2.1 「文化」の重要性の高まり－概念の変遷から－

1980年代半ば以降,日本では国家政策における文化的側面の重要性が急速に高まっていく。それは,たとえば国会の場で用いられる「文化」と「国家」を結びつける概念が,どのように変化していったかというところから見てとれる。図1-1には戦後多用されてきた「文化国家」「文化大国」「文化立国」という3つの概念の国会での出現頻度の変遷をまとめた。

おもに「文化国家」は戦後,戦前の軍国主義国家からの転換を意図して,1950年代に頻繁に使われていた概念であるが,その後も生活水準の高度化を意味する「文化」あるいは伝統・歴史を意味する「文化」など,さまざまな「文化」を取り込みつつ,コンスタントに使われてきたものである。

「文化大国」は日本が高度経済成長を遂げていくにつれて冠するようになる「経済大国」と対概念的に用いられていく。たとえば生活水準の高度化を意味する「文化」は経済成長と矛盾しない,むしろ軌を一にする概念であるが,ここでの「文化」はどちらかというと「経済」と相いれない,あるいは「経済」が破壊しうる伝統・歴史,芸術,精神性といった側面を意味し,いわば「経済大国」の反義語として持ち出されるものであった。高度成長後の1970年代以降に出現するようになるが,飛躍的に成長した「経済」と同等に「文化」を充実させていくべきとする主張が含まれている。

そして,1980年代半ば頃より出現し,とくに1990年代以降の主流概念ともなっていくのが「文化立国」である。ここには明確に「国家」を成立させる基軸としての「文化」が設定されており,「文化」が国家存立においてきわめて重要な側面となっていることがうかがえる。この概念は1990年代半ばには文

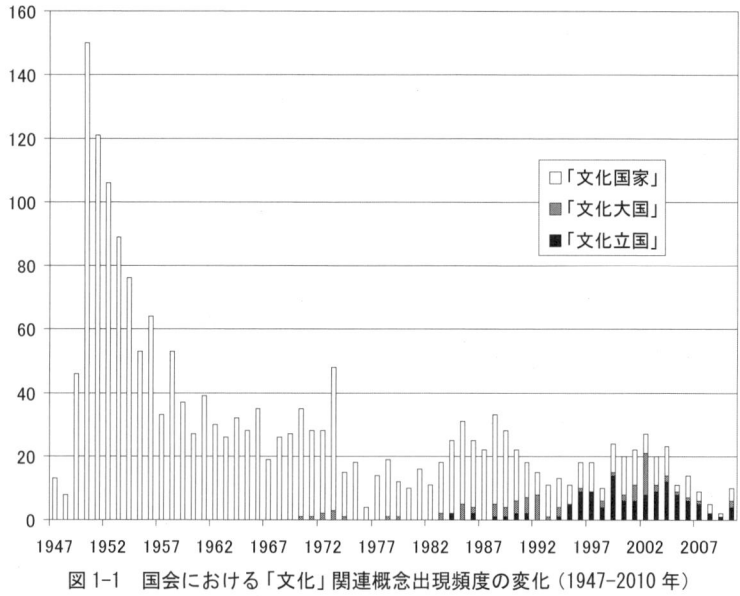

図 1-1　国会における「文化」関連概念出現頻度の変化（1947-2010 年）
注：発言のあった会議数をカウントした．
国会会議検索システム：http://kokkai.ndl.go.jp/ より作成．

化政策のなかに明確に取り入れられていくものとなり[8]，1998（平成 10）年の文化庁の「文化振興マスタープラン－文化立国の実現に向けて－」へと結実していった．

　このように，「文化」はきわめて多義的な概念であり，その都度国家にとって都合のよい意味に姿を変えながら，用いられてきたことがうかがえる．国家にとって「文化」はたとえば以下のような戦略的概念として機能する側面をもつだろう．「その美名による思索や問いの排除が惹起される」（岩本 2002：101），「無条件ですばらしくよいもの」（中村 2007：4）とみなされる効果をもち，より高い精神性，洗練されたイメージを与える戦略概念として機能する．「文化国家」，「文化大国」は軍国主義や経済主義の悪しき側面に対し，そうした機能を担うものである．また，「文化」は「国民統合のイデオロギー」（西川 2001：272）として作用するものでもあり，「国民文化」など国家共同体の紐帯を強化する機能ももつ．そして 1980 年代以降には，産業構造の転換のなかで「文

化」の実質的な経済効果が高まり，経済資源としての「文化」という側面からも国家に好都合な戦略性を与えるようになった。「文化立国」が用いられるようになる1980年代半ば以降には，「文化」の戦略的役割が多面的となり，その重要性はますます高まり，国家の基軸をなすものとして設定されていくようになる。以下では，その当時の具体的状況を検討していく。

2.2 企業の多国籍化を背景とした文化外交の展開

こうした国家政策における文化的側面の重要性の高まりは，具体的にはいつ頃，どのような背景のもとで表出していくのか。まずは文化庁予算の変遷を見てみる。図1-2が，文化庁が開設された1968（昭和43）年以降の文化庁予算の変遷を示したものであり，予算額が1988（昭和63）年以降急激に増加していくことが読み取れる。国家予算全体に占める割合でとらえると，ほぼ0.1%前後で推移しており，この時期それほど明確な変化は見られないものの，1990年代半ば以降に顕著となる割合拡大に連なっていく状況もうかがえる。この1980年代末以降の文化庁予算拡大傾向に垣間見える，国家政策の文化的側面

図1-2 文化庁予算の推移（1968-2010年）

注：国家予算は歳出本予算の数値を使用.
文化庁 (1988)，文化庁 (1999)，文化庁 (2009)，文化庁長官官房政策課 (2010)『文化芸術関連データ集』（文化庁ホームページ：http://www.bunka.go.jp/bunkashingikai/soukai/50/pdf/shiryo_10.pdf ［2012年5月10日最終閲覧］），財務省ホームページ：http://www.mof.go.jp/budget/reference/statistics/data.htm ［2012年5月10日最終閲覧］ より作成.

重視の背景には，日本企業の本格的な多国籍化があった。

　日本企業の多国籍化は 1985（昭和 60）年のプラザ合意後の円高進行を直接的契機としながら急速に進むが[9]，この時には 1970 年代以降の日本の欧米への「洪水輸出」に対する批判が集中していた[10]。とくにアメリカの対日圧力が際立って強くなるのが 1987（昭和 62）年であり，日独に対する協調利下げ要求[11]や日本の半導体メーカーへの対日報復措置[12]など，露骨な対日圧力政策が顕著となった。1988（昭和 63）年以降の文化政策への傾倒は，直接的には，そうした世界的な対日批判と対日圧力政策が激化する渦中の 1987（昭和 62）年 11 月に成立した竹下登内閣の方針によるものである。財界との関わりも深い竹下氏は，世界的な批判や規制を牽制しつつ，日本企業の海外での経済活動の円滑化を図るために，日本の国際貢献を文化的側面からアピールしていった。たとえば，政府の日欧政策方針を内外に表明するものとなった 1989（平成元）年 5 月のロンドンスピーチで，竹下氏は内閣の最大目標を「世界に貢献する日本」の建設と表明した後で，以下のように述べている。

> 　私は，政権発足以来，一貫して物心両面で調和のとれた「文化の香り高く豊かな社会」の創造を唱え，重要な基本政策の一つとしてその推進を図って参りました。本日は，政治，経済問題に先だって，まず文化面の協力について申し上げることにいたします。特に，文化交流面は，日欧関係に厚みと幅をもたらす上で政治・経済の分野に劣らず，否，それ以上に重要であると考えます。…広い意味での文化交流こそ，体制や価値観の相違を越え，民族と民族が互いに人間として尊敬し理解し合う基礎をつくる上で，また政治，経済分野における関係をより円滑に促進するうえで，根源的に重要な意味をもつものであります[13]。

　ここでは，政治・経済問題に先立って「文化面の協力」を第一に掲げることで，経済的利益のみを優先させる日本という悪評をけん制しつつ，また今後の日欧関係の円滑化を強調していることがうかがえる[14]。ちょうど米英のユネスコ脱退（1984～1985 年）が相次ぐなか，その理念と事業の再検討に大きく関わり，ユネスコ内での存在感を増しつつあった日本にとって，「文化」はきわめて有効な円滑外交手段ともいえるものであった。

そして政府は，この演説で表明した政治方針を即座に国内外政策に具体化する。この直後に閣議決定した「世界とともに生きる日本－経済運営五カ年計画」には文化交流を通じた国際相互理解を明記し，その具体化のため，1989（平成元）年6月には内閣に「国際文化交流推進会議」を設置した（河野1995：594-595）。また「文化関係の施策を格段に強化する必要」性から，文化庁長官の私的諮問機関として「文化政策推進会議」を1989（平成元）年7月に設置した（文化庁1999：28）。こうした動きとともに，とくに文化遺産分野においては，ユネスコ内の文化遺産保存日本信託基金の設置（1989年）や世界遺産条約批准（1992年），そして国内の「近代の文化遺産」の保護促進などが進められた。

　このように，国の文化政策の活発化は，日本企業の多国籍化という事態が要請してきたといえ，そのことは財界や企業側の積極的な関わりからもとらえられる。1970年代後半から1980年代にかけて何度か提言されてもいた芸術文化振興のための基金創設は，この時期に財界関係者が大きく関わることでようやく実現する。「文化を通じた社会貢献の気運と経済活動における文化の重要性に対する関心の高まりを背景に財界関係者，芸術文化関係者有志により」，「芸術文化振興基金推進委員会」が1988（昭和63）年に結成され，その後1990（平成2）年に基金の創設が実現した（文化庁1999：36）。同様に1988（昭和63）年には「文化と企業」をテーマとする日仏文化サミットがフランス文化省，朝日新聞社の共催で行われ，これを契機として，1990（平成2）年には日本国内の企業による文化支援（＝メセナ）の統一的原理原則を確立することを目的とした「企業メセナ協議会」も発足した。とくにこれら企業による文化支援が活発化する1990（平成2）年はマスコミなどで「メセナ元年」と称された（根本2005：58）。こうした企業側の文化の重視は，日本で成功した例はあまり見られなかったが，産業構造転換を背景とした文化の経済効果を期待した側面も持っていた。

　以上から，日本の文化政策が1988（昭和63）年を契機として活発化していくのは，1980年代後半の日本企業の多国籍化が背景にあるととらえうる。とくに1987（昭和62）年にはこれまで緊密な経済関係を築いてきたアメリカの対日圧力の激化と，財界とのつながりの深い竹下　登内閣の発足があり，そう

したなかで「文化」が日本企業の多国籍化に際しての国際関係円滑化に有効なツールとして持ち出されていったものである。

2.3 国際化時代の国民文化醸成

1988（昭和63）年，文化庁は発足20周年として『わが国の文化と文化行政』（文化庁1988）を刊行したが，そこでは，国際化時代における日本の自国文化形成の必要性を以下のように記している。

> 現在，我が国は，進展する国際化の中において，経済的に実力を持つ国となったが，それだけに，国際社会の一員として，特色ある伝統文化を継承しながら，優れた文化を創造し，世界に貢献する責務と役割を担っていくことが，ますます必要となっている。およそ一国の文化は，その国の国民のアイデンティティを形成する源であり，我が国文化もまた，我々日本人の国民性を規定してきた。今後，我が国が，国際社会の中にあって立派に生きていくためにも，豊かな個性と普遍性を備えた文化を構築し，世界の文化発展に貢献することが必要であり，それによってまた，実りある国際的文化交流が可能となり，新たなアイデンティティが確立されていくこととなろう（文化庁 1988：24）。

先に，国家の文化政策は，直接的には日本企業の多国籍化をより円滑に促進するための，対外的戦略ツールとして活性化するとしたが，上記文書の文言からはその国際化を前提とした自国文化の生成，あるいは国民的アイデンティティ形成の必要性が強調されていることがわかる。こうして文化は，国内的には国家共同体を支える紐帯として持ち出されていくものとなる。

ことに，1980年代後半には欧米を主たる進出先とする，より限定的であった日本企業の多国籍化は，1990年代以降アジア地域へと拡大し，本格的なグローバル化の様相を見せ始める[15]。さらには1980年代末の冷戦体制の崩壊から，経済的側面のみならず軍事的側面も変容を余儀なくされ，自国防衛を堅持してきた自衛隊は本格的な集団防衛体制に組み込まれるようになっていく[16]。そうしたなか，先にも示したように，「文化立国」という概念が文化政策のなかに取り入れられるようになり，1998（平成10）年の「文化振興マスタープ

ラン－文化立国の実現に向けて－」で明確化される。ここでは,「今日,価値観の変動と多様化,国際化の進展や大競争…の激化等の急激な社会の変化が進む中で,…文化の座標軸をどこに求めるかということが問われている」(文化庁 1999：450）とし,さらにその文化を「国民性を特色づけ,国民共通のよりどころとなるもの」(同上書：450）と定義づけている。いわば,グローバル化による社会変化のなか,文化は国家共同体としての枠組みを維持していくものとしてより明確に位置づけられるものとなっている。このように,国外的に企業の多国籍化を円滑に促進するツールとして持ち出されていった文化は,同時に国内的には「国家共同体」の枠組みを維持する重要な紐帯として明確に位置づけられ,機能していくものとなる。

　社会学をはじめとする諸研究では,1980年代末以降の日本で,文化ナショナリズム的現象の隆盛が論じられており[17],国家枠組みを再強化しようとする文化政策の活発化が指摘されている。とくに1970年代以降,産業構造転換を背景に進んでいた各地域の衰退問題はこの時期より深刻化し,それを観光化によって打開することが画策されていった。こうした状況から,地域開発事業そのものに文化的側面が深く関わることとなったのである。そして,そこに組み込まれた文化が日本という国家枠組みに結びつけられることについて,民俗学分野で多くの指摘がある。たとえば岩本（2002，2003）は,農林水産省や総務省（旧自治省）,国土交通省など他省庁の多くの各種施策とも結びついた地方の農業・過疎対策に,日本という国家の文化的枠組みが組み込まれている点をとらえており,また中村（2007）は,1980年代末以降の国家政策やマスメディアの文化企画における「日本の○○百選」などといった国家的枠組みでの格付け・ランキングの社会現象化を指摘する[18]。これらはとくに道や公園,棚田などの日常的環境を,国家という枠組みのもとで再構成し,国民文化として表象するものとなっているとする。

　このように,地域開発や日常的環境に深く関わりつつ,文化的共同性が創り出されている状況は,まさにグローバル化で形骸化する国土を文化主義的に再構築・再確認するものとして機能しているといえるものであろう。

3. 活発化した文化政策と「近代化遺産」

以上の1980年代後半以降の国家の文化政策の活発化において,「近代化遺産」はその中核に位置するものであった。本項ではそのことを検討する。

3.1 文化財登録制度導入

先に,竹下内閣のもと促進されていく文化政策の1つに,世界遺産条約批准があることをとらえた。この内閣発足後初めて国会でその問題について言及がなされたのは1988(昭和63)年3月9日の衆議院予算委員会(第三分科会)であり,この時の外務大臣宇野宗佑氏は以下のように答弁した。

> 文化国家と言うからには,ふさわしい体制を整えなければならぬという観点に立ちました場合には,当然この条約〔著者注:世界遺産条約〕に関しましてもさらに深い関心を持って推進しなければならない,私はかように存じております。
>
> これは一般論ですが,文化国家とは何ぞやとよく言われますが,文化国家とは文化財の多い国をいう,その文化財を守る国民が多くいる国をいう,また,文化財とは過去のものだけではなく将来に向かっても文化財になるようなものをつくり得る国民が多くいる国を文化国家という,こういうふうに私は申しております。

この発言から,日本が文化面での国際貢献を使命とする「文化国家」を標榜するためには,文化財の豊富さやそれを支える体制が整っていることが必要であり,とくに世界遺産はそうした体制整備の証左として,あるいはそのことの世界的アピールになりうるものとして,宇野氏はとらえていたことがうかがえる。このように,文化に力点を置こうとする国家政策において,文化財は端的にその効果を発揮しうるものとして位置づけられた。国内の文化財政策はこのことを背景とし,大きく転換していくこととなる。

1996(平成8)年に文化庁が導入した文化財登録制度は,明治以来一貫して変わらなかった文化財保護制度の「少数優品主義」という原則を転換したものであり,戦後における文化財保護法の3回目の大改正として位置づけられる。具体的に「届出制と指導・助言を基本」とし,税制上の優遇措置や修理費等の

助成措置も小さい代わりに，より多くの対象を緩やかな保存の対象として設定することを可能にした（斎藤 1997）。

　文化庁はこの制度自体を「近年の国土開発，都市計画の進展，生活様式の変化等により，社会的評価を受ける間もなく消滅の危機にさらされている多種多様かつ大量の近代を中心とする文化財建造物を後世に幅広く継承していくため」のものとして位置づけている（文化庁 2009：227）。すなわち，開発などによって危機にさらされている対象の緊急避難的保護のために導入された登録制度は，そもそも大量にある近代期建造物をその中核に据えたものであった。

　実際，「近代の文化遺産」保護は，国家政策が文化面に傾倒し始める 1988（昭和 63）年から取り組まれ始め，文化財登録制度導入にいたる 1996（平成 8）年にはその総合的な方針が固められる。先陣を切った文化庁建造物課の近代化遺産総合調査事業は 1990（平成 2）年に開始されるが，その具体的検討は 1988（昭和 63）年から行われている[19]。その後，「近代の文化遺産」の総合的な保護に関して，「近代の文化遺産の保存と活用に関する調査研究協力者会議」が 1994（平成 6）年 9 月に設置され，4 つの文化財種に基づく分科会（建造物，記念物，美術・歴史資料，生活文化・技術）でそれぞれ報告がまとめられ，それらをもとに「近代の文化遺産の保存と活用について」という全体報告が 1996（平成 8）年にまとめられた。いわば，1988（昭和 63）年以降の国家の文化政策の活発化から，1996（平成 8）年の文化財増大化に直接的に寄与しうる文化財登録制度導入に至る動きとほぼ軌を一にしている。

3.2　文化財の増大化

　実際，文化財登録制度は文化財件数の増大に大きく寄与しており，さらにそのなかで近代期のものの割合はきわめて高い。2012（平成 24）年 5 月現在，国指定の重要文化財（建造物）は総計 2,391 件（うち国宝 217 件）であるが，同年 3 月現在の国の登録文化財（建造物）は制度導入後 16 年で 8,834 件にのぼる[20]。そのうち近代（明治時代以降）以降のものは，重要文化財（建造物）が 290 件（うち国宝 1 件），登録文化財（建造物）が 7,318 件であり，割合では前者が約 12％，後者が約 83％となっている。膨大な数の登録文化財のほとんど

が文化庁主導の全国調査で掘り起こされた「近代化遺産」なのである。

ちなみに有形文化財（建造物）および記念物（遺跡）については，それぞれ指定文化財の歴史的基準の再検討が1990年代前半に行われ，とくに先にあげた「近代の文化遺産の保存と活用に関する調査研究協力者会議」の各分科会の報告で基準緩和による対象の拡大が明確に示された。まず，建造物（重要文化財）に関しては大正期末までとなっていたものが，建設後50年経過というところまで基準が広げられた[21]。当時，1990年代半ばにおいては，ほぼ第二次世界大戦終結時（1945（昭和20）年）頃までということになる。そして1997（平成9）年には，明治生命保険相互会社本社本館（東京都）が昭和期の建造物として初めて国の重要文化財に指定された。なお，1990（平成2）年に開始された近代化遺産（建造物等）総合調査での対象も第二次世界大戦終結時までとなっており[22]，基準拡大の布石は早々に打たれていたことがうかがえる。また遺跡（史跡）については，築後100年が基準で明治期半ば以降のものは指定実績がなかったが，1990年代初頭より進んだ原爆ドーム（広島県）の世界遺産化と密接に関連しつつ[23]，第二次世界大戦集結頃まで，という時点に広げられた[24]。このように，従前の指定文化財の枠も大きく広げられ，その対象増加に「近代化遺産」（「近代の文化遺産」）は影響したといえる。

3.3　文化財の地域的偏在の是正

以上から，「近代化遺産」は日本企業の多国籍化に際し，文化国家を標榜するための文化財増大化という政策の中核に位置していたものと見ることができる。さらにそればかりでなく，国際支配の脱領域化に際して活発化すると論じた，国家共同体の文化的紐帯の強化という点でも大きく寄与しうるものであった。

先に示したとおり，文化庁主導の全国調査は，数多くの近代期建造物を悉皆調査し，文化財となりうるものを掘り起こすという趣旨のもとなされた事業である。各都道府県ではそれぞれ，目安として示された1,000件の「近代化遺産」の掘り起こしを出発点として，現地調査も経て最終的に50～100件程度の重要な「近代化遺産」を選定する。これが文化財の地域的偏在の是正に寄与

表 1-2 国の文化財(建造物)の都道府県別件数(2012年9月1日現在)

	国宝	重要文化財[1]	登録文化財[2]		国宝	重要文化財[1]	登録文化財[2]
北海道		25	129	島　根	2	24	164
青　森		31	95	岡　山	2	55	250
岩　手	1	25	76	広　島	7	62	123
宮　城	3	20	83	山　口	3	37	70
秋　田		24	170	徳　島		17	100
山　形	1	29	130	香　川	2	27	371
福　島	1	33	128	愛　媛	3	46	108
茨　城		32	245	高　知	1	20	269
栃　木	6	31	201	福　岡		38	78
群　馬		21	302	佐　賀		13	80
埼　玉	1	24	126	長　崎	3	33	99
千　葉		29	158	熊　本	1	30	112
東　京	2	72	278	大　分	2	31	200
神奈川	1	52	157	宮　崎		9	71
新　潟		33	371	鹿児島		10	105
富　山	1	20	86	沖　縄		21	75
石　川		43	227	合　計	217	2,391	8,982
福　井	2	26	111				
山　梨	2	51	69				
長　野	5	85	420				
岐　阜	3	49	191				
静　岡	1	33	171				
愛　知	3	76	356				
三　重		23	121				
滋　賀	22	181	315				
京　都	48	292	409				
大　阪	5	98	534				
兵　庫	11	105	541				
奈　良	64	261	202				
和歌山	7	78	154				
鳥　取	1	17	152				

注：1) 重要文化財の件数は国宝の件数を含む．また，「旧筑後川橋梁（筑後川昇開橋）」は福岡県と佐賀県にまたがるため，両県それぞれで計上している（そのため各県合計と合計欄件数は一致しない）．
　　2) 登録有形文化財で「わたらせ渓谷鐵道笠松トンネル」，「唐沢堰堤」はそれぞれ栃木県と群馬県，山梨県と長野県にまたがるため，両県それぞれ計上している．

文化庁ホームページ：http://www.bunka.go.jp/bunkazai/shoukai/shitei.html より作成．

した点について，たとえば表 1-2 に示した国の指定文化財（建造物）および国の登録文化財（建造物）の都道府県別件数から検討する．国指定の重要文化財は，京都，奈良には各 300 件近くあり，ほか大都市部や歴史ある都府県では各

50 〜 100 件以上に及んでいるものの，30 以上の大半の道県が各 10 〜 30 数件となっており，いわば一握りの地域への過度の集中が目立っている。「近代化遺産」の都道府県ごとに各 100 件という数値が，いかに各地域のバランスを重視するものであるか，さらにそれぞれの地域でいかに存在感のある件数であるかがわかる。また国の登録文化財については，少ない県で 70 件程度，多い府県で 500 件以上と幅はあるものの，多くの都道県は 100 〜 200 件とある程度足並みが揃っている。先に触れた登録文化財に占める近代期のものの割合からいくと，「近代化遺産」の全国調査結果がかなりの程度反映されたであろうことも推測される。

　以上より，「近代化遺産」の全国調査がいかに各地域満遍なく，大量の文化遺産を構築させるものとなっていたかがわかる。さらに，「近代化遺産」の対象となる建造物には，一般建築物のみならず，産業施設，土木構造物まで多種多様なものが含まれている。とくに鉄道などの交通施設やシステムとしての産業設備など，これまでの単体建造物としての価値が評価される文化財よりも，大型でシリーズ化しやすく，なおかつ日常的に利用されている対象が多い。すなわち，日常的空間の一部として受容されているものである。とするならば，こうした国土を満遍なく覆う，大量の日常的空間が日本の象徴として再構築されていく状況は，いわばグローバル化のなかで形骸化する国土を文化的側面から充填していくものとしてもとらえうる。先に，1990 年代の全国的な地域開発政策における文化主義的傾向が日本という国家的紐帯を構築する側面を担っていることを見たが，時代的にも状況的にも「近代化遺産」はまさに同様の現象として位置づけるべきものといえる。

3. 4　資本・軍事活動の文化的戦略

　第 1 節で，近代国家とは，資本による富の蓄積を軍事という物理的暴力を手段としながら保証することで，成立しているものと定義づけた。「近代化遺産」は，その資本・軍事双方を対象化しうるカテゴリーでもある。表 1-1 からは，「近代化遺産」がさまざまな近代的事業のすべてを包含しうる対象設定であることを確認できる。なかでも重工業や軍事に関わるモノについては，公害あるいは

敗戦などの肯定しがたい社会的経験を伴っており、文化遺産としての視線とは結びつきにくい側面をもっていた。それが近代期の遺産すなわち「近代化遺産」という幅広い包含性をもった概念創出により、それらを文化遺産として構築していくことが可能となったともいえる。

また、近代以降の国家の実質的活動としての資本・軍事を担う、あるいは担ってきた具体的施設は、脱領域化する両活動の現実を如実に反映しつつ存在する一方で、さらに再領域化しようとする文化遺産のイデオロギー的作用をも担う。両活動に関連する「近代化遺産」はそうした矛盾を内部に抱える、まさに現代的国家支配を如実に示しうる対象としてとらえることができる。

ことに現代、脱領域化する両活動（資本・軍事）における文化的戦略の重要性は増しており、観光や広告、それら実質的活動の正当化などにおいて「近代化遺産」が一定の役割を果たしている状況も指摘できる。具体的に、さまざまな企業内施設の文化遺産化は斜陽化した鉱工業が観光サービス転換を図ることにより1970年代頃から行われてきたほか、1980年代後半以降には、ことに自社産業技術に関する博物館などの建設が進んでいった（内田1999：6；加藤1999）。2000年代に入るとメディアや自治体による「近代産業遺産」に関連するウォーキングイベントなど、文化遺産活用を意識した一般向けイベントも行われるようになり、経済界での産業施設の「近代化遺産」化が活発化した。

そして軍事的主体による一般向けイベントにおける文化や歴史を重視した演出も活発化している。ことに自衛隊は1990年代後半以降、隊員ほか一般市民向けに資料館・博物館を相次いで開館させているほか、2000年代以降は、自衛隊敷地内に残る「近代化遺産」の一般見学の定期開催も各地方隊で積極的に行われている。地域における存在意義、あるいは存在の正当化が図られていることがうかがえる。

このように、「近代化遺産」はシンボリックに国土を再強化・再構築していく側面のみならず、国家の成立原理をなす資本・軍事に関わるものがその対象となっており、それら資本・軍事の活動を文化主義的に正当化する役割を担っている側面をもつ。まさに現代的国家支配の有様を如実に語りうる代表的現象として位置づけることができる。

このように,「近代化遺産」は,現代的国家支配ときわめて深く関連しながら創出されてきた。日本企業の多国籍化を背景に活発化する文化政策とともに成立してきた点,国土全体に及ぶ膨大な量の建造物に対し日本のシンボルとしての視線を注ぐよう設定された文化遺産である点,そして国家の成立原理である資本・軍事に関連する施設をその対象に含みこんでいる点など,現代的国家支配の文化主義的正当化を担うツールとして創出されてきたものと位置づけることができる。

[注]
1) 1998（平成10）年, 当時文化庁文化財保護部建造物課の主任文化財調査官であった亀井氏が, 広島県近代化遺産（建造物等）総合調査における事業終了時の座談会「近代化遺産の保存と活用」において語った内容である（広島県教育委員会事務局管理部文化課 1998：315）. なお,「近代化遺産」調査の事業化に関しては, 暫定的な形で非公式に進められていったものであるため, 議事録等の記録が現在残されていないとのことであった（2010年5月文化庁文化財部への聞き取りによる）.
2) 2012年7月文化庁文化財部への聞き取りによる.
3) 「国庫補助事業による調査」における「近代化遺産総合調査」で調査の対象に設定されている定義（文化庁ホームページ：http://www.bunka.go.jp/bunkazai/hojo/pdf/kindaiisan_kenzoubutsutou.pdf［2012年7月31日最終閲覧］）.
4) 他府県の具体的な分類設定をみても, その多くは同じように種別が4～5種程度, 分類項目は25種程度設けられている.
5) 注1）で記した亀井氏.
6) 文化庁ではすでに1990年代初頭から, 近代期の建造物の保護が重要な政策課題として取り上げられつつあった. 1991（平成3）年7月の文化政策推進会議（文化庁長官の私的諮問機関. 1989年7月設置）や文化財保護企画特別委員会（文化財保護審議会の下に設置）の1993（平成5）年4月の審議経過報告では, 近代期建造物保護を積極的に進めるべきという提言が出されている（亀井1999：27）. ただし, その本格的契機は1994（平成6）年7月に文化財保護企画特別委員会が報告書「時代の変化に対応した文化財保護施策の改善充実について」において, 同対象を「近代の文化遺産」としてその保護の重要性を打ち出したことにあり, 以後全体的整備が進められていった. 同年9月には「近代の文化遺産の保存と活用に関する調査研究協力者会議」が設置され, その下に各文化財種にもとづく分科会（記念物, 建造物,

美術・歴史資料，生活文化・技術）が置かれた（磯村 1999）．

7) 1994（平成 6）年に発足した「近代の文化遺産の保存と活用に関する調査研究協力者会議」の下に置かれた記念物分科会（注 6）参照）は，1995（平成 7）年 1 月に報告をまとめ，1995 年度以後「近代遺跡」の全国調査への取り組みを開始した（磯村 1999）．

8) 1995（平成 7）年 7 月の報告「新しい文化立国をめざして－文化振興のための当面の重点施策について－」に取り入れられたほか，1997（平成 9）年 7 月の緊急提言は「文化振興マスタープラン－文化立国に向けての緊急提言－」となっていた（文化庁 1999：408-416）．

9)「八五年以後，日本資本は文字どおり洪水のように海外進出を敢行し，日本企業の多国籍化は一気に進んだ．その結果，日本の直接投資は八九年度には六七五億ドルと，八〇年のなんと一五倍，一〇〇億ドルを記録した八四年と比べてすら六.七倍に増加した」（渡辺 1996：214）．

10) 1970 年代の日本企業の輸出戦略が 1980 年代後半の海外進出を余儀なくされる事態をもたらした．1970 年代のアメリカ経済の疲弊やオイルショックなどを契機として進行する先進工業国の経済力衰退のなか，日本は徹底した「減量経営」（主として人員削減）とその後の欧米への「洪水輸出」によって乗り切る（二瓶 1999）．これが摩擦を深刻化させ，欧米における対日貿易制限措置を招いたことに加え，「円高によって輸出競争力が落ちたことで，既存の欧米における市場を確保するために海外生産を行わざるをえなくなった…．円高により海外生産に必要なコストが低下したことは，もちろんこれに拍車をかけた」（渡辺 1996：214）．

11) アメリカとの金利差を維持するために，アメリカは日独に対し，金利引き下げを要求した．これを二瓶（1999：22）は「他国の経済政策を，自国の規制的な資金循環保持に従属させようとすることを意味する」ものとし，アメリカの「横暴な覇権主義」の事例の 1 つとしてあげている．ちなみにこれに日本は忠実に従い，西ドイツは必ずしも同調しなかった．

12) アメリカは日本の半導体メーカーが協定に違反しているとして，「日本から輸出されるカラーテレビ，パソコン，電動工具に一〇〇％の輸入関税をかける」という対日報復措置を発動した（二瓶 1999：30）．

13) 外務省ホームページ：http://www.mofa.go.jp/mofaj/gaiko/culture/koryu/others/kokusai_3a.html［2010 年 5 月 10 日最終閲覧］．

14) 1964（昭和 39）年から 1983（昭和 58）年までユネスコ本部文化局に勤務していた河野靖氏は，この演説を「日本人が世界の中での文化的役割を，従来の受動的『おつきあい』から積極的貢献へ転換する決意を示したものであり，政治，経済分野でのみ行われてきた国際関係の中に，文化的要素を導入したものとして高く評価された」としている（河野 1995：594）．

15) 渡辺（1996：211-217）は，1985（昭和60）年を画期とする日本企業の多国籍化の著増期を1990年までとし，それ以降と分けている．とくに1990年代には日本企業の欧米への製造拠点の一応の完成とともに先進国向け投資が減少する一方で，対アジア向け投資，とくに中国向け投資が増加していくとする．また二瓶（1999：31）は，「八〇年代後半，製造業の対外直接投資はアメリカ向けが主流であったが，九〇年代に入って東アジア向け直接投資が激増し，九四年には対米投資を上回るにいたった．その対象国は，九〇年まではアジアNIES（韓国・台湾・香港・シンガポール）が主役であったが，九一～九四年にはASEAN四カ国（タイ・マレーシア・インドネシア・フィリピン）がトップに立ち，九五年以降は中国が台頭してきた」ことを指摘する．

16) 1991（平成3）年には自衛隊法第99条に基づいた掃海艇のペルシャ湾派遣，また1992（平成4）年にはPKO法の成立によるカンボジアへのPKO派遣がなされた．その後は，1995（平成7）年の新防衛計画大綱，1996（平成8）年の日米安全保障共同宣言，さらにそれを受けて1997（平成9）年の新日米防衛協力のための指針が策定され，ことに周辺有事や米軍との共同対処，後方支援など自衛隊の国外での活動に関する規定が整備されていくこととなる（黒川2003）．

17) たとえば吉野（1997）は企業内での異文化交流に基づくナショナルな枠組みの再生産，渡辺（1997）は「国際貢献」イデオロギーとともにそれに対抗するナショナリズムの高揚が現象として生起していることを指摘している．また山﨑（2001）はグローバル化期にナショナリズム現象が高揚することの指摘とともに，そのメカニズムの解明を欧米先行理論から試みている．

18) 中村（2007）では以下が例としてあげられている．「日本の道100選」（1986～1987年，建設省・「道の日」実行委員会），「日本の都市公園100選」（1989年，緑の文明学会・日本公園緑地協会），「さくら名所100選」（1990年，財団法人日本さくらの会），「美しい日本のむら景観100選」（1991年，農林水産省），日本の都市景観100選（1991～2000年，「都市景観の日」実行委員会），日本の棚田百選（1999年，農林水産省）．

19) 注1）で触れた亀井氏は「文化庁では，昭和63年（1988）頃から産業あるいは交通，土木について個別に研究者に委託して全国的な調査を行い，保存方法などの検討を行ってもらいました．それにより一定の成果が出ましたので，わが国の近代化を支えた産業・交通・土木の遺産を対象に行政調査の位置づけにしようとして取り組み始めたのがこの近代化遺産総合調査です」と述べている．ちなみにこの端緒については，近世の建造物調査から次のテーマとして近代の建造物が考えられるようになってきたこと，および建築史学，土木史学，科学史学などの分野での近代期建造物への評価の動き，さらに都市開発等の流れのなかでの取り壊しの危機をあげていた（広島県教育委員会事務局管理部文化課1998：315）．

20) 登録文化財制度の対象は，有形文化財（建造物および美術工芸品），有形の民俗文化財，記念物であるが，有形の建造物のみが制度導入時からの対象であり，他は2004（平成16）年の文化財保護法改正時に加えられたものである（文化庁 2009：92）．ただし，有形文化財（建造物）の登録件数が2012（平成24）年9月1日現在，8,982件に及ぶのに比して，有形文化財（美術工芸品）は13件，有形民俗文化財は25件，記念物は61件となっている（文化庁ホームページ：http://www.bunka.go.jp/bunkazai/shoukai/shitei.html［2012年9月15日最終閲覧］）．
21)「文化財保護企画特別委員会　時代の変化に対応した文化財保護施策の改善について」（文化財保護審議会 1993：8），「近代の文化遺産の保存と活用について（報告）建造物分科会関係」（文化庁ホームページ：http://www.bunka.go.jp/bunkazai/houkoku/kindai_kenzoubutu.html［2012年5月10日最終閲覧］）．
22) 初年度（1990年度）に最初に調査を開始した秋田県の調査報告書（秋田県教育委員会 1992）に明記されている．
23) 文化庁は，世界遺産に推薦する条件として，国内法（文化遺産に関しては文化財保護法）による保護を必須としており，有形の建造物では重要文化財指定，記念物（遺跡）では史跡指定を必要とした．原爆ドームは当時の史跡の築100年後という基準をクリアできないため，基準拡大が検討されるようになった．ちなみに，1992（平成4）年の日本の世界遺産条約批准を契機として，原爆ドーム世界遺産化の動きが起こるが，当初文化庁はその基準拡大に消極的であり，その姿勢に変化が見られたのは1994（平成6）年6月の原爆ドームの世界遺産推薦の検討開始を決定した時，という指摘がある（「原爆ドーム世界遺産化への道」編集委員会 1997：83-100）．その後同年9月に，先にも触れた「近代の文化遺産の保存と活用に関する調査研究協力者会議」が設置され，1995（平成7）年1月に第二次世界大戦終結頃までという基準を妥当とする記念物分科会報告が出され（4つの分科会のなかで最初），同年6月に原爆ドームの国史跡指定，同年9月に世界遺産委員会への推薦書提出，翌1996（平成8）年12月に原爆ドームが宮島厳島神社とともに世界遺産として登録されることが決まった．
24)「近代の文化遺産の保存と活用について（報告）記念物分科会関係」（文化庁ホームページ：http://www.bunka.go.jp/bunkazai/houkoku/kindai_kinenbutu.html［2012年5月10日最終閲覧］）．

第2章 「近代化遺産」の構築実践における戦略と戦術

　第1章では「近代化遺産」がいかに現代日本の国家支配の渦中にある対象であるかを明らかにした。本章では，その現代的国家支配をとらえる分析枠組みを示す。本書では，文化遺産の物質的側面と表象的側面との双方を考慮・検討しうるものとして，地理学における景観研究の視角を参照する。地理学では，景観が物的現実として存在しつつ，そこにさまざまな意味の醸成を伴っており，それが権力主体にとって都合のいいイデオロギー作用[1]となっていることを明らかにしてきた。そうした景観の政治性についての研究成果をもとに，適切な分析枠組みを設定する。

　まず第1節で，地理学において，文化遺産をはじめとする物的建造物の国家イデオロギー性を明らかにしてきた景観研究の成果と問題点を示す。ここではとくに，日本における研究群に見られる固定化した視点の特徴をとらえ，かつその視点では本書が着目する現代的国家支配の様相をとらえられないとして，新たな枠組みを提示する第2節につなげる。

第1節　地理学の景観研究における国家イデオロギー

1. 英語圏地理学における展開

　地理学において，建造物や物的環境がイデオロギー作用をもつことについては，主として1980年代以降の英語圏地理学の新たな景観研究で明らかにされてきた。ここでの新たな景観研究とは，より客観的で所与の実在としての「景観」から，特定の主体にとって都合のよい意味を醸成する側面（イデオロギー作用）をもつものとしての「景観」への再概念化によって，その政治性を読み

解いてきた研究群を指す。

　地理学において景観は，基本的に1960年代まで客観的で所与の実在環境としてとらえられており，地域特性や生活文化，歴史を読み取るに止まっていた（荒山 1998a：90；山野 1998：287-291；今里 2004：483）。ところが1970年代以降，当時地理学の主流であった計量地理学への批判として出てくる人文主義的な流れのなかで，経験やイメージなど人間の意識的部分が重視されるようになり（ジャクソン 1999：34-37；山野 2001：130），景観の意味的側面に光があてられるようになった。ただし，この動きには個人の精神性や主観性のみが過度に強調され，社会的な文脈や規制が軽視されるきらいがあったことから，このような傾向を批判し，人々の認識に対して景観の物的側面の持つ力（規定性）を重視する「唯物論文化地理学」がデニス・コスグローブ（Denis Cosgrove）やスティーブン・ダニエルズ（Steven Daniels）らによって志向された（ジャクソン 1999：62-64）。これは，同じく計量地理学への批判的動きの1つとして位置づけられるマルクス主義地理学において（遠城・大城 1998:3-6），デヴィット・ハーヴェイ（David Harvey）らによる建造環境のイデオロギー性が明示されてきたこととも呼応するものであった（Cosgrove1978, 1983；水内 1996；今里 2004：486）。そしてコスグローブ（Cosgrove1984, 1985）は景観という概念およびとらえ方そのものが15～16世紀以降の近代的科学・思想および資本主義の発展のなかで，近代的視線や資本主義の土地に対する力の行使と密接に関わりつつ出現したものであることを明示した。こうした資本主義が進行するなかで生まれたブルジョア的な「ものの見方 a way of seeing」としての「景観」の提示により，景観にはさまざまな思想・経済のイデオロギーが含みこまれていることが喚起されたのである。

　こうした景観概念の転換とともに，1980年代以降景観に内在するイデオロギーを解明する研究が数多く行われるようになり，そのなかで国家という政治体（空間）の形成・維持・発展に資するようなイデオロギーの解明も数多く行われてきた。とくに近代国民国家については，1980年代末以降の冷戦体制の崩壊からグローバル化の加速度的進行へと至る時期の近代国家の揺らぎを背景に，その解明を進めた国民国家研究とも呼応して盛んになり，大きな流れとなっ

た。著者の関心に基づいた例をあげるならば，ナチスドイツによる民族的偏見に基づく「国民」創出に，「森」「緑」「自然」などの景観的要素が密接に絡みついていたこと（Groening1992；Rollins1995；Schama1995：75-134），イギリスにおいて18世紀以降カントリーサイドの景観が国家的シンボルの対象として持ち出されていったこと（Bermingham1987；Lowenthal1991；Muir1999：156-172），また景観表象としての風景画がオランダの国民国家創出において重要な役割を果たしたこと（Adams1994；Muir1999：172-180）など，数多くの実証研究がなされてきた。

ただし，こうした景観に潜むイデオロギーの追究は，社会全体の景観（とその表象）を，権力主体の支配的イデオロギーの通底する社会的構築物であるかのように，あるいは権力主体の世界観をそのまま反映した現出物であるかのようにとらえ，解読する側面をもつ。とくにジェームズ・ダンカン（James Duncan）は構造主義的観点から体系的な景観解読を目指したことで知られ（今里2004：485），たとえば国家について，中世スリランカのキャンディ王国の首都景観が宗教的世界観を具現化するような構造となっており，神と政治的権威とを同一視させ，国家支配を正当化する意味作用を伴うものであったことを示した（Duncan1990）。しかし，さまざまな社会的現実を含みこんでいる物的景観（およびその表象）を，国家イデオロギーを体現する象徴体系として読み替え，対象化するアプローチは，権力側の作用のみを静態的，観念的に解釈するものであるという批判も生んできた（今里2004：488-490；森2009：4-5）。

こうした権力側の作用に焦点化した研究とともに，その権力的方向とは異なる視線や意味が混在しあう場として景観をとらえ，それらのせめぎ合う様相を明らかにする研究も盛んになされてきた。すでに1970年代以降いくつかの先行事例がみられたが[2]，それが本格的な動きとなったのは1990年代以降である（米家2005：127）。とくにモニュメント（記念碑）やヘリテイジ（文化遺産）など公共的意味・価値を含みうる景観については，国家イデオロギーとの深い関わりとともに[3]，さまざまな視線や意味とせめぎ合ってきた様相が明らかにされてきた[4]。これは1980年代から1990年代にかけて活発化した記憶論の影

響を多分に受けたものである。とくに歴史学において,「記憶」は公的な,権力の側にある「歴史」に対するアンチテーゼとして議論を呼び起こした概念であり,いわば「歴史」に統合されえない,多様な人々の過去認識に光が当てられるものとなった。そのなかでも大きな影響を及ぼしたピエール・ノラ（Pierre Nora）の『記憶の場』の議論では,「記憶」の多様性と「歴史」の普遍性を指摘しつつ,さらに「記憶は具体的なもの,すなわち空間,動作,図像,事物などのなかに根づく。歴史は事物の時間的な連続や変化や関係などにしかこだわらない」（ノラ 2002：32）とした。いわば多様な人々の視線としての「記憶」と固有の物的環境とが密接に関連しているという見方を提示した[5]。こうした記憶論の活発化を背景としつつ,景観研究においても,その権力とせめぎあう,あるいは対立するような視線が注目され,また描かれるものとなった。たとえばウィンベリー（Winberry1983）はアメリカにおける国家の歴史に統合しきれない,南北戦争に関連するモニュメントの存在を明示し,またジョンソン（Johnson1994）はアイルランドにおいてさまざまな国家的モニュメント建設が行われた一方で,100年前のイギリスへの反乱の過去を記念するモニュメント築造も行われていたことを対比的に示した。同じくウィザーズ（Withers1996）はスコットランドにおけるイングランドへの対抗を基軸とする過去が国家的モニュメントをめぐるせめぎあいを引き起こしていることをとらえた。

　とくに近年では,権力側の一方的な作用を静態的・構造的にとらえようとする研究への批判とともに,さらに競合する国家イデオロギー像の追究が進んでいる。たとえば,アグニュー（Agnew1998：216）は国民国家の神聖視が全体化されることはなく,全体主義的な国家であっても宗教や地方の祝祭は独自の場所を有していたと指摘する。また,グレアム（2005：89）はこのアグニューの指摘を引用しつつ,「ナショナル・アイデンティティのヘゲモニーは,近代,とくに西洋の近代では重要であったにもかかわらず,宗教や民族,階級,ジェンダーといったしばしば矛盾する他の忠誠心のためにいつも妥協せざるを得なかった」とし,常にせめぎ合うなかでヘゲモニーを維持しようとする国家イデオロギー像を明示している。

2. 日本の地理学における特徴

　日本の地理学においても，英語圏の新たな景観研究や国民国家研究の流れを受け，国家イデオロギーの研究が1990年代以降多様な実証事例とともに行われてきた。たとえば，国内事例ではないが，インドネシアの国立公園の景観がいかに国民国家統一の論理構造を含んでいたかを明示した瀬川（1995）があり，これは英米圏地理学の景観研究動向およびその視角を紹介する役割をも担った。国内事例としては，近代以降さまざまな景観（風景）が「日本」の象徴として教育，文化制度や国家政策のなかで表象され，人々の国家への帰属意識を涵養していったとするもの（阿部1992；荒山1995，1998c，2003；大城1998；中島1998，2003；千田1999；加藤2003；関戸2003；神田2011）や，国土政策による景観（空間）改変そのものが国土の実体化や国家への忠誠意識を生んだとしてとらえるもの（水内1996，1999，2000；荒山1998b；山根1999；Mizuuchi1999），ほか関連するものとして，国家の地誌編纂事業が国民国家形成機能をはたしていたとする島津（2002），宗教的なイベントをとおして国民国家維持が図られたことを明示する森（2002，2006a）などもある。いずれも景観および物的環境そのものの改変，あるいはそれらをとらえる視線の操作（表象操作）によって，いかに景観が国民国家統合，成立に寄与するものであったか，という側面が詳らかにされてきた。

　一方，国家イデオロギーをめぐる対立やせめぎ合いに焦点をあてた研究は，これら権力側の作用の研究と比べるときわめて少ない。たとえば，神田（2011）が日本統治期台湾において，台湾住民にとっての代表的風景地と日本の象徴としての山岳的風景地とが相いれず，とくに国立公園候補地選定では，台湾住民の日本人化や地域の観光開発など，目的の相違により齟齬が起きていたことを明らかにしている。ただし，おもに国立公園選定という動的プロセスにおける，統治機構側の視線の齟齬が取り上げられている点で，やはり権力作用に焦点を当てたものであるといえる。ほか，景観を意味のせめぎ合う場としてとらえるものは，たとえば広島における被爆建造物への意味付与の多様なせめぎ合いをとらえた石丸（1996）や阿部（2006）[6]，ほか郷土史をめぐる記述の対立を明らかにした大平（2004）や戦前郊外における保護されるべき「緑」への都市エ

リートと地元「郷土人」の視線の齟齬を明らかにした石崎（2003）など多くあるが，国家イデオロギーをめぐる齟齬，対立，せめぎ合いとなると意外にも少ないものとなっている。

　こうした日本における偏向の背景にあるものとして推測しうるのは，日本国内の景観研究においては，地域が国家イデオロギー実践に重要な局面として，あるいは戦略概念として重視されてきた点である。具体的に，地域への帰属意識の称揚が強力なナショナリズム形成の橋渡しとなっていたことについて，多くの研究が明らかにしてきた。大城（1998）や千田（1999），さらに明治期に創出された「郷土」という概念をめぐるさまざまな表象や実践を明らかにした『郷土』（「郷土」研究会 2003）がその代表的なものである。具体的に『郷土』においては，学校における郷土教育がナショナリズム涵養を担う実践装置となっていたこと（加藤 2003；関戸 2003）や，ナショナルな風景を作り出すイベントにおいて，地域主義的な競い合いを経ながらそこに組み込まれていく過程（荒山 2003）などが明らかにされている。いわば，国家イデオロギー実践の重要な局面，あるいは重要な戦略的概念として「地域」が機能してきたことがとらえられてきた。英語圏の景観研究で先にあげた Johnson（1994）や Withers（1996）のように，対立や齟齬をきたす次元として設定されてもいる「地域」は，日本においてはむしろ国家イデオロギーを実践する立場として設定される傾向がきわめて強いのである。

　このような国家イデオロギーと親密な関係をもつ地域は，地理学のみならず民俗学や歴史学といった近接領域でのナショナリズム研究においても数多くとらえられている。たとえば岩本（2003，2007）は先に触れた 1990 年代以降の文化ナショナリズム的現象に着目し，そこでは地域が称揚されつつナショナリズムへと矛盾なくつながっていることをとらえている。さらに歴史学においては，日本に特徴的な国史と地域史との関係について，アメリカの歴史学者ブラウン（2005：98）が，「日本では，ことのほか地域史の意識が強」いが，アメリカと比較すると，国家史のイメージによって，地域のアイデンティティが消し去られていないこと，そして地域史が国家史と統合しているとの見解を示した。いわば，こうしたあり方は日本において特徴的なものという見方がなされ

ているのである。

3. 国家に従順な地域という視点の陥穽

　ところで，この国家イデオロギーの日本的ともいえるあり方を，その要因やメカニズムとともに実証的に明示したものはあまりない。たとえば実証例としては羽賀（1998）があり，ここではナショナリズムを称揚する装置の1つである史跡や記念碑の建設や整備に関して，国民国家の成立とともに進行するヨーロッパや北アメリカとは異なり，18世紀近世における藩や村などの地域を単位とした動きが先行していたことを示している。また米家（2005：133）は，その羽賀の実証を引用しつつ，「具体的な外国との接触と緊張関係を前提としたナショナリズムでないこと」やあるいは公的な空間の有様の差異など都市空間との関連を示唆している。ただし，加藤（2003：43）が，地域から国家という，より上位のスケールに接続される回路を支えるメカニズムの解明は今後の課題とする，としているように，ほとんどがその要因やメカニズムそのものを明らかにはしていない[7]。

　むしろそうした地域内の動きを国家へと結びつけているのは，アカデミックな実践の側にあるとして批判する向きもある。たとえば歴史社会学的な立場から佐藤（2002a：70）が，1910～1930年代にかけて展開されていった郷土研究について，その核をなした柳田國男の真意を丹念に辿り，歴史的知の生産における中央志向・権威主義的傾向，また逆に在地主義的な断片の追究に止まる傾向など，さまざまな風潮に対する批判の意味を持っていたことを示し[8]，「歴史認識の自閉を批判する手がかりづくりの実践を，結局は国民の歴史にゆきつくという大雑把な一括の影に埋もれさせてしまうならば，弊害はむしろそちらの方が大きい。結局の立場に早上がりする論理の形式化は，しばしば暴力的である」として，「郷土」をめぐるナショナリズム研究のあり方を批判している[9]。

　地理学においても，地域の多義的側面をより詳細にとらえているものは多い。たとえば，沖縄・八重山地方の「民俗」が郷土教育に持ち出されていくことをとらえた大城（1998）は，大正期に運動として起こされた郷土教育運動が当初は国家による抽象度の高い均質的な教育に対する批判としての意味を持ってい

たことをとらえている。また，戦前日本の学校教育方針における郷土をめぐる言説をとらえた関戸 (2003) は，「外地」台湾や朝鮮では国民統合に破綻をきたすおそれがあるとして「郷土愛」が意図的に排除されていたことも同時に示している。いずれも「郷土」が国家と必ずしも相いれない側面をもつことが示されているのである。ただし，大城はそうした国家教育に対する批判的運動が，愛郷心を媒介とした愛国心を醸成するための教育運動に「すぐに転換されえた」とし，また関戸は，国家と反目しあう恐れのある「外地」に対し，「内地」日本では「『皇国』を想像させるために『郷土』が取り込まれ，愛郷心＝愛国心というイメージが構築された」とする。やはりそのメカニズムや自明性は追究されないままである。

また，同じく大城 (1998) では，八重山の地域性が国家への統合において改良・馴化されるべき後進性を有したものという側面から，国家を象徴する伝統性や地域的独自性を有したものという側面へと変化した状況を指摘している。類似するものには民俗学的視点から中村 (2007) があり，戦後日本の文化政策において，国家側の地域に課す意味が改良すべき後進性から守るべき伝統性にシフトしていくことをとらえている。ここでは地域にさまざまな幅のある意味が含みこまれていることがとらえられているものの，やはりいずれもが国家に都合よく持ち出される地域である。

このようにとらえると，日本において国家イデオロギーを担うものとしての地域という側面が強く特徴づけられてきたのは，おそらくは現実的諸相自体の特徴であることに加えて，アカデミックな批判的視線がこうした側面に強く照射してきたことも関連しているといえる。

第2節 「近代化遺産」をとらえる分析枠組み－戦略と戦術－

1. 現代の文化遺産研究における地域的視線への着目

これに対し，とくに近年の文化遺産をめぐる現象を対象とする研究では，地域の現実的問題を見つめる住民の日常的視線が必ずしも国家およびその他権力的イデオロギーとは相いれず，ずれや齟齬をきたしたまま進行していることが

明らかにされている。

　たとえば，民俗学では近年盛んなナショナリズムに注目する実証研究で，ナショナリズム的意味の押しつけが，地域的次元で望まれる方向とのずれを生じさせながら進行していることをとらえている。また中村（2007：5-16）は，1980年代以降の日本の文化政策が，地域社会に対し「国民の共有財」として地域の文化を保存・継承する義務を課しており，地域内の財として利活用されうるものでは「なかった」ことを指摘する。また，才津（2003，2007）は，白川郷（岐阜県）を事例として，住民らの生活に基づく見方と文化遺産や観光資源として大勢的に価値づけられ，活用されていく方向性との間に齟齬や抵抗，対立が見られることを明らかにしている。そもそも民俗学分野では，地域の伝統と開発の対立という問題設定がなされていたことにより，地域の権力的方向への収斂のみならず，そこからこぼれ落ちる，あるいは対立や齟齬をきたす地域独自の文脈という側面への追究は数多くなされていた。

　また，「近代化遺産」に着目する研究では，社会学的視点から地域（あるいは生活者）的視線がほかのさまざまな価値づけと対立する状況が明らかにされている。堀川（2000）は，小樽市での運河の保存運動において，運河を取り壊し，道路建設を進める行政側の視線と，保存を主張する住民側の視線とのずれを問題とした。そして，運河に対する両者の視線が，運河を「空間」としてとらえるか，「場所」としてらえるかの違いであると説明している。また荻野は，文化遺産とは「博物館学的欲望」に裏打ちされ形成されるものであるとし，観光や信仰などさまざまな視線が混在していることを示している。そのなかで住民の見方との齟齬も取り上げられ，例として，足尾銅山鉱毒事件で知られる田中正造氏の生家の文化遺産化過程で，公害反対運動の祖として神格化しようとする視線に対し，地域では強い抵抗があることが示された（2002：279-280）。いずれも地域的視線と他の視線との対立を，堀川は「場所」と「空間」，荻野は「地域住民にとってのリアリティ」と「博物館的欲望」という視点からとらえている。

　さらに地理学においても，森嶋（2011）が旧鉱工業都市の「近代化遺産」保存活用の動きを対象に，多様な主体による参画と価値づけを論じている。ここ

での主要な問題関心は，脱工業化の進行という地域の実質的な経済変化にあり，そうした地域の現実的問題を背負うことによって，さまざまな主体が文化遺産としての産業施設保存に経済，文化，地域的アイデンティティなど多様な価値づけと目的を以て関わる様相が明らかにされている。

　以上はいずれも，現代の文化遺産を対象とした，地域の日常的視線への着目があぶり出す権力的方向性との齟齬・対立である。森嶋が指摘するように，あるいはこれらの研究傾向が示唆するように，そうした齟齬や対立の顕現は，現代の地域が経験している現実的社会変化を背景としているものではないだろうか。

2. 現代における地域の抵抗可能性

　ことに，現代においては，前節で日本に特徴的とした国家と地域の関係性は再考される必要がある。先に示したように，そもそも近代的国家支配の最大の特徴は国土を絶対的基盤とする点であり，その厳格な空間編成のなかに地域も組み込まれてきた。とすると，現代における国土を基盤とした空間編成の変容はそこに組み込まれていた地域の物的環境にも顕現化していく。地域とは，いわば日常的にその物的環境に視線を蓄積させ，独自の見方を醸成しうる次元でもある。であるならば，そのことを加味し，変容を見つめる地域の視線を検討する必要がある。

　この物的環境に直接関わりつつ，日常的視線を蓄積させる次元に抵抗の可能性を見出していたのが，アンリ・ルフェーブル (Henri Lefebvre) の『空間の生産』（ルフェーブル 2000）理論である。ルフェーブルは，主として資本およびそれと結託した国家が，空間の商品化，官僚化をおし進めていくことにより，その圧倒的な支配を確固たるものとしてきたことを明らかにした。ことにルフェーブルは権力側の空間構築という側面［空間の表象］のみならず，その構築された空間（物的現実）のなかで生きる住民の日々の実践という側面［表象の空間］の抵抗的可能性をも示していた。この点が，グレゴリー (Gregory 1994：401) によって空間をめぐる対立的相互作用の構図として提示されたことにより，社会・文化地理学研究で権力と抵抗のせめぎ合う様相をとらえる研究群を作り出

す契機となった。日本でもこの構図が多く紹介され（水内 1998；大城 2001），近年の実証研究で数多く導入されてきた（たとえば西部 2001；原口 2003；山田 2003；寄藤 2005）。

ことにルフェーブルは，権力側の空間編成に内在する矛盾の拡大に抵抗的可能性の重要な契機をとらえていた（斎藤 2000：639-643）。権力側に内在する矛盾とは，ここでは国家の固定性をもって統治するあり方と，それに対しその国家が管理するものの一時的なあり方との間に存在する矛盾とされる（ルフェーブル 2000：556）。先にも近代国家の最大の特徴を確かな領土をもつこととしたように，近代国家はその存在の前提に「領土的固定性」を含んでいる。それに対し，その動力基盤となっている資本は自らの蓄積極大化を第一とする流動性を本来的に含んでいる。もともと資本は国民国家という領域的支配のもとでの蓄積極大化をなしえてきたが，その領土内の経済が成熟してくると，今度はその国家の枠を超えた生産活動による蓄積の極大化を図っていくようになる。すなわち，権力側に内在する矛盾の拡大とは，本論文が着目する現代的国家支配を指しており，この矛盾拡大という「空隙」にこそ，重要な抵抗的可能性が存在していることをルフェーブルは指摘している。

先に示したように，権力作用を含みうるものとして再概念化されてきた「景観」は，こうした実質的な空間編成（物的環境生成）と密接不可分のものとして，ハーヴェイやコスグローブらによって提唱されてきたものである。ここでは主として資本が形づくる物的環境そのもののもつイデオロギー性が明らかにされた。その後「新しい文化地理学」や「文化論的転回」などの思潮的傾向によって，景観のイデオロギー研究はさらに言語表象による操作・創出を重視する方向へ向かうが，近年ではそうした言説偏向への批判から物質性を重視する「物質論的転回」とも称される動きが活発化している。ここでは言語表象的側面のみに焦点化される傾向が批判され，政治・経済の実質的空間編成により生成される物的現実への着目の必要性が主張されてもいる[10]。

景観が政治・経済活動に基づく実質的空間編成の「固着化」（水岡 2002：189）した物的現実という側面をもち，その側面が発する意味作用（あるいは人々の読み取りや解釈）も必然的に伴うものとしてとらえるならば，現代の脱

領域化がもたらす物的現実は,明らかに「近代化遺産」がなす国家共同体強化の意味生成とは,乖離や矛盾,齟齬をきたすものとなっているはずである。この国家の空間編成に存在している矛盾の露呈こそ,ルフェーブルが「空隙」と称しているものであり,その「空隙」を目の当たりにする日常的次元に人々の抵抗的可能性をみているのである。このようにとらえるならば,地域は国家と一体化したイデオロギー実践をなしうる次元という位置づけのみではとらえきれず,そうした現代的国家の抱える矛盾が顕在化し,それを見つめる日常的視線から抵抗的契機をつかみうる次元としても位置づける必要がある。

　ただし本書では,以上の見方から,国家イデオロギー実践と,その動きに抵抗する地域の実践という,単純な対立を提示するものではない。実は,グレゴリーが明確に示した対立的循環構造によって,ルフェーブルの『空間の生産』における理論は権力作用と抵抗的実践との対立性を際立たせるものとして用いられてきたきらいがあるが,近年ではそうした単純な図式化や分類の道具として引用することへの批判もなされており(たとえば遠城・大城1998 : 6-7 ; Merrifield2000 : 181 ; 南後2006 : 205),その対立的枠組みには検討を加える必要がある。とくに本書では,ポストモダニズム期のめまぐるしい文化実践としての側面をもつ「近代化遺産」を対象とすることも含め,ここでさらに具体的な分析枠組みを立てることとする。

3.「近代化遺産」をめぐる権力と抵抗

3.1 「近代化遺産」にみる地域の国家への収斂

　「近代化遺産」と強く関連しているとした文化政策が活発化する1980年代後半より少し以前,「地方の時代」と呼ばれる時期が存在する。それは高度成長後の1970年代末以降,政治行政的側面で脱中央集権,地方分権・自治改革が志向されていく時期である。文化政策面においても,そうした地域主義的な方向性を志向する動きがいくつか見られた。

　たとえば文化庁では,その設立20年史において,地域の文化活動の現状を「昭和50年代に入り,それまでともすれば中央志向の強かった我が国社会の在

り方に対する反省として，地方がそれぞれ豊かな個性を持ち，特色を生かして経済的，社会的発展を遂げるという，いわゆる地方の時代の理念が生まれ，地方の文化活動は，地方公共団体の支援も受けて著しく活発になってきた。」（文化庁 1988：155）と説明している。

このような地域独自の文化活動の活発化に対し，文化庁はこれらを促進するとして 1980 年代以降，政策転換や新たなイベントの発足を図っている。興味深いのは，これらの文化庁による地域活動を促進する施策が最終的に「国」という 1 つの枠にまとめ上げる点である。たとえば 1986（昭和 61）年に発足した「国民文化祭」と称されるイベントは，「地域住民が，それぞれ地域の特色ある文化を育て，その競い合いを通じて，我が国文化の水準を高め，創造に貢献すること」（文化庁 1988：161）をねらいとするものであった[11]。第 1 回は東京都で行われ，舞台関係，生活文化関係で約 150 団体，約 6,500 人が参加，入場観客は約 4 万 7 千人の規模となっている。その後毎年各県持ち回りで行われ，2010 年度で 25 回目を迎えた。

岩本（2003）は，こうした動きを地域を称揚しつつも，「日本という大きな物語へのつながりという回路を媒介させる」ものと見る。実際「近代化遺産」についても，日本産業遺産研究会ほか（1998：247）では，近代産業遺産を「その地域の人々の営みを示す，立派な遺産であり，日本の近代化を象徴する立派な文化財」と位置づけており，地域における価値が結局国家的次元での価値へと包摂されていることがわかる。とくに「近代化遺産」保存を念頭において整備された文化財登録制度は，国家による中央主義的なシステムを大きく転換し，いわば地域主導の文化財保護を可能とするものと位置づけられる（斎藤 1997）。ただし，登録有形文化財登録基準で第一に挙げられているのが「国土の歴史的景観に寄与しているもの」となっていることなど[12]，やはり国家に収斂されやすい地域という側面がとらえられる。

3．2　近代期建造物保存にみる抵抗性の収斂

先に示したように，本書での「近代化遺産」は，主として 1990 年代以降，文化庁主導の全国調査のもと対象化されていったものとしたが，それ以前から近

代期建造物の保存・保護をなそうという動きは見られていた。それらの動きは，そもそも国家や資本の権力的空間生成に対し，抵抗的側面を持つものであった。

日本において，近代以降に建設された建造物が保存すべき対象としてとらえられるようになるのは1960年代以降のことである。戦後の復興から高度成長期にかけての国土開発に加えて，1970年代以降には重工長大産業の不振とサービス業の台頭により，都市開発がさらに進行し，既存建造物の取り壊しを急激に推し進めるものとなった。そうした状況に対する反発として，それら建造物の保存を訴える学術的分野での取り組みや地域・民間の動きが活発化していった。

とくに近代期建造物は大きく一般建築物，産業施設，土木構造物の3つに分けられるが，うち一般建築物に関する動きが最も早く，1960年代以降から見られた。日本建築学会がそれらの動きを主導していく形であり，1962（昭和37）年以降の明治建築全国調査，1960年代末以降の帝国ホテルをはじめとする近代洋風建築の保存要請活動や1974（昭和49）年以降の大正・昭和期の建築物の全国調査も行われた。日本建築学会による全国調査の成果は，明治期のものも含めて『日本近代建築総覧』（日本建築学会1980）としてまとめられたが，ここにリストアップされた建築物は約1万3,000件にも及んだ。これらには一般建築物のみならず多くの産業土木建造物も含まれており，その他の分野での以後の保存活動やデータベース化に影響を与えるものとなった。

産業施設については，研究者など学界関係者よりも郷土史家や教師，愛好家や住民，あるいは技術者などの同好者による活動が先行した（伊東1997）。1970年代以降には，とくに斜陽化していった鉱工業分野で企業や地方自治体による博物館設立がなされていくものの，まず近代産業に関わる施設・建造物の調査・保存をめざす全国組織「産業考古学会」が1977（昭和52）年に創立されたところから，保存活動が本格化していった。以降1980年代から1990年代にかけて，幅広い分野にまたがる近代期の産業施設のデータベース化が進められていった（内田1999）。

土木構造物については，とくに1960年代末から1970年代初期にかけて起きた小樽運河保存運動に代表されるように，一部の学界関係者と地域住民の保

存運動が先に活発化するなどした。その後土木学会内でも1970年代後半以降には，土木史分野の研究が盛んになり，1980年代にはいくつか特定の地域や分野に特化した近代期建造物の調査研究も進められるが（馬場1990），多くは1990年代，文化庁主導の全国調査と並行して進められていくものとなったといえる。

いずれも，当然のことながら，次々に姿を消す建造物の記録や調査研究，そして既存の環境の破壊に対抗するべく生起する学界や一般住民らの反対運動など，当初は開発志向の権力的空間編成に対する反発や抵抗といった動きであった。

たとえば，日本建築学会が明治建築調査に引き続き大正・昭和戦前期の建築物の全国調査に乗り出した動機を，調査委員会主査であった村松氏は「大正・昭和戦前の建築に対する明治建築以上の破壊のすさまじさ」（日本建築学会1980：はじめに）にあったとした。さらにこの建築学会の全国調査のインパクトについて，建築批評家の松葉一清氏は「戦前洋風建築調査で集められた様式建築に代表される過去の建築遺産の総体を突きつけることによって，形骸化したモダニズムに対して，かなり直接的な形で警鐘を鳴らしたのですよ。過去とこれからつくられるものは，どちらが上かと。」と評している（藤森ほか1983：34）。いわば「過去より優れたものをつくり出している」という自負のもと，新規建築・開発を進めるモダニズム建築家に，その問題性を突きつけるものとなったことが語られた。

また，産業施設や土木構造物については，先にも指摘したが，産業界や行政・土木業者など，空間に対して強い権力を保持しうる主体内部の堅固な開発志向によって，保存を志向する主体はその外部の一部研究者や愛好者，一般住民などから構成されるものとなった。そのため，先にも示した堀川（2000）の小樽運河（北海道）や馬場（1990：97-98）の不老橋（和歌山県）の例でも指摘があるように，きわめて明確な対立や反発のなか，保存運動は生起し，またその際立った対立とその権力的な非対称性のために，保存へといたる例はほとんどなかった（馬場1990：96）。

以上のように，後に「近代化遺産」としてまとめられ，国家共同体性の強化

という国家イデオロギーに組み入れられていく近代期建造物は，当初は権力側の開発志向に対する強い反発や抵抗を有しつつ，その保存が志向されていたものである。

ところが，その後，保存志向の抵抗的動きが開発志向の権力的空間編成のなかに取り込まれていくことによって，その対立性は薄れていく。たとえば一般建築物については，ファサード保存，いわば建築物としてよりも景観としての価値のみに特化した形での保存で決着することがほとんどであり，いわば「ノコスかコワスかという両者の単純な二者択一」（栗林 1995：129）のみに限定されない幅広い活用実践が展開されていった。また，先にあげた日本建築学会の全国調査が引き起こした波紋に関する松葉氏の評では，その後に「その時〔著者注：日本建築学会の全国調査結果が公表された時〕に，デザイナーの中に俺は今ここにある昔のものより必ず良いものをつくって見せると，自信をもって断言できた人がどれくらいいたか。結局，腰くだけになって，歴史家の主張する保存が市民権を得ることになった。」との言が続く。いわば，歴史的建造物を追いかける建築史家と新規建造物をつくりだすデザイナー（建築家）との対立は，結局デザイナー側が歴史的保存を内に取り込むことによって解消されていくことが指摘されている[13]。また，1970年代後半以降旧建設省や旧国土庁にも歴史的保存を開発政策のなかに取り込んでいく動きが見られるようになり[14]，「近代化遺産」事業が確立していくには，開発と保存が明確な対立とはなりえない状況が多く見られるようになっていた。このように，近代期建造物の保存志向の動きがもっていた抵抗性はその萌芽とともに，すぐに権力的空間編成のなかに取り込まれていくようになった。

こうした歴史的建造物をめぐる権力作用と抵抗的動きの混在や共存，あるいはそれらがめまぐるしく変転していくことについては，イギリスにおける産業遺産保存を観光的なまなざしとの関係から考察しているジョン・アーリ（John Urry）も指摘している。アーリ（1995）は，ヒュイソン（Hewison1987）の産業遺産が観光客のノスタルジーを求める視線によって構築されているとする単純な見方を批判し，以下のように述べる。

「ヒュイソンは，この保存運動の底流にある巨大な大衆的基盤を無視してい

るのだ。たとえば，パトリック・ライト[15]と同様，彼はナショナル・トラストを，上流階級の老人たちが，自分たちのけっこうな家庭を維持するためのアウトドアー的な気晴らしの巨大な制度だと見なしている。しかし，それでは，この保存運動にたいする広範な支持を見ていないことになる。事実は，サミュエルが指摘するとおり，ナショナル・トラストは，250万人のメンバーがいる英国では最大の大衆組織なのだ[16]。さらに，初期の保存運動のほとんどは，その性格からいっても庶民のものだった。たとえば，鉄道施設の保存，産業考古学，蒸気機関車の運航等々は，英国でも経済斜陽の指標がはっきりしてきた時代よりはるか以前の一九六〇年代のものである。＜コヴェント・ガーデン[17]＞は，究極のヤッピー[18]的な遺産行楽地と見なされているが，ここでさえ，地元の住民による大規模な保存運動のお陰で観光地としてやっと改修されたのである[19]。同様に，ウェールズのある廃坑の保存は地元の炭鉱夫とその家族のグループの圧力で実現したものである。『自分たちの』歴史という点に固執したのである。」（アーリ 1995：196-197）。

そして，ヒュイソンの多義性をもたせない単純なモデルを批判している。いわば，観光資源として生み出される「産業遺産」というカテゴリーが権力（資本家や中産階級，あるいは国家）側の設定する制度や仕組みによって一定の方向性をもつことはあるにしても，具体的にどのように意味づけ，用いていくのかは，それを用いようとする主体が決定するのであり，そこには幅のある余地を残している。そうすると，その具体化の実践にこそ，きわめて多様な抵抗的行為が出現しているのではないだろうか。

4. 具体化実践における抵抗性をとらえる枠組み－戦略と戦術－

このように制度や仕組みを具体化する実践のなかに存在する抵抗性を顕在化させようとしたのがミシェル・ド・セルトー（Michel de Certeau）である。彼は著書『日常的実践のポイエティーク』で，「ふつう使用者というのは受動的で規律に従っているとみなされているが，いったいかれらはどのような操作（オペラシオン）をおこなっているのだろうか。」（ド・セルトー 1987：11）という問題を明らかにする。そして，人々が権力によって「押しつけられた」システム，制度，空

間のなかでなしている具体化の実践のなかにこそ，創造性豊かな抵抗性が潜んでいることを提示した。彼はそうした持たざる人々の抵抗性をはらむ具体化の実践を「戦術」と呼び，権力側がなす「戦略」と区別した。

ところで，この2つの概念は単純な権力作用と抵抗的実践の二項対立としてとらえられ，さらには「戦略」のシステムとしての隙のなさに対し「戦術」の非力さを対置させているとの見方から，批判されている[20]。ただし，森（2006b）が指摘するように，ド・セルトーの示した2つの概念の関係性は「戦略か戦術 strategy or tactics」ではなく「戦略と戦術 strategy and tactics」であり，人々の実践（「戦術」）は，「戦略」として権力側に押しつけられたシステムや構造を，現実に具体化するものとして提示されている。すなわち，「戦略」は全体を見通し，一定の場所を我がものとして囲い込み，制御しようとする空間的支配であるのに対し[21]，「戦術」は「他から押しつけられた土地のうえでなんとかやっていかざるをえない」，「敵によって管理されている空間内での動き」である（ド・セルトー 1987：202）。そして，ド・セルトーはそうした「弱者の技」に一定の可能性を見出している。「戦術」は，権力側の「戦略」に影響しない，取るに足らないものであるからこそ見過ごされるのではなく，権力側から見過ごされるからこそ狡猾に持続しうる実践となる，という点で重要なのである。そこには顕在化しないからこそ消滅させられない実践を蓄積しうる。

ルフェーブルが論じた［空間の表象］と［表象の空間］－いわば権力作用と抵抗的実践－の関係性は，むしろこのド・セルトーが示した「戦略と戦術 strategy and tactics」に近いものであり，そのことは加藤（2001）によって指摘されている[22]。人々はいわば，権力側が構築した制度やシステムを具体化する次元においてまで，権力の規律や規定どおりに動くわけではない。そこでは人々は権力の設定したシステムを可能な範囲でずらしたりしながら利用してもいる。

先のルフェーブルの指摘にもあったように，とくに現代的国家支配の矛盾拡大は，その「空隙」を見つめる日常（地域）的次元での抵抗的契機を増大させる可能性をもつ。ド・セルトーもこの点について，「現代という時代は，テクノクラートの合理性が拡張をとげてあまねくゆきわたった結果，システムの編

み目にほころびが生じ，かつては安定した地域的統一によって調整されていたこれらの実践〔著者注：「戦術」的実践〕が急速に増加していっているように思われる。戦術はますます軌道をはずれてゆくいっぽうだ」（1987：107）と，現代における近代システムの綻びと抵抗的実践の関連性を指摘している。

　地理学においては，マイク・クラング（Mike Crang）が，ド・セルトーの理論に依りながら，エリートや権力側の思惑のみで文化遺産は成立しえず，その遺産の物理的空間に集う観光客や地元住民の研究グループなどのさまざまな実践こそが遺産を不断に構築している点を明らかにした（Crang1994，1999）。ここでは，ド・セルトーの，権力側の制度化・商品化によって提供されるものが必ずしもその思惑どおりに実現しているわけではないことを，「使用者」や「消費者」の日常的実践に焦点を当てることでとらえた点を参照しているものである。ことにクラングは，森（2009：11）が物質論的転回（存在論的転回）を志向する地理学者の一人と位置づけているように，文化遺産の物質的存在としての側面がさまざまな参加者（消費者，使用者）による決定不可能な実践を呼び込む点に着目すべきとしている。

　本書も，以上の戦略／戦術という枠組みから，「近代化遺産」化の実践の詳細を明らかにする。第1章で指摘したように，「近代化遺産」は国家にとって都合のよい意味作用をなすもの，あるいは国家による地域支配のツールという「戦略」的側面をもつが，そのように設定された「近代化遺産」を地域住民はどのように具体化しているであろうか。ここではとくに地域住民による「戦術」的な実践——すなわち対立，ずらし，齟齬を含んだ実践——に着目し，具体化の過程を明らかにする。いわば，国家に都合のよいイデオロギーを従順に受容する地域のみならず，別の地域の側面の掘りおこしを行いたい。このことにより，「近代化遺産」化を盛んに行っている地域での実践が，一見国家に資するようにとらえられても，その従順な関係性のみには還元されないことを示しうると考える。

[注]

1) イデオロギーとは，さまざまに定義される概念であり，たとえば世界観とほぼ同義の意味・信念体系としても扱われるが，ここでは権力との関わりを示す概念として用いる．イーグルトン（1996：29）は「意味（もしくは意味作用）が，いかにして支配関係を維持するのに役だつかを研究すること」がイデオロギー研究であるとするトムスン（Thompon1984：4）の見方を，最も広く受け入れられているイデオロギー定義の1つと位置づけている．本書でもこの見方を参照し，イデオロギーを「支配関係を維持するための意味作用」，国家イデオロギーを「国家を積極的に存続させるための意味作用」として簡単に定義づけておく．

2) たとえばローウェンタール（Lowenthal1975）がさまざまに再構成されうる「過去」が埋め込まれる場として，景観や場所が存在しうることを指摘しており，またハーヴェイ（Harvey1979）は，19世紀後半のパリのサクレ・クール聖堂をめぐる資本家と労働者との対立からその意味のせめぎあいをとらえていた．

3) たとえばジョンソン（Johnson1995）は，モニュメント的景観を対照とする研究が主としてナショナリズムとの関わりを焦点としていたと論じ，またグレアムほか（Graham et al. 2000：6）はヘリテイジ（文化遺産）の起源を19世紀の国民国家およびナショナリズムとの関わりとした．

4) アトキンソンとコスグローブ（Atkinson and Cosgrove1998：29）は，英語圏地理学における国家イデオロギー追究が，公的な意味と大衆的記憶という形で，複数の声に敏感な視点を持つものが多かった点を指摘している．

5) 柴田（2008:53）は，ノラの「記憶の場」が「物質的・空間的な意味だけではなく，象徴的，機能的な意味を持ち，ナショナルからローカルに至るまでの様々なスケールの具体的な空間に対応するものである」ことを指摘する．ただいずれにしてもノラの「記憶」は，「歴史にとって記憶はつねに怪しい存在であり，歴史の真の使命は記憶を破壊し抑圧することにこそある」（ノラ2002：32）という指摘に見えるように，「歴史」と対立しうるものとして設定されている．しかし今日では「記憶」は，こうした「歴史」と対立しうる，あるいは「歴史」に対抗するための戦略的概念としてではなく，むしろ対抗的側面から権力的側面まで幅広い作用をもたらすものとして概念化されてもいる．たとえばマリタ・スターケン（Marita Sturken）は，文化的記憶，個人的な記憶，正史としての歴史的言説の3つを区別しつつ，「『国民』や『アメリカ人』といった概念を産出するにあたって，文化的記憶がどのような役割を果たしたのか」，「また諸個人と文化的生産物とが互いにどのように作用しあっているのか」をとらえる（スターケン2004：17）．スターケンは「ノラの考える記憶の概念はじつにノスタルジックなものである」（2004:22）と批判し，「記憶」の政治性に切り込んでいる．

6) 阿部（2006）は，「被爆」という過去が都市空間をとおして多様にせめぎ合う様

相を記憶の政治性を追究する立場から丁寧にとらえた Yoneyama（1999）の研究を
ベースとしつつ，自らの研究を地理学における都市計画・社会運動の蓄積のなか
に位置づけている．

7) 教育学分野では，荒井（2011）が明治期半ば頃に存在していた，県立ではあるが財源は私的な性格を持つ府県管理中学校を対象に，学校の設立維持主体側の「地域的公共性」が「国家的公共性」に相克しながらも収斂されていく過程を明らかにしている．とくに，1891（明治24）年の中学校令中改正で，それまでは学校の設立維持の財源が地域内で私的に担われていたところに，県税補助が可能となり，これにより学校設立維持運動が県税補助を求める運動へと変質した点をとらえた．荒井は，ここに「地域的公共性」を「国家的公共性」に収斂していく歴史的契機があったと結論づけており，きわめて明確に地域から国家への収斂の過程を提示している．ただし，この書評を著した坂本（2011：469）は，地域の国家への収斂もまた単線的なものではありえず，1891（明治24）年の中学校令中改正にのみその契機が存在するものではないことを示唆している．いずれにしても，その具体的契機を示そうとしている点は本書の視角を批判的に検証する意味で大変参考になる．

8) すなわち，佐藤（2002a）によれば，ここで提唱された郷土研究は，文化的格差意識に基づく中央志向の知的生産，有力者による権威主義的な歴史の私有，郷土愛に基づく狭隘な御国自慢の種づくり，といったさまざまな風潮に対する批判的事業としてなされたものであった．とくに郷土研究が，民間伝承的側面に着目する在地主義的追究の必要性を根本としながらも，その部分的・断片的観察を普遍化するための「比較の作業」を不可欠なものとし，その比較の先にあるものが「一国民俗学」であったという点が，国民国家論的な立場からの批判に晒された．しかしここで佐藤は，柳田の言う一国民俗学は，万国民俗誌学（比較民俗誌学）とセットであり，とくにドイツ語のフォルクスクンデとフェルケルクンデの，単数と複数の違いを表現する訳し分けに過ぎなかったことを指摘している．この場合，「『一国』は，素材のありかの生態学的な限定であって，同化や国民統合への評価を直接には含意して」おらず，また「一国民俗学」のさらに先には，「世界民俗学」や「総世界の人間研究」を見ていたととらえることができることも示唆している．

9) 関戸ほか（2003）は，佐藤（2002b）の1930年代の柳田提唱の郷土研究における「郷土」解釈を，『郷土』（「郷土」研究会2003）が射程とした郷土教育をはじめとする社会的広がりのある実践のなかで検討している．佐藤は「郷土」が具体的対象地域を示すというよりむしろ，研究主体の日常生活世界で身につけられた感覚による研究可能性を含んだものであったとし，そこに「国家」に結びつく必然性はなかったことをとらえた．関戸ほか（2003）は，そうした方法としての「郷土」が同時代の郷土教育運動のなかに含まれていた可能性があることを指摘した．た

だし，佐藤自身も「社会的に注目されはじめるとともに，その意味するところもまた乱雑に膨らんでいった」(佐藤2002b：311)としているように，軍国主義的な風潮にも巻き込まれる郷土教育の実践には「国家」が結びつく必然性はきわめて強かった．関戸ほか(2003)は問題はその「国家」に収斂されていく動きにあったとしている．

10)「物質論的転回」は，森(2009)が詳細に論じているように，英語圏地理学において，さまざまな傾向への批判を含む幅のある議論であるが，おもに「文化論的転回」以後の言説やイメージが創り出す文化的側面への偏重傾向に対し，物質性を核として，より政治経済的側面の問題を包含していく必要性の主張およびその実践と理解する．なお，「物質性」については細かい議論も展開されており，言葉－文化－上部構造／物質－経済－下部構造といった二元論的構造を前提とせず，それらの分かちがたい状況を関係的かつ動的にとらえる方法をとる方向にある(森2009)．たとえば，物質的アリーナにおいては，生産側のイデオロギー作用のみならず，消費行動による場所，アイデンティティ構築が明らかにされるなど(Miller1998)，空間，場所，景観といった多くの主体で共有しうる物質的状況が，さまざまな参加者の実践を呼び込み，現実が構築されていくことがとらえられている．また，国内においては，前掲の神田(2011)がこの「物質論的転回」の議論を示しつつ，戦前日本の国立公園選定過程で，観光で好まれていた「外地」台湾特有の自然景観と，「内地」日本で象徴とされる山岳景観という物質的側面の差異を核に，それら視線のせめぎ合う様相を明らかにしている．

11) ちょうど1980年代半ばは文化庁内で新たな動きが出てきた頃であり，たとえば1985(昭和60)年4月に，初の民間人長官として作家の三浦朱門が就任した．この「国民文化祭」は，三浦氏が提案した企画であり，彼はその意図を庶民やアマチュア主導での文化づくりの促進と説明する(文化庁長官官房総務課1986：50)．いわば権威主義的な側面をもつそれまでの「文化」をより大衆・庶民レベルで創作しうるものとして位置づけ，醸成するということを意図したものである．当初のこうした意図に権力主義的側面への対抗，アンチテーゼとしての側面をとらえることも重要ではあるが，ここでの地域が国家へとやすやすとつながってしまう側面も否定できない．

12)「建設後50年を経過し，かつ，次の各号の一に該当するもの」として第一にあがっているのが本文の基準であり，ほか第二に「造形の規範となっているもの」，第三に「再現することが容易でないもの」が設定されている(文化庁ホームページ：http://www.bunka.go.jp/1hogo/main.asp%7B0fl=show&id=1000000129&clc=1000000033&cmc=1000000097&cli=1000000104&cmi=1000000118%7B9.html [2012年5月10日最終閲覧])

13) この時には，すでに大手ゼネコンがこうした歴史的保存に携わるようになって

おり，かなり一般化していた状況が語られていた（藤森ほか 1983 : 34）．

14) 1976（昭和51）年には旧国土庁が建築研究協会に委託した調査研究結果『地域開発における地域文化財の活用に関する調査報告書』が出されており，また1977年度から78年度にかけ，旧国土庁の国土総合開発調整事業費で旧建設省と文化庁共同の歴史的環境保全市街地整備計画策定調査が奈良県橿原市今井町で行われた．さらに旧国土庁は1978年から81年度にかけて，伝統的文化都市環境保全整備事業を行った（栗林 1995 : 130）．

15) ［著者注］パトリック・ライト（Patrick Wright）は，英国のフリー・ジャーナリスト，文化研究者．原書では Wright（1985）が参照されている．

16) ［著者注］原書に，イギリスの新聞 The Guardian の Sammuels 氏の下記記事参照の指示がある．Sammuels, R. 1987. 'History that's over', The Guardian, 9 October.

17) ［訳注］コヴェント・ガーデン：元は青物卸市場だったが，1980年に複合商店街に改修された．

18) ［訳注］ヤッピー：1985年ころから登場した都会的な格好のよい若いビジネスマン．

19) ［著者注］原書に，イギリスの新聞 The Guardian の Januszczak 氏の下記記事参照の指示とともに，Januszczak 氏が（コヴェント・ガーデン保存に対する）地元住民らの支持を見落としている点の指摘がある．Januszczak, W. 1987. 'Romancing the grime', The Guardian, 2 September.

20) たとえばマッシー（Massey1999 : 280-281）は，ド・セルトーが構造主義者と同様，権力側の出口のない，内部に矛盾のないシステム（戦略）を想定してしまっていること自体を批判し，権力内部の矛盾や不安定性を指摘した．またミッチェル（Mithcell2001 : 153）は個々の戦術に着目することを重視しながらも，それらは個々の戦術以上の何かにならなければ，効果的な抵抗には結びつかず，意味をなさないと批判した．

21) ド・セルトー（1987:100）は，戦略を「ある意志と権力主体（企業，軍隊，都市，学術制度など）が，周囲から独立してはじめて可能になる力関係の計算（または操 作〈マニピュラシオン〉）のこと」と定義づけているが，それが前提としているのが一定の場所を自分のものとして囲いこむこととする．それは場所の制御，空間を固有の領域として設定する，という帰結をもたらすとしており，これを本書は空間的支配を示すものととらえた．

22) あるいは，ルフェーブルの2つの概念の関係を，遠城（1999 : 83）による「共犯的関係」として読み取る見方や，南後（2006 : 199）によるギデンズの構造化理論での「構造の二重性」と重ね合わせうるとの指摘ともつながるものであろう．

第Ⅱ部　北九州市における産業施設の「近代化遺産」化

第3章　近現代重工業都市の変容
－八幡から北九州へ－

　「鉄は国家なり」——戦前，鉄道をはじめとするさまざまな国内インフラや他の重工業産業の基盤ともなった製鉄産業は，まさに国家を形づくり，その経済を支えたものであった。戦後も政府の傾斜生産方式を軸とする経済政策により炭鉱・製鉄産業は飛躍的発展をとげ，高度成長を牽引した。しかし1970年代以降，アメリカ経済の低迷やオイルショックを契機とし，重厚長大産業は低迷を余儀なくされ，長らく「鉄冷え」と称される時代を迎えることとなった。そして工業系大企業による生産拠点の海外移転化が進む1980年代後半には，国内生産拠点の空洞化がさらに激しく進行していくのである。本章では，こうした製鉄産業の発展から衰退への転換のなか，その影響を如実に受けた拠点地域の変容ぶりを描出する。

　とくに北九州地域では，戦前，製鉄産業の最重要拠点として八幡（やはた）を核とした発展をとげながら，戦後の新興工業地域の発展による相対的低迷を高度成長のただなかで余儀なくされ，そこを補うべく北九州市という広域の行政地域が1960年代前半に成立した。こうした状況を背景とした空間的側面での変容を検討していきたい。

第1節　重工業都市としての地域概要

1. 北九州市の概要

　図3-1は現在の北九州市域を示したものである。とくに官営の製鉄所が最初におかれた八幡区（東／西区），おもに昭和期以降製鉄所の拡張の拠点となる戸畑（とばた）区，城下町から軍都・商都として発展する小倉（こくら）区（北／南区），貿易港と

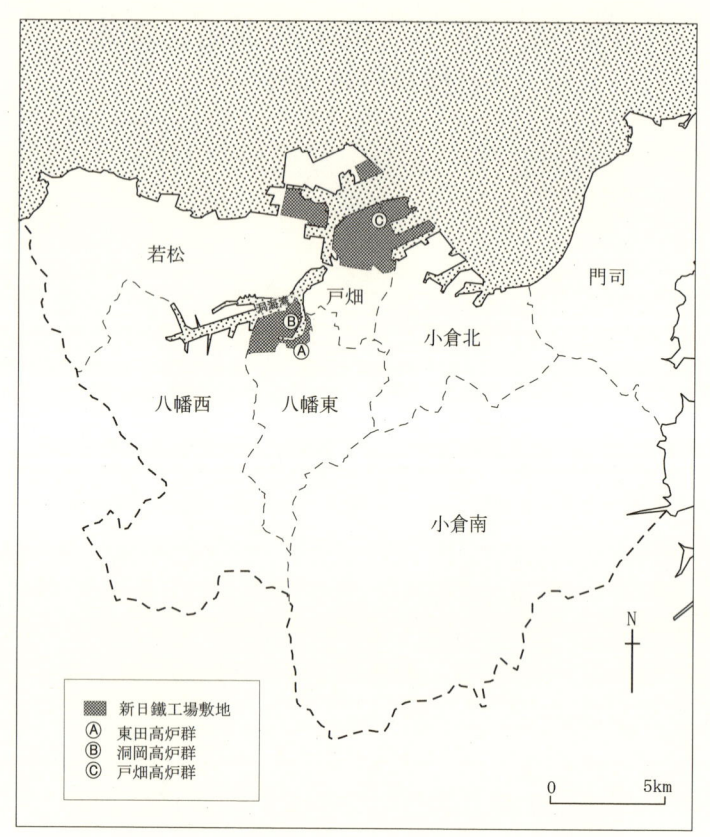

図 3-1　北九州市の行政区界と新日鐵工場敷地（2006 年現在）
注：高炉群位置（Ⓐ～Ⓒ）に関しては 1950 年当時を参照・記載.
新日鐵資料, 八幡製鐵所所史編さん実行委員会(1980)をもとに作成.

して明治初期から発展していく門司区，筑豊石炭の積出港として発展しつつあった若松区に分かれる．いずれも，製鉄産業の影響を直接的に受けて発展した都市であり，大正期までに市制が施行された[1]。その地域的連関性の強さから，1963（昭和 38）年に合併へと至り，この 5 市合併により成立した北九州市は人口 100 万を超す巨大都市となった．

なお，製鉄所の経営母体は，当初の官営から，戦時体制期に国内の製鉄会社と統合され日本製鐵株式会社となる．戦後は解体されて八幡製鐵株式会社とな

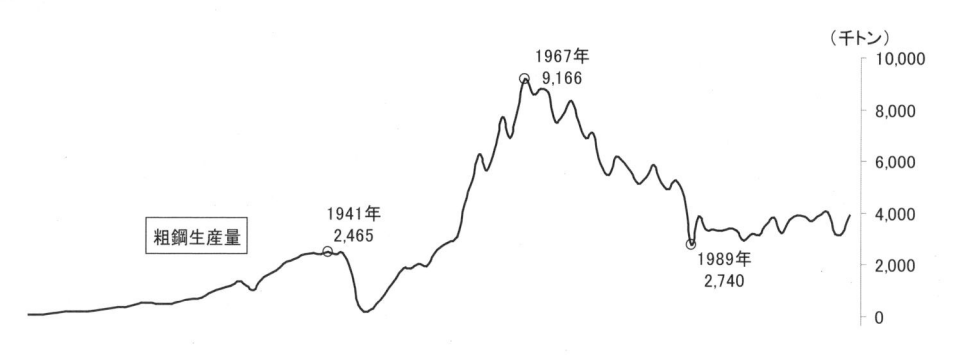

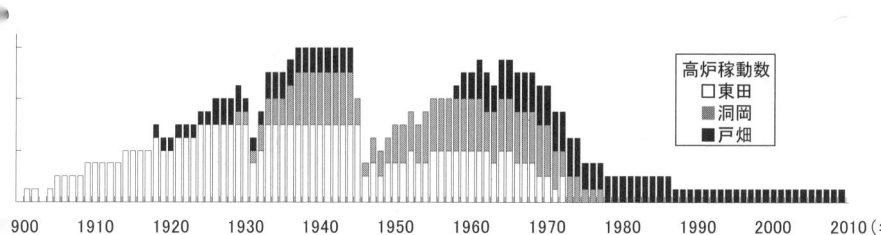

図 3-2　八幡製鉄所の生産状況〈粗鋼生産量，高炉稼働数〉の変遷（1901-2010 年）
北九州市産業史・公害対策史・土木史編集委員会産業史部会（1998），新日本製鐵（株）（2004）『新日鉄ガイド 2004』，新日本製鐵（株）（2007）『新日鉄ガイド 2007』，新日本製鐵（株）（2012）『新日鉄ガイド 2012』（新日鐵住金ホームページ：www.nssmc.com/ir/pdf/nscguide2012_j_all.pdf［2012年10月1日最終閲覧］），「製鉄所別粗鋼生産 2003〜2010 年度」（鉄鋼新聞サイト：http://www.japanmetaldaily.com/statistics/crudemateworks/details/［2012年10月1日最終閲覧］）より作成．

　り，1970（昭和 45）年に富士製鐵株式会社と合併して新日本製鐵株式会社（以下，新日鐵）となる[2]。本書内の八幡製鉄所（あるいは製鉄所）とは，以上の経営母体変遷により，官営（八幡）製鐵所（1901 年〜）から日本製鐵株式会社八幡製鐵所（1934 年〜），戦後解体後の八幡製鐵株式会社（1950 年〜），合併後の新日本製鐵株式会社八幡製鐵所（1970 年〜）を指す。

　多くの先行研究では，八幡を中心とする北九州地域を，製鉄所一企業（事業所）に依存する形での地域形成・発展がなされた「企業都市」として位置づけている（太田ほか 1970；蔦川 1971 など）。ことに国家直営でスタートした製鉄所はおもに材料調達や製品販路の確保，さらには従業員の消費活動に資する商品調達に至るまで，中央との強い関係を構築し，拠点を構える地域に関連工

図 3-3 製鉄所従業員数変遷（1889-2010 年）
北九州市産業史・公害対策史・土木史編集委員会産業史部会（1998），新日本製鐵（株）（2004）『新日鉄ガイド 2004』，新日本製鐵（株）（2007）『新日鉄ガイド 2007』，新日本製鐵（株）2012『新日鉄ガイド 2012』（新日鐵住金ホームページ：www.nssmc.com/ir/pdf/nscguide2012_j_all.pdf［2012 年 10 月 1 日最終閲覧］）より作成．

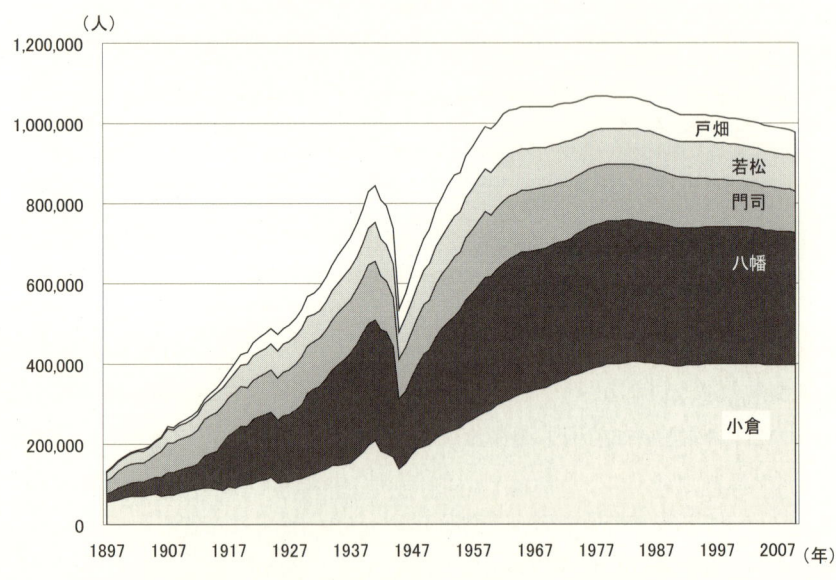

図 3-4　北九州市の旧市域別人口の変遷（1889-2010 年）
「北九州市長時系列統計（人口，世帯）」（北九州市ホームページ：http://www.city.kitakyushu.lg.jp/soumu/file_0348.html［2012 年 10 月 1 日最終閲覧］）より作成．

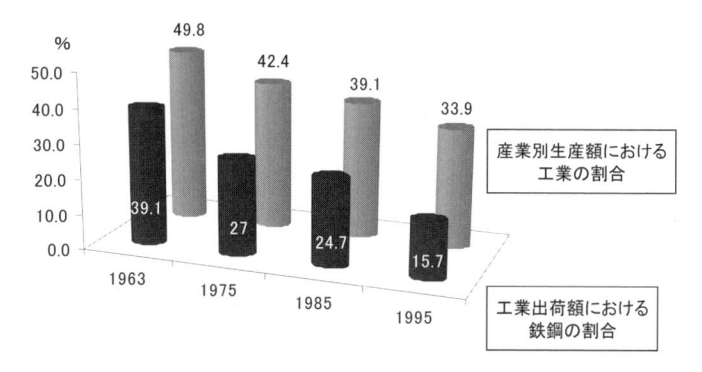

図3-5 北九州市の産業における工業／鉄鋼業の割合変化（1963-1995年）
北九州市産業史・公害対策史・土木史編纂委員会産業史部会（1998：370），北九州市企画局情報化推進部情報化推進課（2000：129）より作成．

業や都市的商業のより自立的でまとまった集積をもたらさなかったともいわれる。そのため，八幡製鉄所という一事業所（企業）のただ巨大な生産，雇用，（周辺的）消費に大きく依存する形で地域社会が発展していったことを特徴とする。戦後には完全な民営化（と解体），軍需市場の消滅で，状況は変化するものの，もはや製鉄所という「巨大資本の地域支配が定着したなか」（蔦川1971：13）にあっては他の関連他企業の立地を呼び込みづらい状況を招いたといわれる。

　こうした製鉄所のみに大きく依存していた地域状況について，図3-2の製鉄所の生産状況，図3-3の製鉄所従業員数，図3-4の北九州市の旧市域別人口の変遷から概略する。八幡製鉄所の生産状況（図3-2）は1960年代半ばまで拡大傾向にあり，その後縮小に転じる。とくに1987（昭和62）年には長らく続く重厚長大産業の不況のなか，大規模な合理化が行われ，以降生産状況はさらに縮小されていく。1960年代半ばまで，八幡のみならず現北九州市全体の人口変動もほぼ同じように拡大傾向で推移していることがわかる（図3-4）。そして1960年代半ば以降になると，製鉄所の生産縮小や人員削減の影響を受け，市全体の人口規模は増加傾向から減少傾向へと転じた。ただし，図3-3からとらえられる製鉄所従業員の激減ぶりに比すと，北九州市全体の人口の減少幅は少なく，とくに影響の大きいはずの八幡区は人口規模が維持されていることが見てとれる。これは，北九州市における製鉄産業のウエイトが減退したことに

表 3-1 八幡製鉄所のおもな動向

年	八幡製鉄所	各地区[1]：[八幡製鉄所内]【同会社内他地区製鉄所】
1897	官営製鐵所建設着工	
1901	操業開始	［東田］高炉操業開始
1906	第1期拡張（〜1910)	
1911	第2期拡張（〜1916)	
1916	第3期拡張（〜1931)	
1918		［洞岡］埋立工事開始
1921		［戸畑］東洋製鋼所統合，戸畑作業所となる
1927		［洞岡］高炉建設開始
1930		［洞岡］拡張（〜1933)
1934	日本製鐵株式会社発足	
1935	第1次拡充（〜1937)	
1936	第2・3次拡充（〜1941)	［戸畑］ストリップミル工場建設開始
1938		［洞岡］高炉群完成（4基）
1950	八幡製鐵株式会社発足	
	第1次合理化（〜1955)	
1955		【光（山口県）】製鉄所を設置
1956	第2次合理化（〜1960)	
1958		［戸畑］銑鉄一貫の製造所設置
1960	第3次合理化（〜1967)	
1961		【堺（大阪府）】製鉄所設置
1965		【君津（千葉県）】製鉄所設置
1967		
1969	八幡製造所マスタープラン	
1970	新日鐵株式会社発足	
1971		【大分】製鉄所設置
1972		［東田］すべての高炉稼動停止／［戸畑］第四高炉稼動開始
1978	第1次合理化	［洞岡］すべての高炉稼動停止
1982	第2次合理化	
1984	第3次合理化	
1987	第4次合理化＝第1次中期経営計画	［戸畑］1基のみの高炉稼動体制に
1988	株式会社スペースワールド（新日鐵子会社）設立	
1989		【釜石（岩手県）】高炉稼働停止
1990	スペースワールド[2]開業	【堺（大阪府）】高炉稼働停止
1991	第2次中期経営計画	
1993		【広畑（兵庫県）】高炉稼働停止

1994	第3次中期経営計画
2003	【光（山口県）】製鉄所組織廃止（鋼管部門⇒鋼管事業部光鋼管部，ステンレス部門⇒新日鐵住金ステンレス光製造所へ）
2005	株式会社スペースワールド民事再生手続開始（加森観光株式会社の傘下に）
2011	【大分】製鉄所に【光】鋼管部を統合
2012	新日鐵住金株式会社[3]発足

注：1）［東田／洞岡／戸畑］：八幡製鉄所高炉群，うち東田・洞岡が八幡構区，戸畑が戸畑構区（図3-1参照）．【光／堺／君津／大分／釜石／広畑…】同会社内他地区製鉄所．
  2）宇宙をテーマとしたアミューズメント施設．1987（昭和62）年の第1次中期経営計画における複合経営策の1つで，東田の遊休地に開設された．
  3）2012年10月1日に新日本製鐵株式会社と住友金属工業株式会社が合併し，発足．
八幡製鐵所所史編さん実行委員会（1980），北九州市産業史・公害対策史・土木史編集委員会産業史部会（1998），新日本製鐵株式会社（2012）『新日鉄ガイド2012』（新日鐵住金ホームページ：www.nssmc.com/ir/pdf/nscguide2012_j_all.pdf［2012年10月1日最終閲覧］）より作成．

よる．図3-5に示すように，産業別生産額に占める工業割合は1963（昭和38）年の49.8%から1985（昭和60）年には39.1%と4割を切る状況まで落ち込んだ．また，工業出荷額に占める鉄鋼業割合は，1963（昭和38）年の39.1%から1985（昭和60）年には24.7%と大きく減退した．1987（昭和62）年の大規模合理化以後は，さらにその傾向が強くなり，産業別生産額に占める工業割合は1995（平成7）年に33.9%，また工業出荷額に占める鉄鋼業割合も同年15.7%とさらに大幅に落ち込んだ．このような製鉄産業の比重の減退に代わり，大きく伸びてくるのが商業であり，その発展地域である小倉区や八幡内の西区の人口増加が人口減少幅の緩和，あるいは人口規模維持につながっている[3]．なお，1974年（昭和49）年，小倉区と八幡区はそれぞれ北／南，東／西に分区された．とくに八幡は製鉄所の所在する東部と商業的発展をとげる西部との相違が拡大しつつあったことによる分区であった．

このように，北九州地域は1960年代半ば以降，製鉄所の生産縮小によって工業を中心とした地域経済の構造的変化を余儀なくされており，また1987（昭和62）年には大規模な合理化が断行され，その傾向が加速していく状況にあった．

2. 製鉄所の動向

　1897（明治29）年，官営製鐵所の建設が洞海湾沿いの八幡村（現在の福岡県北九州市八幡東区）で開始された。表3-1には，その後国内製鉄生産を一手に担う拠点となっていく当該製鉄所の動向をまとめた。

　先にも触れたように，製鉄所の創設以来，生産は順次拡大し，1960年代にピークをむかえるが，その後とくに1970（昭和45）年の合併後には相次ぐ合理化により，八幡製鉄所での生産は縮小の一途をたどる。ここで製鉄産業の生産規模を如実に示す高炉稼働数と粗鋼生産量から確認しておく。高炉とは，鉄鉱石とコークスから銑鉄をつくり出す装置であり，製鉄産業の基幹工程を担う。その稼働数（基）は粗鋼生産量とともに製鉄所の生産規模を示す。八幡製鉄所においては，八幡構区内の内陸部にあたる東田と臨海部の洞岡，そして戸畑構区内とにその高炉が数基ずつ建設されてきた（図3-1参照）。表3-1に示したように，東田は操業開始期から，洞岡は大正期半ば，戸畑は昭和期以降に工場建設，拡大化が進められていった。図3-2からわかるように，高炉稼動数は最大で戦前の12基（1938～1945年）であり，戦後は11基（1962，1965年）が最大稼動数である。ただし，粗鋼生産量からとらえられるように，戦後の政府の傾斜生産政策を背景とした技術革新により，戦前の246万5千トン（1941年）という12基での生産量のピークが，戦後は10基で916万6千トン（1967年）と3.5倍近い量となっている。同所内の区域別の高炉設置数は最も多い時で，東田が6基，洞岡が4基，戸畑も4基であり，それぞれに数度の改修が行われながら稼動を続けてきた。東田は製鉄所創業時からほぼ戦前の間主力として稼動し，さらに戦後も1960年代前半まで稼動し続けた高炉群である。洞岡は大正期の埋立てを経て昭和に入ってから稼動を開始し，以降1960年代まで主力であり続けた。戸畑は大正期に経営統合した東洋製鋼所の工場の転用から始まり，拡張・新設により昭和期から稼動し始めたが，本格的な銑鋼一貫工程[4]における高炉稼動は1959（昭和34）年以降である。以降高度成長を支える最新鋭の設備を備える主力となった。

　1960年代後半になると，古くから稼動し生産設備の老朽化が進む八幡構区から合理化および縮小化が図られていくようになる。1969（昭和44）年の八

表3-2　新日鐵の第1次中期経営計画（1987年）における高炉稼働数の変化

各製鉄所	計画における高炉稼働数変更	実施	創業
室蘭	1 ⇒ 0	1994年6月　北海製鐵㈱に継承	1909年
釜石	1 ⇒ 0	1991年1月　休止	1886年
広畑	1 ⇒ 0	1993年6月　休止	1939年
堺	1 ⇒ 0	1990年3月　休止	1961年
八幡	2 ⇒ 1	1988年12月　1基体制へ	1901年
名古屋	2 ⇒ 2		1958年
君津	2 ⇒ 3	1988年7月　3基体制へ	1965年
大分	2 ⇒ 2		1971年
合計	12 ⇒ 8		

新日本製鐵株式会社（2012）『新日鉄ガイド2012』新日鐵住金ホームページ：www.nssmc.com/ir/pdf/nscguide2012_j_all.pdf[2012年10月1日最終閲覧]より作成.

幡構区の合理化計画（八幡製造所マスタープラン）が1970（昭和45）年の新日鐵合併以後に引き継がれ、さらに会社全体のなかでの主力は八幡製鉄所から1960年代に新設された堺や君津の製鉄所へと移っていった。以後、1970年代には東田、洞岡ともにすべての高炉が稼動停止となり、八幡構区からは銑鉄生産がなされなくなった。戸畑も1970年代後半には2基体制となり、この頃生産量は500万トンとピーク時から半減した。さらに1987（昭和62）年に決定された新日鐵の第1次中期経営計画は、徹底した合理化と多角（複合）経営を基本とし、八幡製鉄所の稼動規模はさらに大きく縮小され、以降戸畑構区での高炉1基のみの稼動体制となった。1989（平成元）年には274万トンとピーク時の3分の1以下に落ち込み、以降は300万～400万トンという生産量となった。とくに、新日鐵内で主力となった君津製鉄所（千葉県）の3基、約800万～1,000万トン[5]と比較しても八幡製鉄所の生産規模の縮小は明らかである。なお、1987（昭和62）年時の新日鐵内の他地区製鉄所の高炉稼働数の変更は表3-2に示すとおりであり、ほぼ1960年代以前に発足・操業開始した製鉄所では多くが稼働高炉ゼロ（休止）か、減じられた。

第2節　八幡における製鉄所を核とする空間構造の成立

　洞海湾沿いに農漁村集落や長崎街道内の宿場町が点在していたにすぎず，人口も千数百であった八幡村は，1897（明治30）年の官営製鐵所の設置決定以降，急速に成長し，人口規模約30万の都市へと発展した。町制施行は1900（明治33）年でこの時の人口は6,460人，市制施行は1917（大正6）年でこの時の人口は8万4,682人，そして戦前のピークは1943（昭和18）年であり，27万8,610人に達した。空襲や敗戦によって激減した人口が戦後順調に回復するなか，1963（昭和38）年の北九州市合併によって八幡区となり，この時期（1964～1966年）に人口は35万を超えた。
　北九州地域全体の人口増大・都市発展が，この1960年代半ばまで，ほぼ製鉄所の生産量・従業員数と連動していることはすでに述べたとおりであり，製鉄所が所在した八幡の町がその影響を最も強く受けていることもまた，図3-3，図3-4から明らかである。本節では，こうした1960年代半ば頃までの製鉄産業を核として発展してきた八幡の，とくに具体的な地域内の空間構造についてとらえる。

1. 八幡の空間形成

　戦前においては，製鉄所の雇用規模が他の企業を圧倒していた。たとえば，1935（昭和10）年の製鉄所従業員数は3万5,534人にのぼっていたのに対し，同じ頃八幡市内にあった大手の工場の従業員数は，安田製釘所が2,408人，旭硝子工業2,240人，そして安川電機製作所962人，日本タール工業807人，黒崎窯業652人となっていた（会社名変遷は表3-3参照）[6]。八幡内では大手とされるこれらの工場の雇用規模を見ても，製鉄所の突出した巨大さがうかがえる。また1940（昭和15）年，八幡市の全有業者10万3,051人のうち工業従業者は6万4,417人（62.5%）であり，この時の製鉄所従業員は5万2,300人である。従業員のうち八幡市在住者は6～7割の3万～3万6,000人程度と考えられ[7]，そうすると，八幡市の全有業者に占める製鉄所従業員の割合は3割，工業従事者に占める割合は5～6割近くにも上る[8]。戦後，製鉄所の生産規模がピーク

表 3-3　八幡区内主要工場の企業名変遷

企業	八幡工場の所在地	八幡での操業開始	操業開始時会社名	1935（昭和10）年時点での社名	1955（昭和30）年時点での社名	現在の社名
新日鐵	八幡東区	1901（明治34）年	官営製鐵所	日本製鐵（株）	八幡製鐵（株）	新日鐵住金（株）（2012〜）
安田工業	八幡東区	1912（大正元）年	（株）安田製釘所	〃	大和工業（株）	安田工業（株）（1970〜）
旭硝子	戸畑区・八幡東区	1914（大正3）年	旭硝子工業（株）	〃	旭硝子（株）（1950〜）	〃
黒崎窯業	八幡西区	1918（大正7）年	黒崎窯業（株）	〃	〃	黒崎播磨（株）（2000〜）
岡崎工業	八幡西区	1938（昭和13）年	岡崎組	〃	岡﨑工業（株）	山九（株）（1990〜）
小野田セメント	八幡西区	1895（明治28）年	亜細亜セメント	小野田セメント製造（株）	小野田セメント(株)	太平洋セメント(株)（1998〜）
安川電機	八幡西区	1915（大正4）年	（合）安川電機製作所	（株）安川電機製作所	〃	（株）安川電機（1991〜）
三菱化成工業	八幡西区	1935（昭和10）年	日本タール工業（株）	〃	三菱化成工業(株)	三菱化学（株）（1994〜）
三菱セメント	八幡西区	1954（昭和29）年	三菱セメント(株)	〃	〃	三菱マテリアル(株)（1990〜）

注：株式会社は（株），合資会社は（合）で表記した．
九州市産業史・公害対策史・土木史編集委員会産業史部会（1998），各社ホームページ，北九州イノベーションギャラリーホームページ：http://www.kigs.jp/kigs/index.php［いずれも 2012 年 10 月 10 日最終閲覧］より作成．

に達する 1963（昭和 38）年，八幡区内の全製造業従事者が 5 万 3,153 人であり，この時の製鉄所従業員は 4 万 3,666 人である．製鉄所従業員のうち八幡区内在住者を 6 割程度とみると[9]，約 2 万 6,000 人となり，やはり製造業従事者の半分近くを占めることとなる．この頃には，八幡区内の全産業従事者に対する製造業従事者の割合は戦前の 6 割から 4 割へ減ってはいたものの，戦後も製鉄所一企業の影響力はきわめて大きかったことがうかがえる．

　こうした製鉄所を取り巻く地域の有様は，空間的にどのように表れていたのか．図 3-6 には旧八幡市の合併区域変遷と主要企業の工場群の大まかな位置（1955 年当時）を示している．洞海湾沿いの工場群は東部（現八幡東区）にはおもに製鉄所，そして大和工業，旭硝子が位置し，西部（現八幡西区）には黒崎窯業，岡崎工業，小野田セメント，安川電機製作所，三菱化成工業，三菱セ

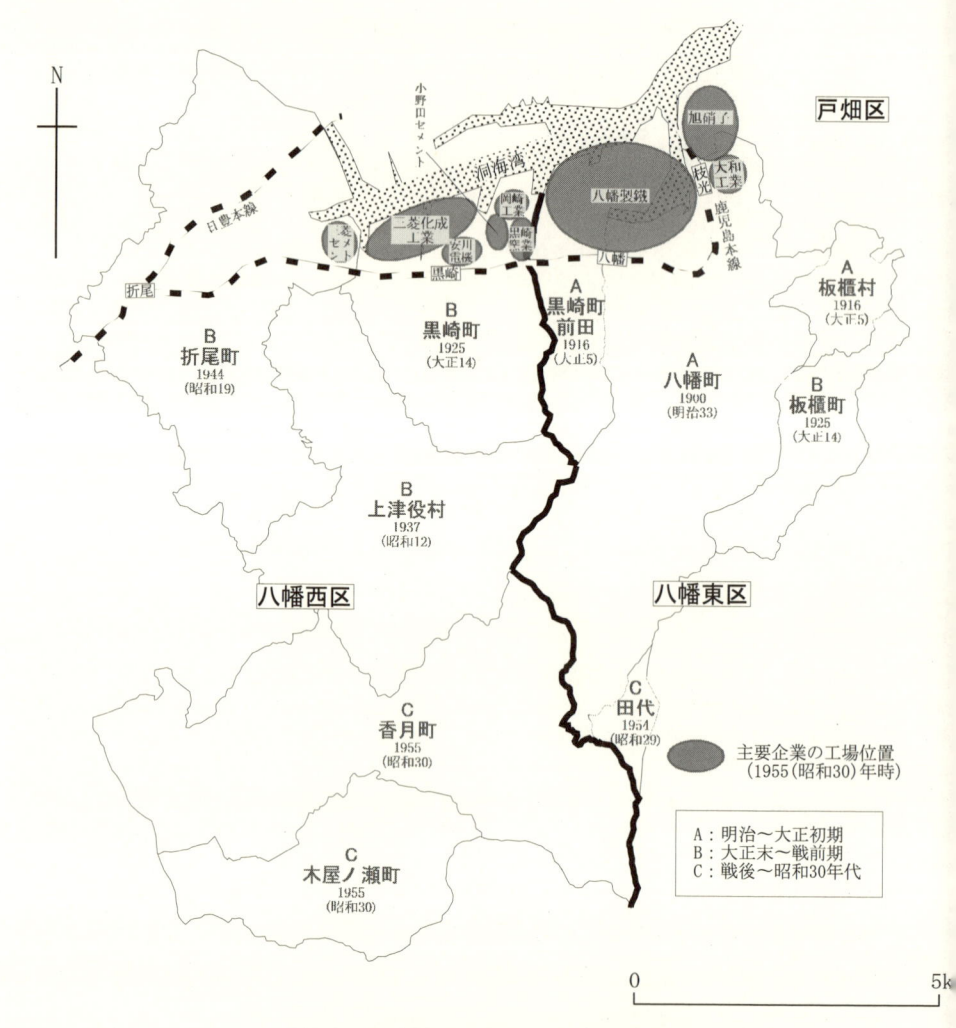

図3-6 旧八幡市域の変遷とおもな工場群位置
北九州八幡信用金庫編集委員会（1995：240），国土地理院2.5万分の1地形図「八幡（市）」「小倉」「徳力」「中間（木屋瀬）」「折尾」（1925-1972年発行），3万分の1「八幡市全図」（八幡市，1955年発行）をもとに作成．

メントなどの工場が位置している。先に戦前1935（昭和10）年の各社雇用者数を示したが，製鉄所を除くなかでも2千を超え，比較的規模が大きかった安

田製釘所，旭硝子工業は，それぞれ大和工業，旭硝子として，図3-6では東部に位置していることがわかる。また旭硝子はおもに戸畑区に工場敷地があったこと，大和工業は，戦前すでに八幡製鉄所と積極的な需給関係を結んでいた（土屋 1974：48）ことから考えると，製鉄所を核とした巨大な生産規模とまとまりをもつことが東部の特徴としてとらえることができる[10]。そのことは，東部（現八幡東区）が製鉄所の設置とともに，ほぼ大正期までに（旧八幡市に）合併されていった地域であることからもみることのできる特徴である。これに対し，西部（現八幡西区）は大正期以降の上述した工場の進出と集積により，主として昭和期以降戦後にかけて順次合併されていった地域である。このように，八幡では東部と西部で明確な違いがあり，とくに製鉄所を核とした地域として成立したのが東部地域であったことがわかる。

　また，商業的側面についても，八幡の東部と西部では大きく異なっていた。とくに戦前の商業的発達について，土屋（1974：47）は1940（昭和15）年時の全産業別有業者数の構成から商業従事者の割合の低さ（16.2%）を指摘し，「商業は基本的に工場労働者の日常生活を支えるという位置しか持っていなかった」としている。つまり都市が急速に成長するなか，その商業は自立的な形で発展せず，激増する人口の生活的需要を満たす程度に成立していた。こうした傾向は製鉄所の購買会組織の存在によっても助長されていた。製鉄所が開業して5年を経過した1906（明治39）年，当時八幡町内の商業戸数は全戸数の3分の1を占めたが，大部分が零細なものであり，増大する製鉄所従業員の購買力に対応しきれなかった。製鉄所は購買会を組織し，他地域からの商品調達と安価な物質供給を行うこととした（八幡商工会議所 1965：127-128）。その結果，「地元の商業は人口規模に比例した発展をとげる機会を失し」（太田ほか 1970：9）たといわれる。とくに明治末期には購買会と八幡商業者との対立も起こったが，結局両者が取り扱う商品の住み分けという調整に基づく共存体制がとられる形となったのであり（時里 1996），いわば，製鉄所の国家直営事業所としての調達力にぶら下がる形での商業形成がなされたのである。

　図3-7は1960年代の八幡東部の製鉄所の工場敷地と官舎（社宅）地区，および主要商店街を示したものである。戦前から戦後にかけて旧八幡市全体の中心

部は東部の洞海湾沿いの製鉄所工場敷地周辺にあった。先に東部の商店街が製鉄所従業員の生活を支える形で発展していったことに触れたが，空間的にみても製鉄所従業員のほぼ徒歩通勤圏内での生活を支えるものとなっていたことが明らかとなる。図では，商店街が通用門や製鉄所の官舎（社宅）地区と密接に関連しつつ形成されており，数キロ四方内にいくつもの商店街が形成されていたことがわかる。また，先にも触れた，製鉄所購買会と商店街とが共存していた様子もうかがえる。操業初期の頃から東門付近には中央町の商店街，旧八幡駅[11]前から鬼ヶ原・門田官舎付近には春の町（大門）の商店街，南門付近には西本町の商店街が形成された[12]。さらに工場敷地の東南に位置する神田などの官舎近くには大蔵の商店街も形成された。さらに明治末の工場拡大期には，東方面の高見・槻田に大規模な官舎地区が建設され，そこには荒生田商店街が形成された。また西方面に工場敷地が拡大されるにしたがって西門がつくられ，その周辺に商店街が形成されていったとともに，さらに前田にも大規模な官舎地区が建設されたことにより，祇園商店街が形成されていった。ほか，北部の枝光はもともと操業初期の頃いまだ工場敷地でなかった鉄道線以西に歓楽街が形成されつつあったが，工場敷地が鉄道線まで拡大したことや大正期に本事務所が工場構内から鉄道線東側に移転したことにより，枝光駅前に南北に伸びる商店街と本事務所南部に東西に伸びる枝光商店街が形成された。昭和期から戦後，製鉄所生産の飛躍的な拡大期に入り，さらに北の戸畑方面や西の黒崎方面へと社宅地区が開発されていくことになるが，基本的に八幡東部はまさに製鉄所従業員の需要と直結する形で商店街形成がなされてきたのである。

2. 八幡東部の階層的空間構造

　この地域の空間的特徴は，製鉄所という一企業が都市形成過程や都市構造に非常に大きな影響力をもっていたということだけでなく，明確な階層構造をなしていたことにある。八幡においてはそれが人々の居住をとおして都市空間に反映していた。

　製鉄所内で作業に従事する人々の間には厳格な序列があり[13]，主として職員，職工，職夫の3層構造となっていた。ただし製鉄所構内作業に携わる人々

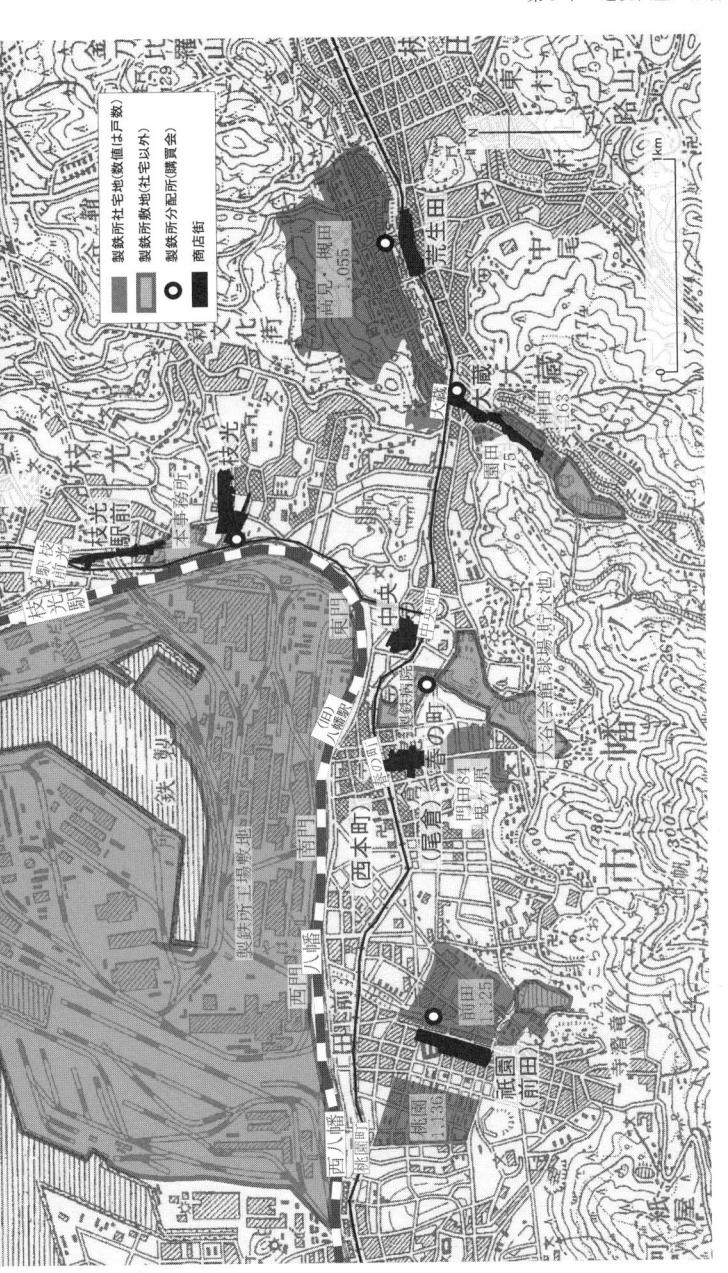

図3-7 高度成長期頃の八幡東部中心部（1950-1960年代）

注：1) 製鉄所社宅敷地・敷地については、1950年代の資料（八幡製鐵所株式会社八幡製鐵所（1950）所収「八幡製鐵所及附近図」、八幡製鐵所総務部厚生課（1958：98）、八幡製鐵所総務部厚生課（1958：98）、3万分の1「八幡市全図」（八幡市、1955年発行））をもとに作成。社宅戸数は1956年当時（八幡製鐵所総務部厚生課 1958：98）。
2) 商店街地区は北九州市商工課資料（1980年代半ば頃の商店街地区、発行は2000年頃、善隣出版社『ゼンリンの住宅地図 北九州市八幡区東部』（1971年発行）をもとに作成。
3) 原図は5万分の1地形図「八幡」（1960年発行）、3万分の1「八幡市全図」（八幡市、1955年発行）「八幡製鐵所及附近図」（八幡製鐵所株式会社八幡製鐵所（1950）所収「八幡製鐵所及附近図」）をもとに作成。

はこれですべてではなく，さらにその下に，所の外注作業を請負う協力会社傘下の人夫が位置づけられていた。このような序列は戦後も長きにわたり維持され，1970年代前半頃までは，製鉄所内作業従事者には3～4層の序列が明確に存在していた[14]。また，製鉄所はこうした作業従事者の階層設定のほか，いくつかの役職を設けるなどして，職業的地位の上昇システムを組み込んでいた[15]。職員内では官制に基づく細かい序列が設定され，また職工内では，たとえば工長，組長，伍長という役付職工が置かれた。職夫は製鉄所直傭ではなく，職夫供給人に必要に応じて労働力を提供させるものだが[16]，そのなかで製鉄所が特定の職夫を指定する場合があった。この指定職夫は普通の職夫と違い，準職工的な地位にあり，場合によっては職工にも昇格できたという[17]。

こうした生産現場の序列は，そのまま地域社会に空間的に反映されていた。そのことは，製鉄所が提供していた住宅施設（官舎／社宅）が厳格な序列に基づいて供給されていたこと，そしてそれらの住宅施設を核として，「地名をあげると，職員の住宅地か，あるいは職工の住宅地かどちらかをほぼ特定することができる」（時里2006：190）とあるような地区ごとの明確な住み分けがなされていたこと，などからとらえられる。

まず製鉄所が直接提供していた住宅施設の分布であるが，職員の住宅施設は主として工場敷地東側，北部の丘陵地に位置する高見地区，八幡中央区に位置する門田地区にあり，職工の住宅施設[18]が主として先の職員住宅地区である高見の南部に隣接する槻田，その西南の板櫃川沿いに位置する神田，工場敷地西門側の前田地区にあった[19]。その後昭和期，とくに戦後は空襲による社宅焼失や復興期の生産増強に伴う従業員の増加に伴い，大規模な住宅施設が整備された。八幡においては西部の桃園地区などの開発が進められた。

このうち，いかに製鉄所の生産現場での序列が住宅地区内部に細かく反映していたのかを，高見・槻田地区を例に見てみる。操業後間もない明治末に開発され，とくに北側の丘陵地にかかる高見地区は製鉄所の長官官舎や高見倶楽部がある高級官舎街であり，また南部に位置する槻田地区には1,000戸を超える職工官舎があり，八幡でも最大の官舎（社宅）地区であった。戦時中の空襲を

免れ，ほぼ明治末の建設期の状況のまま残存し，さらに戦後においても長く職階ごとの明確な家屋形態の区別が見られていた。ことに，職員と職工との間の区別は視覚的にも明確なものであり，前者は一ないし二戸建，後者は長屋（4戸建て以上）が主であった。敗戦直後頃に視察した民俗学者の今 和次郎は，この地区の様相を「門構えから玄関，客間，屋敷や塀などのそれぞれが，封建時代の有職故実ともいえる法で，それぞれ階級別に，しかも一地域の上に並べられている」（1971：375）と表現している。図3-8は今が視察した状況に近いと思われる，住棟形式別の高見・槻田社宅の全容であるが，丘の付け根にあたる北部から南部へいくにつれて一戸建，二戸建，そして長屋（4～5戸／6戸以上）と明確に区別されている状況がうかがえる。職員住宅は1908（明治41）年時点で高等官28戸，判任官官舎58戸となっており（福岡県教育委員会1993：31），職階に応じて住棟形式の差（一戸／二戸／長屋），社宅の門構えなどの外観や間取りなども差別化されていた。職工住宅は同年総数1,200戸程度であったが，甲，乙，丙，丁の4階級で，甲乙種あわせて約100戸に対し，丙丁種が1,100戸と大半は下位2階級で占められていた。この場合，長屋戸数（4～5戸／それ以上），間取，水場共有などの条件が違っており，丙丁に関しては「井戸や便所が共同で，狭い空間に制限され」ていたという（時里2006：183）。戦後には新たな職分制度の導入や老朽化した社宅の改修（鉄筋コンクリート化など）を経たが，城戸（1989）が示した1964（昭和39）年当時の同地区の住棟・建築構造別の分布を見ると（図3-9），西方の大蔵方面の整備および一部鉄筋コンクリート化や改築などによる変化がうかがえるものの，北部から南部にかけて見られる空間的階層構造が当初のまま残存している状況がとらえられる。

　以上から，製鉄所が提供する住宅施設の地区内部は生産現場と連動した階層構造となっていたことがわかる。さらに，こうした提供住宅施設自体が一部の勤続年数が長い，もしくは役職をもつ従業員のみに与えられる特権でもあった。製鉄所の住宅供給数は1923（大正12）年に全部で2,198戸，当時の八幡市内全戸数2万4,158戸からすると，約1割近くにのぼっていたほか（時里2006：180），ピーク期の1965（昭和40）年には9,555戸を数えており，相当な供給

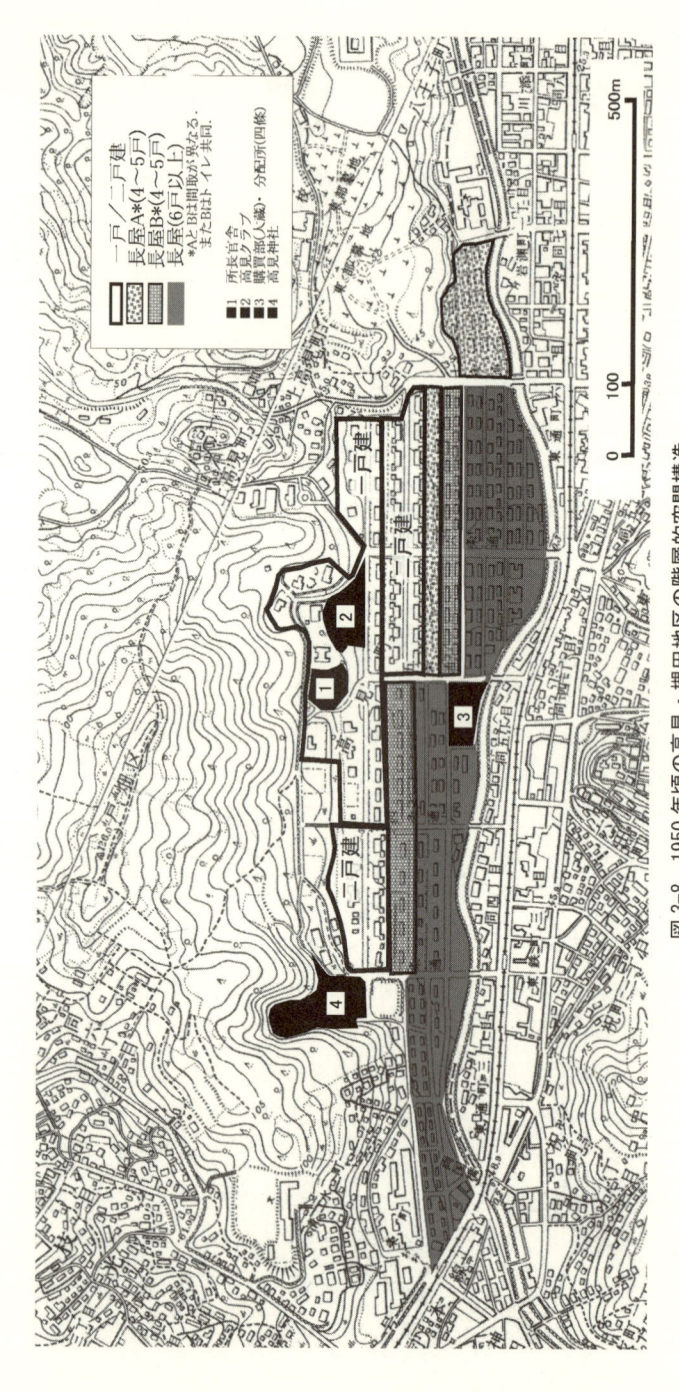

図3-8 1950年頃の高見・槻田地区の階層的空間構造
原図は1万分の1地形図「戸畑」「八幡」（1965年発行）。福岡県教育委員会（1993）、今（1971）、新日本製鐵八幡製鐵所資料をもとに作成。

図 3-9 1964 年頃の高見・槻田地区の階層的空間構造
原図は1万分の1地形図「戸畑」「八幡」(1965 年発行). 城戸 (1989) をもとに作成.

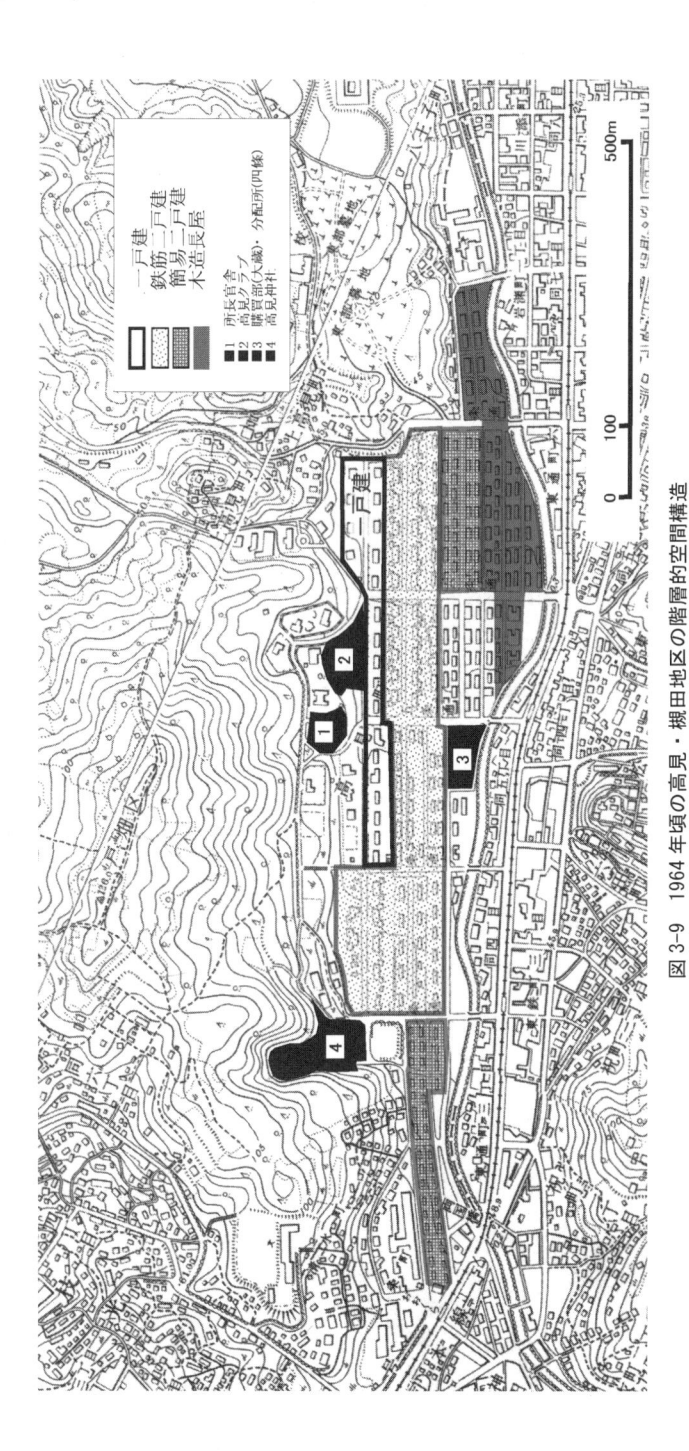

数となってはいたが，従業員全体からすると入居できたのは一部のみであった（新日本製鐵株式会社住環境開発部 1983：35）。たとえば 1923（大正 12）年時点では，職員数 911 人のうち製鉄所官舎入居者は単身用の合宿所も含めて 413 人（45.3％），職工の場合 1 万 5,749 人中 2,760 人（17.5％）であった[20]。また戦後の大規模整備後も，とくに桃園地区に代表される鉄筋コンクリート造のアパートは当時の住宅水準としては非常に高く，勤続 20 年以上もしくは役職者のみに限られていた（土木史編纂委員会 1976：93-94；新日本製鐵株式会社住環境開発部 1983：32-33）。

このように，製鉄所の提供住宅施設そのものが生産現場でも上層に位置する職員（社員），職工（工員）の住宅地であるのに対し，一般の職工らは西本町や尾倉町，もしくは尾倉町南の皿倉山山麓や荒生田・大蔵の南斜面に位置する貸家・下宿に多く住み，また旧八幡駅前の春の町付近には日雇労働者斡旋を兼ねた「労働下宿」の並ぶ区域があったといわれる（鎌田 1996：80）。こうした都市空間全体の階層構造は，1936（昭和 11）年以後の株式会社化や戦後の会社再編以降も長く維持されたのであり，それが今（1971）や鎌田（1996）の戦後の記録において「屋敷町」や「城下町」という喩えとなって表れている。ことに鎌田（1996：80）は，1970 年代自らが住んでいた春の町の「労働下宿」を八幡の「最底辺」として，東部の枝光本事務所の「本丸」と対比的に述べている。いわば，工場敷地の東の小高い場所に建てられた本事務所（枝光）や高官（役職者）住宅街（高見・槻田）から，南門周辺の西本町・尾倉町付近，および皿倉山山麓や東部荒生田・大蔵の南斜面の職工（工員）らの居住する地区，そして旧八幡駅周辺に広がっていた春の町の日雇労働者居住区といった形で，1970 年代の初めまで，製鉄所内の序列が八幡という地域社会全体にも色濃く反映していた状況がうかがえるのである。

また，製鉄所とは直接関係のない一般住民らも，製鉄所提供の住宅の生み出す秩序と無縁ではなかった。それは地域住民がその製鉄所の提供住宅そのものに向ける羨望的視線にあった。一般住民は，製鉄所が提供する住宅においては下層に位置づけられた職工住宅地区でも，職工らをより裕福な人々として自分たちの上位に位置づけた。時里（2006：183）は，たとえば以下のような回想

をもとに，そのことを指摘する。

　　屋内（時里注：職工長屋）には電灯の昼間線は無く，夜になると十燭光（十二.五ワット）が点灯され，それでも近郊の農家の人達は「官舎の電気灯（当時の呼び名）は明るく昼のごときある」とうらやんでいた。

　このように製鉄所の提供住宅は，内部居住者を生産現場の序列によって階層化する側面を持つだけでなく，その住宅自体の可視性により一般住民らの羨望的視線を呼び込み，都市全体の空間を階層化する側面を持っていたと見ることができる。さらに住宅施設のみならず，所内従業員とその家族などに利用が限定された購売所や体育・文化施設など，他の福利厚生施設についても同様であった。これら製鉄所の特権的空間への羨望的視線は，戦後製鉄所従業員以外の住民割合が増加していくなかにあっても，依然として強かった。このことは城戸（1989）が，両者が接触する教育および消費の場に着目し，その羨望的視線が日常的に生み出され続けていたことを明らかにした。そして，とくに戦後高度成長期を「大衆中流化促進期」として，この時期の一般住民の羨望的視線を，より現実味を帯びたものとしてとらえた（城戸 1989：18）。いわば，「自分達もあのようになれる」という将来的可能性を十分に含んだ視線であり，その意味では戦前期よりも憧憬的感情がより強くなっていたとする。

　このような形で，八幡東部（現八幡東区）の空間は製鉄所従業員の生産現場での序列をそのまま反映し，また周辺の住民も巻き込む形で階層化されていた。住宅施設を通した製鉄所勤務者の生活の可視化は，地域社会全体で製鉄所を至上とするイデオロギーを醸成するものとなった。すなわち，日常的生活環境のなかで，製鉄所での勤務や所内での職務階層（序列）内の上昇が理想として目指されることによって，製鉄所に対して従順な従業員および住民がつくり出されていたことが推測されるのである。

　以上より，いかに製鉄所の生産現場の序列が従業員の福利厚生施設を通じてそのまま地域社会に反映していたか，そしてそれが製鉄所を至上とするイデオロギーを日常的に浸透させる環境として成立させていたかが明らかとなった。

第3節　八幡から北九州への空間再編

　製鉄所の統制的空間として成立していた八幡が都市としてのピークを迎えた1963（昭和38）年，北九州市という新たな地域が誕生した。それ以降八幡製鉄所内での合理化が急速に進み，次第に八幡内の空間構造は変容していくこととなった。ここでは，そうした八幡における空間変容と，それと同時に進む北九州市という地域の成立がどのように進んでいくのかをとらえる。

1．八幡東部の階層的空間構造の崩壊

　1960年代末以降の製鉄所の八幡構区合理化政策は，事業規模縮小と従業員数削減のほか，福利厚生面にも向けられた。加えて，従業員らの生活志向が変化し[21]，八幡の階層的空間構造を形づくっていた製鉄所のさまざまな福利厚生施設は1970年代以降次第に消滅していくこととなった。

　まずこの時期，製鉄所提供の社宅総数は減少に転じ始め，ピークである1965（昭和40）年の9,555戸から1979（昭和54）年には7,256戸となっている（八幡製鐵所所史編さん実行委員会1980：148）。とくに1980（昭和55）年頃にはそれら社宅をはじめとする福利厚生施設の公共施設への転用が図られ，八幡東部においては高見社宅地区内施設の市立槻田プールへの転用や神田社宅地区の北九州市住宅供給公社大蔵三丁目団地への転用などが見られた。その後製鉄所の工場遊休地開発とともに，福利厚生施設の跡地開発が，民間会社や行政，大学と幅広い主体によってなされるようになった。たとえば前田社宅地区の跡地には，音楽ホールや国際交流センターなどの文化行政施設を集めた北九州市立国際村交流センター，JICA国際協力機構九州国際センター，九州国際大学が設置されるなど，大規模な開発が進んだ。1990年代後半以降はさらなる開発が進み，前節で詳述した高見・槻田社宅地区は，北九州市や北九州市住宅供給公社，その他民間を事業主体として全面的に再開発され，高級住宅地区へと大きく変容した（図3-10参照）[22]。

　さらに八幡東部の中央に集中していた大谷会館や大谷球場をはじめ体育館施設，病院などの福利厚生施設もすべて直営ではなく，関連会社などに運営が委

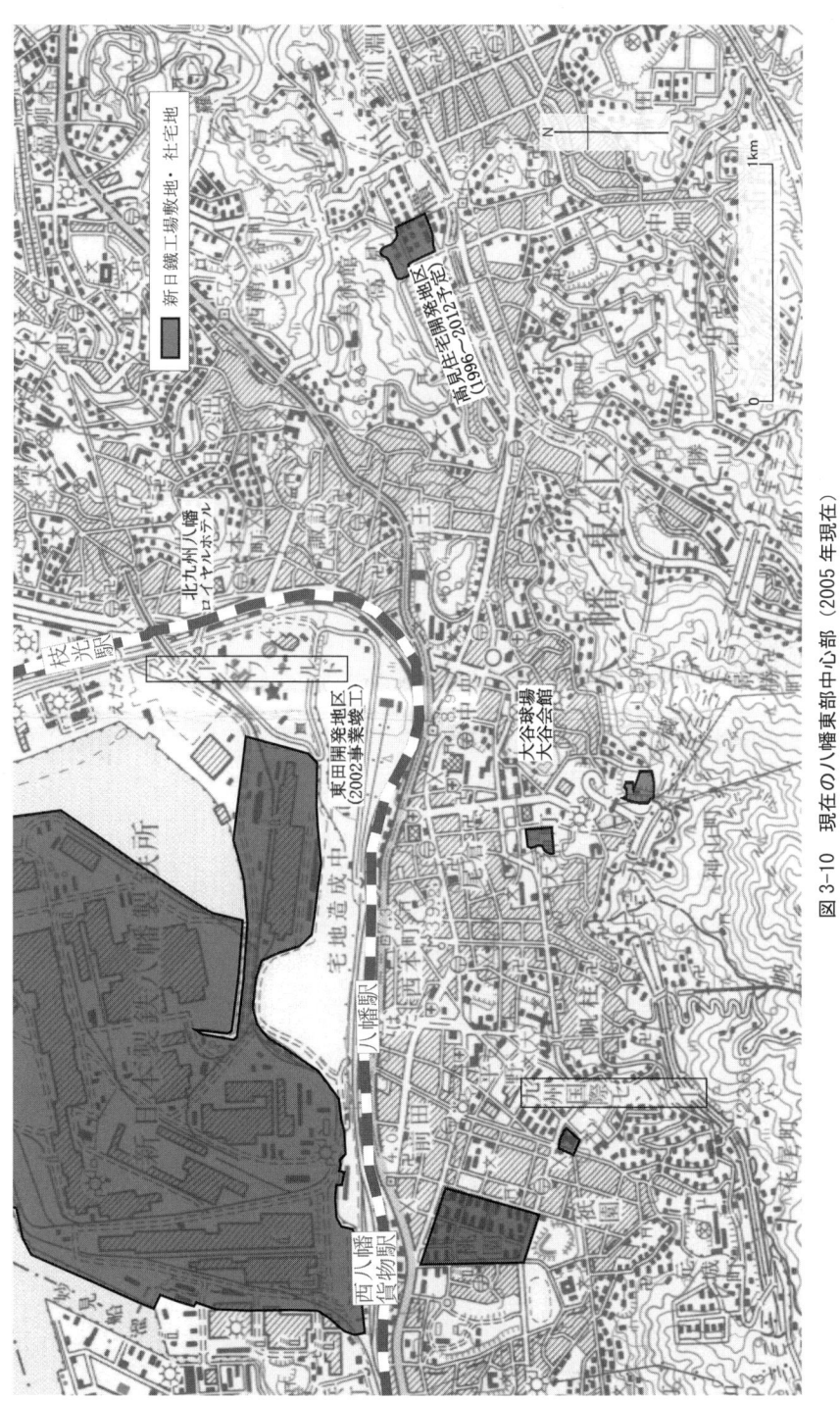

図 3-10　現在の八幡東部中心部（2005 年現在）

注：1) 原図は 5 万分の 1 地形図「八幡」(1996 年発行).
　　2) 新日鐵内部資料および聞き取り・現地調査をもとに作成.

図3-11　八幡東部地区の商業の変遷（1972-2007年）
『北九州商工業統計』（1972～2007発行）の八幡東部地区の卸売・小売業合計より作成.

ねられる形となり，製鉄所従業員のみならず，一般住民も利用可能な施設となった。2005（平成17）年現在では図3-10に示すようにこの地区に存在した製鉄所直営の福利厚生施設は大半が消滅し，部分的に残るのみとなった。

また，購買会と商店街のあり方も大きく変容した。1960年代には大型スーパーマーケットの出店が進み[23]，製鉄所購買会および商店街の売り上げは大きく減退し，1971（昭和46）年製鉄所購買会の業務が八幡製鐵ビルディング株式会社へと移行され[24]，各購買所（分配所）はテツビルストアーとして一般のスーパーマーケットと同じ性格のものとなった。こうした状況が購買会と共存を図ってきた商店街にはさらなる打撃であったことに加え，1960年代末以降の製鉄所の八幡構区合理化によって，八幡東部の商店街は衰退の一途をたどった。そのことは東部（八幡東区）の1970年以降の商店および従業員数の変遷を示した図3-11から明らかである。ただし，従業員数の減退は1970年代以降進むが，商店数の減退が顕著となるのは1980年代半ば以降であり，ことに製鉄所の1987（昭和62）年の大規模合理化に至る「鉄冷え」が，明確な地域の衰退を生み出したことがうかがい知れる。その後1990年代も減退傾向は

下げ止まらず，2007（平成19）年時点での商店数は1972（昭和47）年時点の37%程度，従業員数は47%程度となっている。

2. 八幡西部の商業的発展

　1970年代以降，八幡では東部（東区）の衰退と同時に，西部（西区）の発展が顕著となった。図3-12は1970年代以降の八幡区内の東区および西区それぞれの人口を製鉄所従業員数と重ねあわせたものである。図から，横ばい傾向にある八幡区人口の実態とは，東区の激減と西区の増加によるものであることがわかる。この相違は，東区が製鉄所の生産縮小の影響をまともに受けたのに対し，西区は主として商業あるいは住宅地区としての機能により，以後も順調に拡大を続けたことにある。これは，西区が東区と比べると製鉄所の影響が少ないなかで都市形成がなされていたことに要因がある。先に図3-6でとらえたように，東部の洞海湾沿いの工場群はほぼ製鉄所（新日鐵）のみで占められていたが，西部には他の企業の工場が集積していた。こうした他企業の工場集積はその後も着実になされ，1960（昭和35）年時点では，八幡市の工場150のうち80%にあたる120工場が西区の中心地である黒崎に立地していたという（北九州八幡信用金庫編集委員会 1995：420）。また商業的側面についても，西部（西区）は東部（東区）とは大きく異なっていた。先にも指摘したように，旧八幡市内の商業の中心は東部にあり，戦前黒崎を中心とする西部の商店数は八幡全体の約1割を占めるにすぎなかった。ただし，戦後1950（昭和25）年時点では27%に達しており（北九州八幡信用金庫編集委員会 1995：421），その後もさらなる商業的集積がなされていった。この背景には製鉄所の社宅建設の西方への進出があるものの，むしろ他企業の社宅との関連が強いこと，また戦後の各商店の西部への進出には製鉄所購買会勢力の回避があったなどの要因も指摘されており（北九州八幡信用金庫編集委員会 1995：421），西部の商業圏は製鉄所の影響力や関連性の少ない状況下で形成されていったことがわかる。

　こうした八幡西部の地域形成のあり方は，1970年代以降には八幡西区の中心である黒崎の商業的発展につながっていった。人口的な動態に加え，製造業従事者は東西区ともに構造不況の影響で減少しているが，東区が1万5,181人

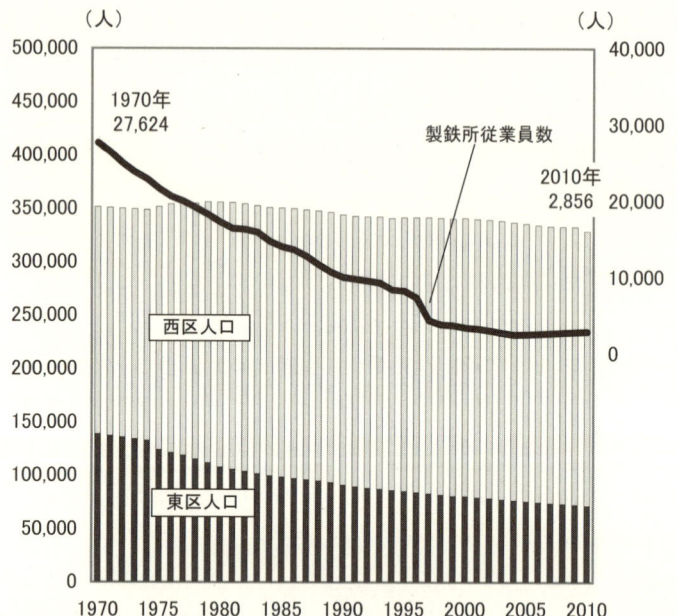

図 3-12　八幡東区・西区の人口変遷と製鉄所従業員数（1970-2010 年）
北九州市産業史・公害対策史・土木史編纂委員会産業史部会（1998）、「北九州市長時系列統計（人口，世帯）」（北九州市ホームページ：http://www.city.kitakyushu.lg.jp/soumu/file_0348.html［2012 年 10 月 1 日最終閲覧］）、新日本製鐵（株）（2004）『新日鉄ガイド 2004』、新日本製鐵（株）（2007）『新日鉄ガイド 2007』、新日本製鐵（株）（2012）『新日鉄ガイド 2012』（新日鐵住金ホームページ：www.nssmc.com/ir/pdf/nscguide2012_j_all.pdf［2012 年 10 月 1 日最終閲覧］）より作成．

（1975 年）から 6,601 人（1995 年）へと激減しているのに対し，西区では 2 万 9,315 人（1975 年）から 2 万 2,947 人（1995 年）の減少にとどまり，傾向がより緩やかである．また，卸売・小売・飲食業においては，東区が 1 万 3,505 人（1975 年）から 1 万 797 人（1995 年）と減少しているのに対し，西区では 2 万 796 人（1975 年）から 2 万 8,885 人（1995 年）へと増加している（北九州市商業振興課資料）．製鉄所の生産縮小を背景としつつ，東区の衰退と西区の商業的発展による格差が大きくなっていることがうかがえる．こうした地区内部の明確な相違が，1974（昭和 49）年の八幡区内での東西分区に至った．

このように，旧八幡市の地域社会としての有様は，1960 年代末以降の製鉄

所の生産縮小とともに大きく変化し，その中核地域であった東部の空間構造の崩壊ばかりでなく，製鉄所の影響が比較的少なかった西部の商業的発展という地域格差を生成させてきた。いわば，八幡全体で起こっている産業構造の転換は，衰退地域と発展地域という地域的な格差として表出している。そのことは八幡地域だけの問題ではなく，北九州市という行政地域の成立以後，全体で進行してきた問題である。次項ではそうした北九州市の成立と空間再編についてとらえる。

3. 北九州市の成立と空間再編

　北九州地域は製鉄産業を核とする地域的連関が強く，5市合併は戦前期より進められてきたが，その実現は1963（昭和38）年であった。製鉄生産のピーク期ではあるものの，戦後成長してきた国内新興工業地域に比して，北九州地域はこの頃相対的な低迷を余儀なくされていた（太田ほか1970）。その危機感のなかでようやく合併は実現したのである。これは，北九州市史編さん委員会（1983：46）の「産業基盤の強化のためには，大都市（政令指定都市）としての政治力による大型公共投資の獲得が効果的であ」るとの指摘からもわかるように，企業および地域行政に，大規模都市になることにより国家的投資を多く引き出すメリットを享受しようとの意図が働いた結果である。こうした経緯から，北九州市という行政地域は，製鉄産業を核とする地域的連関によって合併に至ったものの，当の製鉄産業の低迷とその後の商業的発展という地域の構造変化が宿命づけられていたものでもあった。

　重厚長大産業から第3次産業を中心とする産業構造への移行は，この時期の全国的な傾向であるが，とくに北九州市においては，製鉄産業への依存度がきわめて高かったためにその問題が深刻であったこと，および基幹産業の転換が内部の地域間の格差として現出していったことが特徴といえる。まず製鉄所の拠点であった地区は人口が大きく減少していった。具体的に，八幡区（旧八幡市）のなかでも製鉄所の影響がきわめて強かった八幡東区は，1970（昭和45）年時点で13万8,609人と約14万近くあった人口が2010（平成22）年現在，約半分の7万1,801人となった。同じく製鉄所の戦後の拠点である戸畑区では

1963（昭和38）年時点で10万8,155人，1970（昭和45）年時点でも9万9,166人であった人口が，2010（平成22）年現在には6万1,583人にまで減少した。いずれも合併当時あるいは1970（昭和45）年時点からすると5～6割強まで減少しており，門司や若松も7～8割まで落ちている[25]。その一方で人口増加がみられたのは小倉区であり，合併当時の人口31万3,086人から1981（昭和56）年には40万を超し（40万1,191人），その後ほぼ横ばい状態を維持している。また八幡区でも一方の八幡西区では人口が増加しており，1970（昭和45）年時点で21万2,912人であった人口が漸増し，2000年代には26万を超し，2003（平成11）年にこれまでのピークである26万781人を記録した。これら小倉区および八幡西区の人口増加は商業および住宅地域としての機能によるものであり，その他の地区の大きな衰退をこうした商業・住宅地域が支える構造となっている。

　こうした市内部の地域間の格差構造を実質としては持ちつつも，北九州市行政は合併の原則とした各市の対等性を政策として長く維持し，「多核都市」という理念のもと，さまざまな行政機能，配分の均等配置が目指された。合併から現在まで，吉田法晴氏（1963～1967年），谷 伍平氏（1967～1987年），末吉興一氏（1987～2007年），北橋健治氏（2007年～）の4人が市長として市政を執ってきたが，基本的に谷市政までの20数年間「多核都市」の理念が維持されていた。その理念は住民らの行政機能の利用に不平等が生じないようにという配慮から，さまざまな都市機能の均等配置という政策実践を生んだ。とくに道路網の重点的整備は北九州市という空間の実質的統合に寄与したといえる。谷市政が開始された1967（昭和42）年には，北九州市の自動車登録数の急増や都内道路の交通量の増加を背景として大規模な道路整備が計画された。図3-13に示すように，1963（昭和38）年と1967（昭和42）年計画により，海岸沿いの市街地付近のみならず内陸部の住宅地区からも北九州市一円をつなぐ道路網が計画されたことがわかる。このほか，さまざまな文化・体育施設の設置なども均等配置の理念から積極的に行われ，歳出の内訳においては土木費の突出した状況が見られた[26]。こうした行政政策も背景としつつ，交通網も拡充され，北九州市内の移動はより便利かつ迅速になっていった。ただしこう

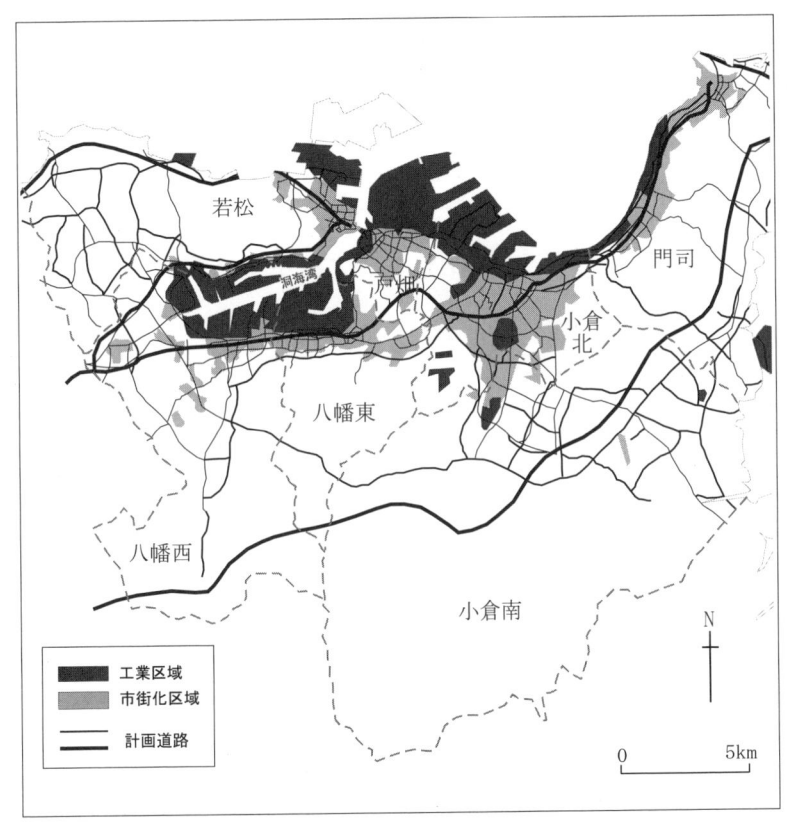

図 3-13　1965 年の市街化・工業区域と 1963-1967 年の計画道路
北九州市企画政策室企画政策課(2003)，北九州市企画局企画課ほか(1989)をもとに作成．

した道路網の均等を目指す整備は，実質的な地域発展の偏りを是正せず，むしろ助長した．5 地区へのアクセスも便利になると同時に，北九州市全体の核となりつつあった小倉あるいは黒崎へのアクセスも同様に便利になったことから，ますますそれらの地域の商業的発展がみられるようになった．鉄道乗降客数なども小倉駅や黒崎駅の増加傾向に比して，以前の各区の中心部であった門司駅や戸畑駅，八幡駅などは減少の一途をたどった[27]．また，1975（昭和 50）年には新幹線小倉駅が開業し，大型百貨店が進出するなど，ますます小倉の都心化が進んでいった．そのことは，図 3-14 で小倉区および八幡西区の市街化

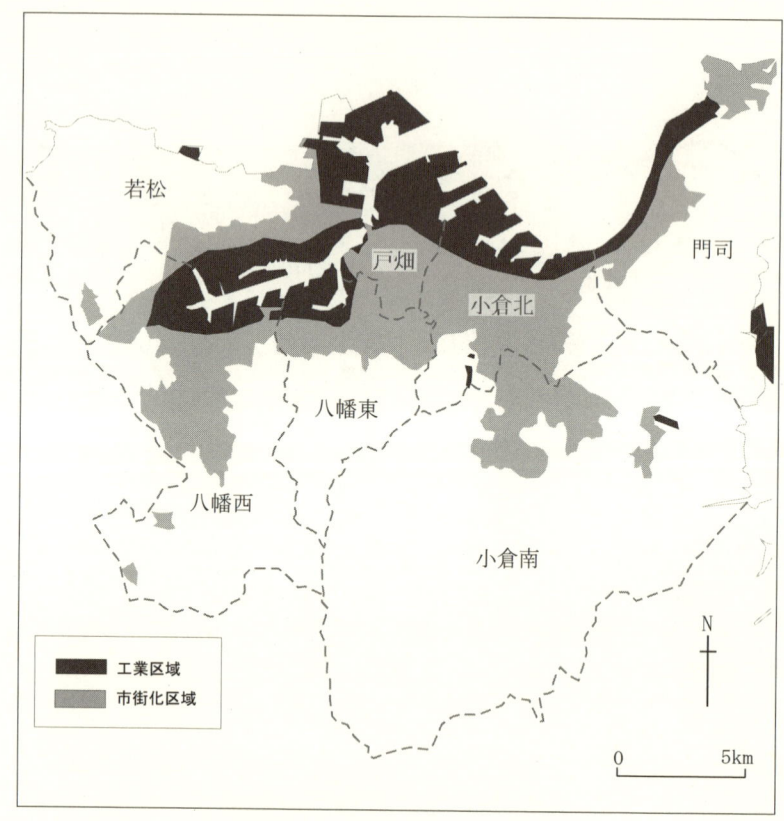

図3-14　1985年の市街化・工業区域
北九州市企画局企画課ほか（1989）をもとに作成．

区域の拡大からも見てとれよう．こうした都市内部での一極（あるいは二極）集中という実質的状況に対し，「多核都市」という政策理念は次第に限界が指摘されるようになっていった．

　そうしたなかで1987（昭和62）年初頭には製鉄所がさらなる合理化を発表し，製造業の低迷はさらに進むこととなった．そうした状況で市の政策方針の方向転換を掲げたのが，同年2月市長に就任した末吉興一氏であった．そこで末吉氏は長期的計画として「北九州市ルネッサンス構想」を策定し，「多核都市」から「均衡に配慮した集中型都市」への政策転換を明言した．以降北九

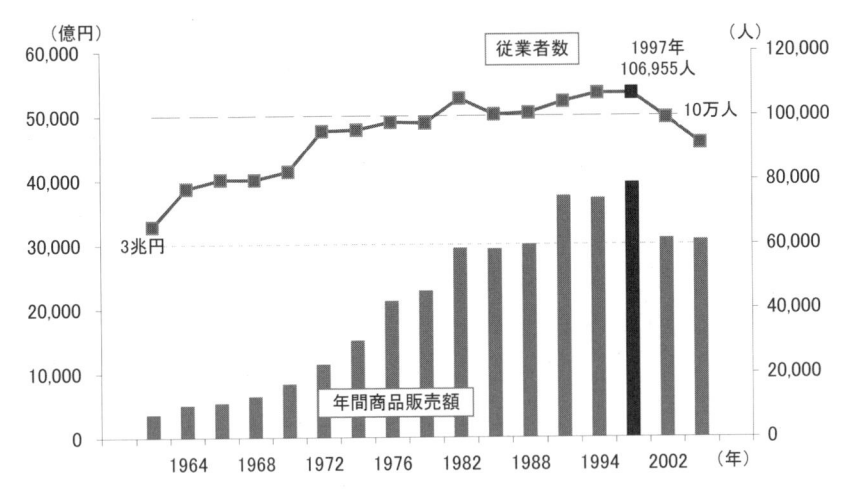

図 3-15　北九州市の商業（卸売・小売業）の変遷（1963-2007 年）
「北九州市長時系列統計」（商業）（北九州市ホームページ：http://www.city.kitakyushu.lg.jp/soumu/file_0348.html［2012 年 10 月 1 日最終閲覧］）より作成．

市行政は明確に小倉を都心，黒崎を副都心として位置づけ，集権化と重点的投資を行っていくようになった。「北九州市ルネッサンス構想」は第 1 次から第 3 次までの実施計画で具体化されたが，その第 3 次計画の途中まで（1989 年～2001 年度）の都心・副都心地域への公共投資額は 3,624 億円である。参考までに，この時期の北九州市普通会計における普通建設事業費を累計すると 1 兆 9,179 億円であり，したがって普通建設事業費の 2 割弱に匹敵する公共投資が都心・副都心地域におけるルネッサンス構想関連事業として重点投資されたことになる（北九州市企画政策室企画政策課 2003：217）。図 3-15 は北九州市全体の商業の変遷を示したものである。商品販売額および従業者数ともに合併以降着実に拡大してきたなか，1980 年代末から 1990 年代にかけてさらに販売額が 3 兆円，従業者数は 10 万人を超し，ピークである 1997（平成 9）年には販売額が 4 兆円近くにも達していたことを読み取れる。末吉市政の政策によって 2 地区の商業的発展が重点的に促進された結果としてとらえられよう。

　また，地域内の既存の疲弊産業の一新や転換が市主導により行われていくのが，谷市政期の 1979（昭和 54）年以降である。そして先の「北九州市ルネッ

サンス構想」の重要な柱の1つにも産業構造の転換があった。これまでの重厚長大産業中心の産業構造からの脱却が図られ，サービス産業のみならず既存産業の高度化（知識技術的側面の活用），中小企業支援，環境産業への参入などによる産業基盤の育成が図られた。北九州市企画政策室企画政策課（2003：230）では，このルネッサンス構想期間中に組立・加工，知識・情報・サービス産業を中心とした産業構造へと確実に転換しつつあるという評価がなされている。そしてこうした産業構造の転換のなかで，各地区の重厚長大産業の低迷により発生していた企業遊休地開発も進められた。

　このような形で，北九州市が成立して以後，各旧5市の重厚長大産業を核とする地域的まとまりが急速に失われる一方で，新たな商業的核の成立と発展によって北九州市域内の空間再編は着実に進んできた。とくに1980年代後半には，市行政の政策方針として北九州市という範域での集権化が実質に即した形で進められ，また既存産業の痕跡が再開発によって一新されるなどの転換が各地で行われるようになった。

　とくに八幡東区は，市の中核地域により強く依存する形で取り込まれた。そして1980年代以降には，おもに行政主導により既存産業からの脱却や転換が図られることになる。このように，八幡ひいては北九州地域の核として成立していた，かつ製鉄所を頂点とする空間構造となっていた八幡東部が，北九州市という新たに成立した地域のなかに，疲弊地域として取り込まれ，再編されていったことをとらえることができる。

　以上，本章においては製鉄産業を核として成立してきた八幡を中心とする北九州地域の，産業構造転換による変容を，空間的側面から詳しく描出した。そこではまず，1960年代までの八幡という地域における製鉄所を頂点とする階層的空間構造が明らかとなった。とくに八幡東部においては，製鉄所従業員内部の序列が製鉄所提供の住宅施設をとおして空間化され，さらに製鉄所の住宅施設をはじめとする福利厚生施設を核として地域全体が空間的に階層化されていた。いわば企業の福利厚生施設を通じた統制的空間が成立していた。しかし，1960年代末以降，製鉄所は古くから操業する八幡構区を合理化の対象と

し，生産規模を縮小していくようになり，そこから八幡を核とする都市構造や八幡東部の階層化された統制的空間も崩壊していった。一方，1963（昭和38）年に製鉄産業を核とする地域的連関により成立した北九州市は，その後の製鉄産業低迷によって衰退する八幡東区をはじめとする地域を，商業的発展を遂げる小倉区や八幡西区といった地域が補う状況をつくり出すこととなった。とくに製鉄所が大規模合理化を行い，生産をさらに縮小させていく1987（昭和62）年以降は，都市部の商業・サービス業も飛躍的に成長していくことから，この傾向がますます強くなっていった。こうして，製鉄産業の強い影響力のもと成立していた八幡を中心とする北九州地域は，きわめて大きな社会変容を経てきたのである。

　近代以降，国家内部の都市の多くは工業系企業によって形づくられ，統制されていった。ハーヴェイが指摘するように，住宅施設など労働者の馴化を生み出す生産以外（再生産）の空間管理を通じて社会統制がなされ，まとまりある地域社会が形成されてきた[28]。その後，産業資本の習熟・拡大期にはそれら社会統制は，一般市場の力にゆだねられていくとされるが[29]，とくに日本においては個別企業の直接的な管理が長きにわたって強力に作用し，地域社会全体の統制と密接に関わるものとなっていたという[30]。そしてこのような日本的特徴は，企業へのイデオロギー的忠誠で充塡された「企業城下町」的な空間を各地に創出するという状況を生み出していった。

　ところがその後，オイルショック後の産業構造の転換，そしてグローバル化による国内産業の空洞化により，重工業地域は衰退を余儀なくされ，大きな変化にさらされてきた。こうした状況のもと，その産業発展の歴史をシンボライズする「近代化遺産」は，地域においてどのように用いられていくであろうか。次章でそのことを明らかにする。

［注］
1) 各旧市の市制施行は，門司が1899（明治32）年，小倉が1900（明治33）年，若松が1914（大正3）年，八幡が1917（大正6）年，戸畑が1924（大正13）年である（北九州市企画局情報化推進部情報化推進課 2000：2）。
2) 戦時体制下に発足した，いわゆる半官半民の国策会社である日本製鐵株式会社は，

官営八幡製鐵所のほか，輪西製鐵株式会社，釜石鉱山株式会社，三菱製鐵株式会社，富士製鋼株式会社，九州製鋼株式会社，東洋製鐵株式会社などとの合同会社であった．1950（昭和25）年4月過度経済力集中排除法に基づき解体せられ，と同時に八幡製鐵株式会社，富士製鐵株式会社（室蘭，釜石，広畑の各製鉄所と川崎製鋼所），日鐵汽船株式会社，播磨耐火煉瓦株式会社が発足した．このうち鉄鋼メーカーの八幡製鐵株式会社と富士製鐵株式会社との再合併が果たされたのが1970（昭和45）年の新日本製鐵株式会社の発足である（新日本製鐵株式会社 2012『新日鉄ガイド2012』（新日鐵住金ホームページ：www.nssmc.com/ir/pdf/nscguide2012_j_all.pdf〔2012年10月1日最終閲覧〕））．当時，「この二社〔著者注：八幡製鐵株式会社と富士製鐵株式会社〕が合併すれば，〔著者注：鉄鋼業界における粗鋼生産量の〕シェアは三五.六％，資本金は，当時最高だった東京電力の一八七五億円を大きく上回る二二九三億円．そして売上高は，当時最高の三菱重工業のおよそ六〇〇〇億円を二〇〇〇億円上回る．しかも実際に合併する時には，日本初の一兆円を超えるのは確実と見られており，事実達成した．今でこそ一兆円企業は珍しくないが，当時はとてつもなく巨大な響きを持っていた．このころの国家予算は七兆円．国家予算の七分の一にあたった」とされる巨大合併であった（安川・中島 1995：226-227）．

3) ただし，北九州市企画政策室企画政策課（2003：10）は，とくに1980年代には全国的に大都市への人口集中が進む割に，北九州市は政令市のなかで唯一人口減少を続けた都市であったとして，衰退傾向の顕著さを指摘している．

4) 銑鋼一貫とは鉄鋼業において「鉱石を製錬して先ず銑鉄を造り，精錬して鋼塊とし，これから分塊圧延を行なって各種の鉄鋼製品を原料から一貫して造ること」を指す（『広辞苑』第3版 1988：1367）．製鉄会社とは，鋼板，鋼管，形鋼，棒鋼，亜鉛鉄板などの最終製品を作り出す企業のことであるが，一般に原料の鉄鉱石と石炭（コークス）から銑鉄を生成する高炉を備えている企業は銑鋼一貫メーカー，電気炉で購入屑鉄を溶解して製品を作り出す企業は電炉メーカー，スラブと呼ばれる半製品を購入し，最終製品に仕上げる企業は単圧メーカーと呼ばれる．なお，ここで触れた戸畑構区の臨海銑鋼一貫製鉄所は，「鉱石専用線の接岸岸壁横の大型高炉を頂点に，製鋼，分塊，ストリップ，製品岸壁までを整然と一直線にレイアウトし，生産工程全体のスムーズな物流を確保」しうる，「物流や管理機能の分野で，当時最新鋭の情報化技術を駆使して建設された」ものであった．そして「この基本パターンはその後，相次いで誕生した日本・海外鉄鋼各社の臨海新鋭製鉄所建設のモデルとなった」という（新日本製鐵株式会社 2001『Nippon Steel Monthly』vol.111）．

5) 新日本製鐵株式会社君津製鉄所パンフレット（2005年8月改定版），鉄鋼新聞サイト：http://www.japanmetaldaily.com/statistics/crudemateworks/details/〔2012年10月1日最終閲覧〕．

6）土屋（1974：48, 53）では「昭和10年頃」として，以上の各社従業員数を明示している．
7）八幡製鐵株式会社八幡製鐵所（1950），八幡商工会議所（1965）による．
8）土屋（1974：48）による．
9）この時にはすでに戸畑構区に主力が移り始める時期にあるが，それでも1971（昭和46）年時点で従業員数は八幡構区が約1万7千，戸畑構区が約1万2千であり，6：4の割合でいまだ八幡の比重が高かった（都留 1973：88）．また，社宅などの製鉄所が提供する住宅施設も八幡区を中心としていたことから，半数強は八幡区民であったとみることができる．
10）なお，黒崎窯業株式会社（現在の黒崎播磨株式会社）も戦後1956（昭和31）年に八幡製鐵株式会社の 資本参加による企業提携が成立した（黒崎播磨株式会社ホームページ：http://www.krosaki.co.jp/c2/c_2_3.html ［2012年10月1日最終閲覧］）
11）1955（昭和30）年に八幡駅は西に約1km移動して新たに開設された．
12）西本町付近の商店街は1945（昭和20）年の空襲で壊滅的な被害を受け，戦後祇園（前田）方面などの商店街へと吸収されていった（2012年7月聞き取り）．
13）斎藤（1989）は，八幡製鉄所内の1960年代までに見られた労働力編成のあり方を，「一方でわが国技術水準の最先端を進む熟練労働者によって担われているものの，他方ではわが国技術の最低水準の一部すら内包する…多くの単純肉体労働者群によって支えられてきた」として，明確な序列的編成となっていたことを指摘した．
14）1947（昭和27）年には「身分制」廃止で職種による区分のみとされたが，職夫の存在が職工・工員クラスの技術職と統合されたにすぎず，以後1960年代頃まで職員に相当する主務医務職，職工に相当する技術職，そして請負の日雇い人夫の3層構造が維持されていた．1970年代半ばにようやく慣習的に残存していた請負人夫が消滅し，いわゆるホワイト（職員・主務医務職）／ブルー（職工・技術職）カラーの2層構造となった．ちなみにこの2層構造が規則上最終的に解消されたのは，1997（平成9）年である（森 2005：19）．
15）ただし，採用の段階でそれぞれ職員には学歴，職工には体格における採用条件が設定されていたため，採用後の階層間の上昇移動は容易ではなかった．昇進システムは基本的に階層内の細かい序列間のものであり，とくに職工，職夫の場合，勤続年数や作業能力，熟練といった作業状況を根拠として序列化された．さらに大正末以降には，製鉄所が設置した教育機関での一定の知識・技術の習得も条件として組み込んでいった（森 2005：39-40, 46）．
16）初期には製鉄所が直備する直払職夫もあったが，1919（大正8）年に職夫を職夫供給人（業者）より必要に応じて出役させるものとして明確に定義づけ，直払職夫は臨時職工とした（森 2005：45）．
17）ただし指定職夫に対しては，職員，職工に設定される昇給がなく，代わりに共

済組合加入を可能とするなどの処置があった（森 2005：46）．

18) 「職工の住宅は，一九〇〇年の『職工官舎』から，〇七年に住宅の形態に応じた『職工長屋』へと変わっている．そして一九三二年に再び『職工官舎』に戻り，日鐵になって『職工社宅』になっている．」（時里 2006：190）

19) 八幡製鐵株式会社八幡製鐵所（1950）では，1950 年当時の社宅供給総戸数 5,383 戸のうち，槻田 1,013 戸，神田 170 戸，前田および平野 711 戸としており，これらの地区の職工住宅の供給量が相当な割合を占めていたことをうかがい知ることができる．

20) 内訳は家族用住宅が職員 374 戸，職工 1,974 戸，単独世帯用の合宿所・寄宿舎が職員 39，職工 786，職夫 450 戸である．なお，1933（昭和 8）年時点の単身住宅供給数は職員 37，職工 245，職夫 245 と 1923（大正 12）年時点より大きく減少している．ちなみに単身住宅施設は，職員が操業開始期の 1900（明治 33）年，職工が 1913（大正 2）年，そして職夫が 1921（大正 10）年に設けられた（時里 2006：190）．

21) 城戸（1989）は，1970〜1980 年代までの全国的な住宅開発や消費傾向とも関連させつつ，製鉄所従業員の福利厚生施設への積極的需要が大きく減退したことを指摘している．たとえば社宅に関しては郊外への公的機関の戸建住宅開発の促進が背景にあり，八幡区内での社宅需要が減少したこと，また社宅，購買会による，企業内の共同性を「しがらみ」ととらえる傾向が強くなること，によりその需要・消費嗜好が製鉄所提供サービスの外部へと向いていった．

22) 北九州市ホームページ：http://www.city.kitakyushu.lg.jp/ken-to/file_0267.html［2012 年 10 月 1 日最終閲覧］

23) 八幡東部地区においては，大栄大蔵店（1966 年），大栄祇園町店（1963 年），大栄春の町店（1962 年）が相次いで出店している（城戸 1989：23）．

24) 購買会業務の別会社への移行措置は 1965（昭和 40）年に決定していた．八幡製鐵ビルディング株式会社（1979：154）によれば，この決定は企業統合を見越し，不採算部門排除という方針から行われたものという．1970（昭和 45）年の八幡製鐵と富士製鐵の統合方針の正式発表は 1968（昭和 43）年 4 月であり（安川・中島 1995：216-224），さまざまな企業統合が模索されていたことによるものであろう．

25) 門司区は 1963（昭和 38）年に 15 万 6,195 人で 2010（平成 22）年現在は 10 万 4,469 人（1963 年人口の 66.8%），若松区は 1963（昭和 38）年に 10 万 5,901 人で 2010（平成 22）年現在は 8 万 5,167 人（1963 年人口の 80.4%）となっている．

26) 北九州市企画政策室企画政策課（2003：217）．

27) 北九州市企画政策室企画政策課（2003：217）．

28) それは資本の直接的管理や，あるいは国家政策，市場のメカニズムなど，多様な方面から直接・間接的な権力作用によって形成されていたことが明示された．

たとえば，資本主義的階級構造にそった都市空間編成は，資本主義的価値観の醸成や生活統制に有効に機能するものであるが，それは資本が労働者の福利として住宅施設を温情主義的に直接提供する形で編成されたり，また国家の住宅政策や住宅市場原理に基づいて間接的にその階級的編成が形成される．いずれにしろ資本は生産の現場のみならず，都市空間全体を統制するべく編成していった（ハーヴェイ 1991：149-163）

29) とくに産業資本確立期や大量生産様式が確立される時期においては，資本による直接的空間統制・創出が，コミュニティーや地域社会全体の統制とも結びつき，有効に作用するものであったが，こうした資本の直接的な空間創出は，労働者にとっての「敵」を明確化しやすく「闘争」へとつながる可能性が高いため，その後は国家政策や市場のメカニズムなど，間接的かつ不可視化される形で展開されていくこととなるという（ハーヴェイ 1996）．

30) これは，たとえば高度成長期の各先進国での福祉国家的政策と比して，日本ではその福祉のより多くの部分が個別企業内の福利厚生のなかに含みこまれているとの指摘から，とらえることのできる特徴である（渡辺 1996）．

第4章　産業施設の「近代化遺産」化
　　　　　－戦略と戦術－

　ここでは，写真4-1に示す北九州市八幡東区に現存する東田第一高炉（以下，東田高炉）の保存をめぐる問題を事例として取り上げる。高炉は，製鉄産業の基幹工程を担う最重要の生産設備である。なかでも「東田第一高炉」はよく知られた官営八幡製鐵所の操業開始を担った高炉でもある。当該高炉は，1989（平成元）年に発覚した所有者の新日鉄の取り壊し方針に対し，地域住民をはじめとする人々の反対があり，5年に及ぶ存廃論議を経て1994（平成6）年に保存が決定された。その後保存整備がなされ，1999（平成11）年に一般公開となり，現在に至っている[1]。本章では，この東田高炉の「近代化遺産」化の動きについて，戦術／戦略という枠組みのもとでとらえていくこととする。

　以下第1節では，東田高炉存廃問題を概略する。第2節では地域において保存が強く訴えられた高炉にはどのような価値が見出されていたのかを，存廃論議中に語られた主張から明らかにする。続く第3節では，そうした地域で訴えられた高炉の価値とは別に，高炉が日本という国家共同体のシンボルとして構築されていく戦略的様相をとらえる。そして第4節では，保存後の高炉への価値づけについて触れ，まとめる。

写真4-1　現在の東田第一高炉（2010年8月撮影）

表 4-1　東田第一高炉存廃問題の経緯

年	月	分類[1]	関連団体[2]	出来事[2]
1989	9		新日鐵*	高炉解体方針発覚
	10	L	市教委*	文化庁による近代期の文化財調査開始を発表
	10	L	北九州市, 新日鐵八幡*	トップ会談「保存の方向で協議」
	10	O	文化財を守る会*→北九州市	保存の陳情書提出
	10	L	北九州市文化財保護審議会	現地視察「保存へ向けて努力」
	11	O	彫刻家フィリップ・キング→市長	保存要望書簡送付
	11	O	文化財を守る会→新日鐵八幡	保存の陳情書提出
	11	L	文化庁	調査結果「サビで修復不可能」
	11	L	北九州市文化財保護審議会	審議会開催「保存すべきで一致」
	12	O	産業考古学会, 日本産業技術史学会→新日鐵八幡	連盟で要望書提出
1990	1	L	北九州市, 新日鐵八幡	トップ会談「保存の方向で意見一致」
	1	L	九州工業大学教授	現地実態調査実施
	2	L	九州工業大学教授	総合所見提出「腐食がひどく, 保存は極めて困難」
	3	O	産業考古学会→北九州市	保存要望書提出
	3	O	日本科学史学会→北九州市	保存要望書提出
	3	O	日本産業技術史学会→北九州市	保存要望書提出
	3	L	北九州市文化財保護審議会	審議会開催「保存困難でも保存の方向を模索」
	4	O	北九州市, 市教委, 青年会議所*	シンポジウム開催
	5	O	産業考古学会→北九州市	保存要望書提出
	7	L	北九州市→文化庁	保存措置を要望
	12	L	北九州市→文化庁	保存措置を要望
1991	5	L	福岡県	「近代化遺産総合緊急調査」を開始
	5	O	産業考古学会	第15回総会で, 保存要望決議を採択
	8	L	北九州市→文化庁	保存措置を要望
	8	O	文化財を守る会, 市教委, 青年会議所	シンポジウム開催
	8	O	北九州青年会議所	東田高炉を考える懇談会発足, 第一回懇談会開催
	8	O	西日本新聞北九州支社	特集「東田高炉への思い」開始
	11	O	西日本新聞北九州支社	座談会開催
	11	O	市教委, 青年会議所	第2回東田高炉を考える懇談会開催

第4章　産業施設の「近代化遺産」化　103

1992	1	O	たたら研究会→北九州市，新日鐵，新日鐵八幡	保存要望書提出
	2	O	市教委，北九州青年会議所	第3回東田高炉を考える懇談会開催
	4	L	新日鐵→市	解体を行いたい旨の申入れ
	7	L	北九州市→文化庁	保存措置を要望
	8	L	北九州市→新日鐵八幡	地域文化財保全事業を活用しての保存を提案
	9	L	北九州市議会	八幡区出身議員，議会で高炉保存を議題に
1993	3	L	北九州市，新日鐵八幡	今後の検討課題について協議
	6	L	北九州市→新日鐵八幡	保存の提案を提出
	11	L	新日鐵→市長	正式に解体を行いたい旨の申入れ
	12	O	産業考古学会→北九州市，新日鐵	保存要望書提出
	12	L	北九州市，新日鐵	トップ会談「調査委員会設置，答申を踏まえて結論を出す」
1994	2	L	北九州市	東田第一高炉今後委*設置
	6	L	北九州市	東田第一高炉今後委「保存すべき」と答申
	11	L	北九州市，新日鐵	高炉施設の管理移譲合意
	12	O	北九州青年会議所	第4回東田高炉を考える懇談会開催
	12	O	やはた国際村，八幡21世紀の会	「1901」保存記念講演会開催
1995	2	L	北九州市，北九州都市協会	東田第一高炉保存調査委員会発足
	5	O	産業考古学会→文化財を守る会，八幡21世紀の会	産業考古学会から功労者表彰
	7	L	北九州市，北九州都市協会	東田第一高炉保存調査委員会，基本計画を答申
1996	3	L	北九州市	東田第一高炉跡を市の史跡に指定
		L	新日鐵八幡→北九州市	東田第一高炉本体を寄付
1999	7	O	市教委	一般公開

注：1）L：メンバーが限定された場，O：自由に行われた活動
　　2）＊の部分は略称．正式名称は次のとおり．新日鐵：新日本製鐵株式会社，市教委：北九州市教育委員会，新日鐵八幡：新日本製鐵株式会社八幡製鉄所，文化財を守る会：北九州市の文化財を守る会，青年会議所：北九州青年会議所，東田第一高炉今後委：東田第一高炉の今後のあり方に関する調査委員会．
北九州市ほか（1994），『北九州市の文化財を守る会会報』1991.8（号外），北九州市教育委員会資料，インタビュー調査をもとに作成．

第1節　東田第一高炉存廃問題の概要

　第3章でとらえたとおり，八幡製鉄所では1960年代末以降合理化が進んだ。1972（昭和47）年にこの第一高炉をはじめとする東田区域[2]，1978（昭和53）年には洞岡区域の高炉群がそれぞれ全面稼動停止となり，八幡構区から高炉の火が消えた。さらに1987（昭和62）年の合理化では戸畑構区もその対象となり，八幡製鉄所全体で戸畑第四高炉1基のみの稼動体制となった（図3-2参照）。こうした時代状況を背景として，1989（平成元）年に東田高炉の存廃問題は起きた。

1. 経　緯

　東田高炉存廃問題は，当時所有者であった新日鐵の取り壊し方針に対し，おもに市，学界関係者，市民団体，芸術家，新日鐵OB，住民らが反対していく形で展開されていった。表4-1がその詳細である。まず1989（平成元）年に新日鐵が高炉を取り壊す方針であることが表面化した。以後1992（平成4）年前半まで，団体や学会による保存要請，シンポジウム開催や新聞上での特集企画など，多くの人々が関与しつつ，高炉保存に向けての活動が行われた。そうした動きと並行して，市は新日鐵あるいは文化庁と交渉を行っていた。これは，新日鐵の遊休地開発や補助金と密接に関わる文化財指定の問題など，市の都市計画や財政が大きく絡んでいたことによる。北九州市は1992（平成4）年半ばには高炉を文化財とし，国から補助金を得て保存する具体的見通しをつけていた。その後1993（平成5）年12月，新日鐵は市と共同で学識経験者らに高炉保存の是非に関する調査を依頼し，その決定に従うこととした。これにより設置されたのが「東田第一高炉の今後のあり方に関する調査委員会」である。そしてその委員会が1994（平成6）年6月に出した「保存すべき」との結論に基づき，1994（平成6）年11月に新日鐵から市へ東田高炉の管理移譲が成立し，保存が決定した。その後1995（平成7）年2月に結成された「東田第一高炉保存調査委員会」で具体的な保存計画が検討され，同年12月に報告書が出された。そして1996（平成8）年3月，市の史跡として指定され，地域文化財保全事業

として旧自治省より75%の補助金を得て整備され[3]，1999（平成11）年に公開された。

2. 存廃論議の内容

表4-2は「東田第一高炉」の詳細である。当該高炉は，1901（明治34）年以降，技術の発展とともに10回（第1次－第10次）の改修を経ており，とくに1962（昭和37）年の最後の改修で大幅に拡張された。表から，この1962（昭和37）年時点で高さ，内容積ともに倍以上になったことがわかる。いわば，現存の東田第一高炉はこの時にほぼ新設されたものととらえられる。すなわち，先に「東田第一高炉」が官営製鐵所の操業開始を担ったとしたが，正確には「東田第一高炉」と名づけられた高炉が操業開始を担った，ということになる。高炉はその後1972（昭和47）年に稼動停止し，翌1973（昭和48）年，新日鐵によって周辺も含め整備され，記念広場として一般住民に開放された。そしてこの時，当時の新日鐵八幡製鐵所の所長が，最初の「東田第一高炉」が稼動し製鉄所が操業をスタートさせた年ということで，高炉に「1901」というプレートをかかげた。

東田高炉には以上のような形で過去の時間が複数刻み込まれていることから，その保存をめぐる議論では高炉の歴史性に焦点が集まることとなった。新日鐵は，高炉はほぼ1962（昭和37）年製造のものであり，歴史の浅さゆえ保存

表4-2 「東田第一高炉」の変遷

年	おもな変化 改修次（－吹き卸年）	内容積 (m³)	高さ (m)
1901	第1次（-1902）	493.9	30
1906	第2次	479.8	〃
	第3次（-1910）	479.8	〃
1910	第4次（-1915）	440.0	
1916	第5次（-1918）	〃	〃
1919	第6次（-1923）	〃	〃
1924	第7次（-1930）	〃	〃
1933	第8次（-1940）	468.6	〃
1940	第9-1次（-1945）	455.6	
1949	第9-2次（-1951）	〃	〃
1951	第9-3次（-1952）	〃	〃
1962	第10次（-1972）	892.0	70
1972	稼動停止		
1973	東田高炉記念広場開設		
1987	国際鉄鋼彫刻シンポジウム開催		
1989	取り壊し方針発覚		
1994	市の管理による保存決定		
1996	市の史跡指定		
1999	整備後一般公開		

北九州市ほか（1994），新日本製鐵㈱2004『新日鉄ガイド2004』，北九州市産業史・公害対策史・土木史編集委員会産業史部会（1998）より作成。

する価値はないとした。さらに，多くの人々が保存すべきと声を上げているのは，「1901」というプレートによって，建造物の歴史性を誤解しているからであると説明した。しかし，このように高炉の建造物としての歴史性を否定する新日鐵に対して，多くの人々が高炉をめぐる過去を積極的に語り，またその大部分がそうした過去を投影しうる高炉を保存すべきであると主張した。

第2節　企業の空間再編と住民の戦術的実践

　高炉保存が決定にいたるまでの一連の流れを見ると（表4-1参照），高炉の保存をめぐる動きは，1つは住民らをはじめとするさまざまな意見申し立て，いま1つは市や新日鐵，文化庁，学識経験者らの間で進められた交渉や話し合いと，2つに分離した形で展開したとみることができる。おもに住民らが積極的に動いていたのは1992（平成4）年前半までであり，その後高炉保存の具体的決定については，市と新日鐵，あるいは参加者の限定された交渉や話し合いで決定されていく形となった。

1. 住民にとっての高炉の意義

　まずここで，その前半で動いていた住民らは，どのような動機や意義づけのもと，高炉の保存を訴えたのかをとらえる。分析の対象としたのは，西日本新聞で「東田高炉への思い」という題で特集された記事である。のべ45名分の高炉存廃をめぐる意見が掲載され[4]，1991（平成3）年8月から同年11月まで連載された。ちょうど地元で2回目となる高炉保存を訴えるシンポジウムが開催され，同時に地元有力者も含む住民らで構成される「東田高炉を考える懇談会」が発足した直後の時期である。いわば，高炉の取り壊しに対しての反発が最も活発化していた時期のまとまった高炉存廃論議として位置づけることのできるものである。

1.1　さまざまな時代軸

　高炉保存を訴える主張には，1901（明治34）年時点のみならず，さまざま

な時期の事柄が反映されていた。表4-3（1）がその詳細である。以下，時期ごとにその主張の特徴を検討する。

A. 19世紀末～戦後

官営製鐵所の設置期から日本製鐵株式会社を経て戦後に至るまでの時期のことを指す，もしくは示唆しているものは，①，②のように，鉄都の繁栄や北九州固有の歴史といった形でより一般的かつ肯定的にとらえようとするものと，③，④，⑤のように地域住民の犠牲が強調されるものがある。後者については製鉄所設置期の用地買収および製鉄所拡張に伴う洞海湾の埋め立てにおいて，農民や漁民が犠牲となってきたことを示している。

B. 1950～1960年代

戦後，八幡製鐵株式会社となってから，生産量の飛躍的拡大とともに最大となる時期のことを主張する。その場合，⑥，⑦のように活況を呈していたとして，あるいは郷愁の対象という形で語っているものが多い。また，⑧のように，公害がひどかったことについての語りも見られた。

C. 1970年代以降

1970（昭和45）年の合併により新日鐵となってから以降のことは，活況がなくなっていく状況や新日鐵による地域軽視のことなどが語られている。ここでは否定的あるいは新日鐵に対し批判的な意見が多いことが特徴である。地域を「ないがしろ」にする，あるいは地域への「間借り意識」といった言葉で，新日鐵の現在までの方針を批判している。地元出身の水野 勲氏の所長引退（1979年）はそこに拍車をかけるものとし（⑫），スペースワールドが地元への利益をもたらさない点についても関連づけられる（⑩）。また高炉保存に消極的な新日鐵の姿勢そのものも，地域を軽視するものであるとの批判がなされていた（⑩，⑪，⑫）。

D. 1980年代後半

1980年代後半のこともいくつか語られていた。⑬の語った国際鉄鋼彫刻シンポジウムや⑭の挙げるコンサートなど，地域において行われたイベントである。どちらも住民主体の新しい試みであり，ちょうど1987（昭和62）年の製鉄所の大規模合理化の時期に地域で取り組まれたものであった。

表 4-3（1）　特集「東田高炉への思い」における主張：さまざまな時代軸

上段データ：（語り時の）主張者の性別／居住地／年齢／職業

時代	主　張
A	①男性／北九州市小倉北区／41／博物館副館長 官営八幡製鉄所が明治時代の近代日本の礎だったことは，義務教育でだれもが学習すること．固有の記憶は八幡にとっても，北九州にとっても欠かすことはできない．
	②男性／北九州市八幡東区／不明／住職 龍潜寺（八幡東区祇園原町）の境内の一角に…ドイツ人技師の墓があります．墓石には「明治三十四年来日．官営八幡製鉄所の建設，操業の指導をし二年後，帰国の夢かなわず八幡の地で亡くなった」との碑文が彫られています．…墓石の前に立つと，鉄都繁栄の礎を築いた人々の夢と苦悩の入り交じった息遣いが聞こえるようで，心を打たれます．
	③男性／北九州市若松区／69／図書館長・郷土史家 八幡製鉄所建設のため，八幡村の農民は二十万坪の土地を一坪五十銭という格安で売った．それも「お国のため，県の発展のため」という半ば "恫喝（どうかつ）" だったという．
	④女性／北九州市八幡東区／39／放送ナレーター 寒村だった八幡が日本を代表する「鉄の都」になったのは，芳賀種義[1]をはじめとする当時の村民たちの犠牲があったからだということはだれにも否定できないはずです．
	⑤男性／北九州市八幡東区（勤）／42／大学教授 第一次大戦後，内務省の指示で製鉄所は拡張を重ねている．…洞海湾をどんどん埋め立てていって，大正時代には漁民に漁業権を放棄させた悲しい歴史もある．
B	⑥男性／北九州市八幡西区／65／コンサルティング会社社長 私は…昭和三十一年に黒崎に出て来ました．そのころは，事務所から見上げる空には工場の煙突群から煙がもくもくと上っていました．あの「七色の虹（にじ）」を思い浮かべる度に，私には東田第一高炉が八幡の戦後の復興のシンボルに思えます．
	⑦男性／北九州市小倉北区／44／画家 父が製鉄マンで，八幡駅近くの平野町にある製鉄の社宅に住んでいた．小学校のスケッチ大会では煙をもくもく上げる煙突と，そばにそびえる東田第一高炉を，描いていた記憶がある．…製鉄はまさに日常生活の一部だった．
	⑧男性／北九州市八幡西区／45／有限会社社長 「1901」のプレートをつけて今もそびえ立つ東田第一高炉は，幼いころから工場の煙突軍に囲まれ，ばい煙だらけの空気を吸って育った土地の者にとって，企業城下町の "天守閣" そのものの存在としか映りません．
C	⑨男性／北九州市小倉北区／44／画家 しかし，一九七〇（昭和四十五）年の富士製鉄との合併で「新日鐵」と名称が変わり，君津へ従業員の大移動がその後も続いた．社宅でも空き部屋が目立つようになって仲の良かった友達とも離れ離れになった．
	⑩男性／北九州市八幡東区／50／画廊経営 新日鉄は合併以来，地元をないがしろにしてきた感がある．…スペースワールド[2]にしてもそうだ．…地元から完全に遊離している．…新日鉄の中で八幡の位置づけは年々低下し「1901」などの歴史的構造物までも壊されようとしている．こうした動きは，鉄とともに歩んできた八幡の歴史を奪い去るのと同じだ．

C	⑪男性／北九州市八幡東区／66／古民芸品店経営 八幡製鉄所から新日鉄になり，鉄冷えが言われて，鉄の街もかなり様相が変わりましたが，かといってそのシンボルをないがしろにしていいものでしょうか．
	⑫男性／北九州市／51／販売会社社長 しかし，水野[3]さんが引退され，製鉄所サイドに市民と一体となる姿勢が希薄になった印象を受けるのは私だけではあるまい．東田高炉を残す，残さないといったこんな議論が出ること自体が，そのなによりの証拠ではあるまいか．地域への"間借り意識"を捨てて，市民との一体感にあふれたあの「水野精神」を思い起こしてほしいと願わずにいられない．
D	⑬男性／宗像市／64／会社社長 シンポ[4]の最終日の風景は今も忘れられない．広場でロックコンサートがあったが，薄暮に浮かび上がった東田高炉のシルエットの素晴らしさ．年寄りにロックはちょっと…と思っていたが，男らしい鉄の構造物とたけだけしい音楽とがよくマッチして，雰囲気を盛り上げていた．
	⑭男性／北九州市八幡東区／不明／住職 この数年，市の活性化へ向けた動きも活発で，北青会[5]も呼応するようにコンサートや「アジア・キッチンフォーラム」などに携わりました．

注：1) 官営八幡製鉄所設置時の八幡村村長．
　　2) 表3-1 注2) 参照．
　　3) 1972～1979年まで八幡製鐵所所長を務めた人物．
　　4) 1987年に東田高炉記念広場で行われた国際鉄鋼彫刻シンポジウム．地元の若手芸術家の発案から開催された．
　　5) 北九州青年経営者会議．1961年設立．市内の20～40歳の経営者で構成され，おもに地域活性化を目的として活動を行っている．

　以上のように，非常に広い時代幅で，しかも多様な過去が語られていた．注目すべきは，高炉が稼動し活況を呈していた繁栄の過去のみならず，製鉄所による搾取，公害や活況のなくなってしまった地域の状況といった，いわば「負の記憶」ともいえる過去や，1980年代後半の地域の文化的取り組みなど，非常に近い過去の事象が語られていることである．こうした過去を語ることによって高炉保存を訴えるというのは，どういうことを意味しているのか．以下でもう少し掘り下げて考えたい．

1.2　製鉄所と過去に対する批判的見方

　まず，否定的あるいは批判的に語られるものには，ある対立的な見方が根底にあることを指摘できる．それは製鉄所の活動対地域社会であり，前者を地域

表 4-3（2） 特集「東田高炉への思い」における主張：過去の否定

上段データ：（語り時の）主張者の性別／居住地／年齢／職業

主 張
⑮男性／北九州市小倉北区／41／博物館副館長 長い間「産業都市」「生産都市」として栄えた北九州には，経済最優先の考え方がすっかり浸透しているようだ．言い過ぎかもしれないが「お金にならないものは不要」とする悲しい風潮すら残っている．…一見，無用とも思える「1901」だが，「鉄の町」のシンボルとして残すことが"文化の砂漠"の汚名を返上するきっかけになるのではないか．
⑯男性／北九州市小倉南区／45／行政関係者 北九州市はこれまで，猛煙を吐き，モノをつくるだけで，住む人のことなど考えていなかった．生存のための手段である工業生産では優れた半面，生存の目的に関しては非常に遅れていた．
⑰男性／北九州市八幡西区／37／印刷会社社長 なぜコンサートにこだわるかというと，北九州を文化の薫る街にしたい一心からです．北九州市にはタレント，アーチストの来演が少ない．それはステージが成功しないからで，…市民にお金を出してまで見に行く，聞きに行く習慣がないからです．こうした風潮は，実は新日鉄八幡製鐵所など北九州市の大企業が長い間につくり上げたと言っても，言い過ぎではないと思います．…福利厚生面に恵まれていて，チケットなどは企業が買い与える．チケットの購入をお願いに行っても「買えば損，どうせ会社が一括して買ってくれるから」という返事が平気で戻ってくるのですから．

社会と相いれないものとして否定する．これはAの近代国家形成期の製鉄所設置・拡張における住民らの犠牲，そしてBの経済成長期の活況のもとでの公害の負荷，さらにCの新日鐵発足以降の地域社会の軽視として，それぞれ見たものである．このようにさまざまな歴史的事象に，製鉄所の活動対地域社会という構図が反映されている．

そして，この対立的見方は，地域におけるこれまで（過去）と未来という時間軸にも適用されている．製鉄所の活動が最優先された，これまでの地域社会は，「文化」や「生存」という人間的側面で非常に遅れていたものとして否定的にとらえられている．表4-3（2）で見ると，⑮，⑯は企業の経済・生産活動に特化していたことを，⑰は大企業の過剰な福利厚生の慣習を，地域住民の文化活動の可能性を狭めてきたものとして批判している．

1.3 時代変革のシンボルとしての高炉

では，こうした製鉄所や地域の過去への否定と高炉の保存とはどうリンクす

表4-3(3) 特集「東田高炉への思い」における主張:「文化」と地域
上段データ:(語り時の)主張者の性別／居住地／年齢／職業

主　張
⑱男性／遠賀郡／47／彫刻家 東田高炉を残さないと北九州の文化は残せない．…素材としての鉄は世の中からなくなることはないが，北九州から鉄の工場はなくなるかもしれない．しかし文化が残れば，工場はなくなっても，残った文化は常に新しいものを生み出し続けるもので，また町は栄えることができる．
⑲男性／北九州市小倉北区／42／都市計画プランナー 企業の論理の前には，住民の意識など簡単に切り捨てられがちだ．ただそうなったら，文化も何もなくなる．
⑳男性／北九州市八幡東区／50／画廊経営 地域が一体となった取り組みが必要だろう．スペースワールドを見て思うのは，科学で人を呼ぶには限界がある，ということ．多くの人を集めるには文化の薫りが必要だ．「1901」にはその薫りがある．

るのか。それは地域における時代変革のシンボルとしての存在意義を持っていたことにある。つまり，製鉄所に依存することのない，主体的・自立的な地域社会への変容を可能にするための拠り所であり，住民が生きてきた時間とこれからの生きていかなければならない時間とをつなぐ，要としての価値を付与されたのである。たとえば表4-3(3)の⑱は，「工場はなくなっても，残った文化は常に新しいものを生み出し続ける」とし，「文化」の象徴を高炉に見ている。また，高炉を残さないと「文化」は残せないと言っており，高炉と「文化」，そして地域の自立が密接にリンクしていたことが指摘できる。これは表4-3(3)の⑲，⑳からも同様のことがいえる。これが，1980年代後半の住民の文化的取り組みが高炉保存の主張に含みこまれていたことと関連する。すなわち，近過去の事象である国際鉄鋼彫刻シンポジウム（表4-3(1)注4)参照）などの地域的取り組みは，住民による主体的動きによってなされたものであり，今後地域社会の自立にとって必要なものであった。

第3章で見たように，当時は1987（昭和62）年の新日鐵の大規模合理化により，製鉄所の地域支配の崩壊と地域の自立が促された時期であった。これまでを郷愁をもってとらえるにしろ，否定的にとらえるにしろ，未来へ向けての変革の意志が地域社会に強くあったと見ることができる。すなわち，住

民は当初，新日鐵の地域切り捨てに対する反発のもと，地域の新日鐵依存からの脱却を目指して，高炉を地域変革のシンボルとして保存したいと考える傾向が強かった。ここには，企業側の産業空洞化に際しての空間再編・創出に対する抵抗性を見てとることができる。存廃問題が表面化した当時，ちょうど文化庁が「産業・交通・土木に関する構築物」の概念化とその保護に乗り出し始めた頃であり，住民はそうした歴史・文化的意義を後ろ盾とした保存の主張により，企業が簡単には取り壊しをなしえない状況を作り出した。次節で詳細に検討するが，高炉保存は新日鐵の遊休地開発と市の財政が深く関わっていたため，結局は専門家の判断とともに市と新日鐵との交渉に委ねられる形となっていく。ただし，新日鐵の強固な取り壊し方針に対し，その決行を足踏みさせ，また市行政の粘り強い保存交渉を引き出したのは，こうした住民達の反対を主張する動きによるところが大きかった。「近代化遺産」は，産業構造の転換や生産拠点の海外移転化などを背景として企業が新たに創り出す空間に対し，持たざる住民らが戦術的になしうる実践であったのである。

2. 地域変化と高炉保存

　日本でも有数の，かつそれまで地域社会を支配してきた大企業の方針に対し，住民らの動きが影響力ある結果につながったのは，前章でとらえた八幡から北九州への地域変化のただ中にあったことを背景としていた。本項では，その地域変化のなかでなされた高炉保存の動きを描出する。

　表4-4は存廃問題に関わった人々の地域属性や活動の詳細を示している。ここでの地域属性とは居住地と勤務地とを含めたものとしてとらえた。

　まず最も高炉に関わりが深く，変革の必要に迫られた地域でもある八幡東区の人々の関わりに注目してみる。表から，住民としての立場にあり，地域属性が八幡東区である人々（表中No.21〜29）の活動は主として新聞での意見投稿にあり，その他話し合いや講演会開催などに関わっているのはNo.21のA氏1人だけであることがわかる。他の地元住民らのうち，No.22，23，24，26，29の人物はほかにもまちづくり関連のシンポジウムでのコメント，地元の話し合いでの発言など，いくつか保存を支持する方向での活動も行っていたが，

それぞれ個別に活動し，連携はそれほどとっていなかったという。そのことは，当時の新聞報道で「地元の盛り上がりに欠ける」といった指摘，あるいは著者がインタビューを行った際の関係者の「地元からはなかなか声が上がらなかった」あるいは「地元からは声が上げられなかった」といった語りなどから，これらの高炉保存への動きが八幡東区を中心とする「地元」のまとまりを中心とするものではなかったことがとらえられる。

　ただし，高炉保存に向けて実質的な影響力をもったといわれるのが，八幡東区在住のA氏であった。高炉保存は市の財源を頼みとする側面をもつ新日鐵の遊休地開発が絡んでいたことにより，交渉する立場にある北九州市行政が保存方針を貫きうるか否かに大きくかかっていた。その市側で高炉保存を主導した当時の末吉興一市長は，A氏らによる働きかけが大きかったことを語った。また，著者がインタビューを行った多くの関係者は，A氏について「高炉保存の一番の功労者」と表現した。具体的に，A氏は住民らに大きなインパクトを与えた2度のシンポジウム開催，および影響力のある地元有力者を含む多数の主体を参画させ，市の高炉保存方針に影響を与えたといわれる「東田高炉を考える懇談会」の設立に大きく関わった。ほかにも高炉取り壊し方針発覚直後の1989（平成元）年10月から市が地域文化財保全事業での高炉保存整備の見通しをつける1992（平成4）年9月にかけて，新日鐵幹部OB，市行政などとの非公式なやりとり，マスコミ，市議会議員への働きかけなども頻繁に行った。いわば高炉存廃問題が市と新日鐵，専門家による実質的交渉や話し合いに移行する直前まで，さまざまな情報入手とあらゆる方向への働きかけなどを水面下で行い，高炉保存の足固めを進めた人物と位置づけることができる。

　A氏は，八幡東区の春の町でホテルを経営する人物である。もともとはA氏の祖父が1914（大正3）年に料亭を開業し，当時は同区内の中央町付近にあった。当時から，その界隈では1，2位を争うとされ，製鉄所幹部関係者などが出入りする料亭であった（八幡商工会議所1965：437）。A氏の父が1941（昭和16）年に旅館業を創始し，1946（昭和21）年に現在の場所に移転して，A氏が1973（昭和48）年に株式会社化した。ちょうどこの頃から製鉄所八幡構区の合理化が進むことは，1972（昭和47）年に東田の高炉群，1978（昭和53）

表4-4 東田高炉存廃問題に関わった人々の地域属性と活動

No	立場	*1	職業、役職など	その他組織役職など	生年(当時の年齢)	居住地	勤務先	直接交渉 新日鐵	直接交渉 行政	話合の場 *2	話合の場 *3	話合の場 *4	話合の場 *5	執筆啓蒙活動 講演会	執筆啓蒙活動 新聞	執筆啓蒙活動 その他
1	新日鐵		社長													
2	新日鐵		社長													
3	新日鐵		部長				戸畑区									
4	新日鐵		部長				戸畑区				●				●	●
5	新日鐵		室長				戸畑区				●				●	
6	新日鐵				(53)	八幡西区	戸畑区									
7	新日鐵		元取締役		(86)	東京都									●	●
8	新日鐵OB	○	常任顧問	国際研修組織理事長	1914	八幡東区	戸畑・八幡東							●	●	
9	新日鐵OB	○		OB会副理事長	1919	八幡西区										
10	新日鐵OB			会社会長	1920											
11	新日鐵OB															
12	行政		市長		1934	八幡東区	小倉北区	●	●							
13	行政	○	企画課長→助役		1934	小倉	小倉北区	●								
14	行政		企画局長				小倉北区									
15	行政		八幡東区長				小倉北区					●				
16	行政		教育長				小倉北区					●				
17	行政		教育長				小倉北区		●		●	●		●	●	●
18	行政	○	教育委員会課長→部長		1946	福岡県	小倉北区									
19	行政		通産省民間アドバイザー	経済活動組織事務局次長	1951	小倉南区	小倉北区		●		●			◎	●	●
20	市議会	○	市議会議員			八幡東区	小倉北区							◎		
21	住民(A氏)	○	ホテル経営	美術関連組織実行委員長	1943	八幡東区	八幡東区									
22	住民	○	元区長	まちづくり組織会長・PTA会長		八幡東区	八幡東区								●	
23	住民	○	寺住職	経済活動組織会長	1953	宗像市	八幡東区								●	
24	住民		ビル経営	まちづくり組織副会長	1927	八幡東区	八幡東区								●	

25	住民		喫茶店経営	商店街協同組合副理事長	(48)	八幡東区
26	住民	○	放送ナレーター・美術館ボランティア		1952	八幡東区
27	住民		画廊経営		(50)	八幡東区
28	住民	○	古民芸品店経営		(66)	八幡東区
29	住民		酒屋経営		1943	八幡東区
30	住民		金融機関理事長	国際研修組織理事長	(65)	北九州市
31	住民		会社経営	研究所理事長	(65)	八幡西区
32	住民		経営コンサルタント	研究所専務理事	(51)	小倉北区
33	住民		会社経営	元経済活動組織理事長（入所は1980〜）	(39)	小倉北区
34	住民		会社経営	経済活動組織専務	1951	北九州市
35	住民	○	元金融機関理事長	元区長	(54)	八幡西区
36	住民		会社経営	まちづくり組織会長		
37	住民	○	会社経営	経済活動組織副会長	(53)	小倉北区
38	住民		商店経営	まちづくり組織幹事・まちづくり組織統括団体企画委員長	(42)	小倉北区
39	住民		事務所経営	まちづくり組織事務局長	(45)	八幡西区
40	住民		会社経営	まちづくり組織会長	(69)	若松区
41	住民			まちづくり組織統括団体常務理事	(64)	行橋市
42	住民		図書館長・郷土史研究家	文化団体会長・地元経済団体会頭	(41)	門司区
43	住民		博物館副館長	文化組織代表		小倉北区
44	住民		博物館副館長	文化組織会長	(49)	中間市
45	住民			市民組織委員	1947	小倉北区

No	立場	*1	職業、役職など	その他組織役職など	生年(当時の年齢)	居住地	勤務先	直接交渉 新日鐵	直接交渉 行政	話合の場 *2	話合の場 *3	話合の場 *4	話合の場 *5	執筆啓蒙活動 講演会	執筆啓蒙活動 新聞	執筆啓蒙活動 その他
51	専門家		研究所所長				埼玉県							●		
52	専門家		研究所元教授				小倉南区			●					●	
53	専門家・新日鐵OB	○	元部長	元行政職員 国際交流組織副理事長	1913	北九州市				●				●		●
54	専門家		大学名誉教授		1925	東京都	東京都								●	
55	専門家		大学教授		(46)		小倉南区			●					●	
56	専門家		大学教授		(42)		八幡東区			●					●	
57	専門家		大学教授				小倉南区			●						
58	専門家		大学助教授							●						
59	専門家		大学教授				八幡東区			●						
60	専門家		研究員							●						
61	専門家		大学教授									●				
62	専門家		大学教授				東京都				●					
63	専門家		大学名誉教授				東京都				●	●				
64	専門家		研究所元教授				東京都				●		●			
65	専門家		大学教授				東京都				●	●				
66	専門家		大学教授				福岡県				●		●	●		
67	専門家		大学教授				福岡県				●	●				
68	専門家		ランドスケープ・プランナー				東京都				●	●				
69	専門家		大学教授	文化行政関連組織副会長 国際研修組織協会理事 行政策定委員会委員			小倉南区					●				
70	専門家						八幡東区									
71	専門家		研究所代表													
72	専門家		大学校長	文化策定委員会委員 文化団体副会長	(69)	小倉北区	戸畑区		●	●					●	●
73	専門家		大学教授・郷土史研究家				八幡東区			●					●	●

74	小説家	○	作家	1937	東京都			●
75	詩人		詩人	1908	八幡東区			●
76	写真家		写真家	(41)	八幡西区			●
77	画家		画家	1944	門司区	門司区		●
78	画家		画家	(44)	小倉北区	北九州市		●
79	版画家		会社員・版画家	1945				●
80	美術評論家		美術評論家		アメリカ	アメリカ		
81	彫刻家				イギリス	イギリス		●
82	彫刻家	○	彫刻家	(34)	遠賀郡(福岡県)	若松区	●	
83	マスコミ		新聞社支局編集長		八幡東区	小倉北区		●
84	マスコミ	○	新聞社デスク		北九州市	小倉北区		
85	マスコミ	○	新聞記者		北九州市	小倉北区		
86	マスコミ		新聞記者					
87	マスコミ		新聞記者					●
88	マスコミ		新聞記者					

▓ :保存反対

□ :A氏が働きかけた人

● :参画者
◎ :事務方

*1 インタビュー実施者
*2 文化財保護審議会 (1989.11-1990.3)
*3 東田高炉を考える懇談会 (1991.8-1994.12)
*4 東田第一高炉の今後のあり方に関する調査委員会 (1994.2-6)
*5 東田第一高炉保存調査委員会 (1995.2-10)

(職業、その他役職、生年(年齢)、居住、勤務地は関わった当時のもの

東田第一高炉関連の新聞記事 (1989年9月〜1994年11月)、聞き取り調査 (2003年実施) をもとに作成。

年に洞岡の高炉群がすべて稼働停止となることにも象徴されている。A氏はこうした状況を背景にホテル経営を切り盛りし、1985（昭和60）年にはホテルのみならず結婚式場などの経営にも乗り出し、また戸畑区や門司区に進出を果たした。

A氏はこのように高炉のお膝元である八幡東区を本拠地としてホテル業を経営する人物である。とくにサービス業という立場上、地元政財界でもトップに位置する人々との面識・交流があることから、多くの人脈をもちえた。創業以来の得意客である製鉄所幹部とも少なからぬパイプを持っていたが、1980年代以降には、北九州青年会議所や北九州市政という新たなつながりを構築していった。高炉保存に向けた動きにおいては、こうしたA氏独自のもつネットワークが活用され、さまざまな人々への働きかけがなされたのであり、この時重視されたのは八幡という地元のつながりではなく北九州市という地域のネットワークであった。とくに北九州市長とのつながりが高炉保存に直接的に影響したと語っており、ほかにも北九州青年会議所、市議会議員、あるいは市の地域・文化政策のなかで構築したネットワークなどを通じてさまざまに働きかけを行っていた。また大きなイベントとなったシンポジウム、懇談会は北九州青年会議所へ働きかけ、かつこれらの開催は、高炉が所在する八幡東区ではなく、北九州市の中心部、小倉北区の北九州市立商工貿易会館や小倉北区のホテルにて行っていた。A氏はこのように北九州市を舞台として運動を展開し、高炉保存を実現していった。

ここには、八幡という地域の大きな変容のなかで、北九州市というスケールでの地域づくりに直接的に関わるようになる1980年代のA氏の活動が基盤にあった。まずA氏は1980（昭和55）年北九州青年会議所の理事長に就任している。高炉存廃問題時シンポジウムや懇親会の開催主体としての北九州青年会議所とは、OBとしての立場で関係していたものである。そしてA氏の理事長就任時、青年会議所内で長年にわたって構想されてきた「鉄鋼大学構想」の実現に至り、北九州国際技術協力協会（KITA）が発足した。これは、北九州市の産業技術集積を国際的に活用することを目指す組織であり、1970年代に八幡製鉄所所長を務めていた水野 勲氏（表4-4中No.9）を理事長として迎える

にいたった。高炉存廃問題時に製鉄所幹部 OB として保存を支持した水野氏との関わりはここからである。もともと 1972（昭和 47）年の東田高炉記念広場の開設は当時所長であった水野氏の決定によるものでもあり，氏は著者が高炉存廃が問題になった時のことを尋ねた際，「八幡の歴史的象徴を取り壊すなんてことはあり得ない，そう確信していた。」と語った。元製鉄所所長という北九州においては大きな影響力をもつ立場にあり，かつ地元出身ということで地域内での信望も厚かったとされる水野氏の高炉保存の意向は，製鉄所の高炉存廃方針にも大きく影響していたと言われる。また保存に向けて動いた住民らは水野氏の意向が精神的支柱であったと語った。

　ところで，北九州国際技術協力協会の拠点は，当初小倉に設置される予定だったものを水野氏が製鉄の拠点であった八幡に持ってくるべきと主張し，八幡東区内の製鉄所社宅跡への設置が実現したものであるという（2012 年関係者への聞き取りによる）。この協会誘致は 1970 年代以降進行していた製鉄所敷地の遊休地化に対し，その転活用から活性化を目指す一連の動きの端緒ともなっていくものであった。さらに，協会立ち上げのための資金は総額 4,000 万円であり，青年会議所の募金活動により集められたが，これについて A 氏は「今までの寄付のパターンはまず製鐵所にお願いし，それから下の方に広がる方式でしたが，今回は下から積み上げていく方式で寄付を頂き，市からも助成金を頂戴して，スタートした」（北九州八幡信用金庫 1995：538）と述べている。いわば地域社会内の自立的な動きの萌芽ともいえる事象であった。こうした北九州青年会議所の理事長就任が市政，市の経済界ともに幅広のネットワーク構築につながっていったことは言うまでもない。著者のインタビューに対し，A 氏自身，この時の経験がその後の地域活動への布石となっていったと述べている。

　1981（昭和 56）年 2 月の北九州市議会議員選挙では，A 氏は八幡東区選出の市議会議員の選挙管理事務局長を務め，北九州市政に関わる関係性も築いていった。A 氏が支援した候補者は八幡東区内では製鉄所が支持母体となっていた民社党候補とは対立する，無所属で出馬した候補者であった。1963（昭和 38）年の合併以降，とくに八幡東区における市議選は人口減少のなか，年々厳しい状況におかれるようになり，合併により八幡区の定数 43 が 1965（昭和

40）年以降21に減らされた[5]うえ，1974（昭和49）年に八幡区内が東西に分区されると，その議席配分が当初東，西8：13であったものが1977（昭和52）年の選挙で7：14となり，さらにこの1981（昭和56）年の選挙以降は6：15となった（北九州市議会事務局1984：392）。1981（昭和56）年の選挙はそうした議席削減により，製鉄所が支持する民社党候補を東西区に2議席ずつ確保するための組合を巻き込んだ企業ぐるみの選挙活動が展開されたが，最下位ながらもA氏が支持した候補B氏（表4-4中No.20）は若干29歳での当選を果たした。ちなみに製鉄所支持候補はこの1980年代さらに厳しい選挙を強いられるようになっており，1981（昭和56）年に八幡東区における2人の候補はそれぞれ2位，3位当選（B氏は6位当選），1985（昭和60）年には2位，5位当選（B氏は3位当選），1989（平成元）年には4位，6位当選（B氏は5位当選）と年々当選順位を落し続けた（北九州市議会事務局2006：288）。いわば，1980年代は北九州市のなかで年々製鉄所はその影響力を失していくものとなり，八幡東区でもその傾向が顕著になっていく時期にあった。B氏はそうしたなか，自民党の支持も得るなどして1993（平成5）年までの3期を務め，その任期中の1992（平成4）年9月，定例市議会において市行政に対し高炉を保存すべきとの立場から質問を行った。これは同年7月に市と新日鐵の調整はほぼ決裂状態となり高炉保存が危ぶまれる事態となった際，A氏からB氏への働きかけがあったことによるものと，B氏は語った。この市議会時には，市行政側は高炉の「史跡」（遺跡）としての保存という方針を表明し，絶望視する見方さえ出ていた高炉存廃問題が保存の方向へと転換したきっかけともなった。

　さらにA氏は，1987（昭和62）年には東田高炉記念広場にて行われた国際鉄鋼彫刻シンポジウムに企画者，事務局として関わり，ここで高炉保存につながる最も多くの人脈を築いていた。この時彫刻展示制作に参画した国際的鉄鋼彫刻家や，国際的美術ジャーナリストなどは高炉存廃問題の際，意見書提出やシンポジウムでの講演を行い，保存支持を国際的視野から後押しするものとなった。またとくに重要であったのは，就任間もない末吉興一市長との関係がこのイベントを通じて密に築かれていたことである。市長は後の高炉存廃問題において，この鉄鋼彫刻シンポジウムに関わった時の高炉の価値の再認識とA

氏ほかからの保存を望む市民の声が高炉保存に舵を切る決断へとつながっていたことを語った。とくに末吉氏は，製鉄所支持を得て就任した前・谷 伍平市政からの転換を積極的に打ち出して1987（昭和62）年に当選した。製鉄所の強力な影響力による地域支配から，市の強いリーダーシップによる地域構築への転換を図った市長としても知られる。こうした市長とのつながりは，高炉の存廃における製鉄所の方針との対立においてはより有利に働くものであった。また，この1987（昭和62）年の国際鉄鋼彫刻シンポジウムが成功をおさめたことから，以後現代美術に関するイベントの開催にも関わっていくようになる。A氏はそうした1990年代以後の文化イベントとの関わりの出発点は東田高炉にあり，高炉保存はその意味で重要だったと語った。

このように高炉保存運動は，地元である八幡東区住民の動きを中核としつつも，北九州市というスケールで展開されたネットワークのうえに成立していた。それは，製鉄の拠点であった八幡東区が余儀なくされる地域変化と，北九州市という新たな地域基盤の出現を背景として起きたものであった。前章で指摘したように，北九州市はもともと八幡における製鉄生産の相対的低迷が危ぶまれるなか，大都市としての財政的恩恵が意図され成立したとも言われる。埋立地造成事業など，企業経営に少なくない行政的梃入れがなされたことも事実である。しかし，一方で，北九州市は製鉄産業の低迷と商業的発展という構造転換を宿命づけられて成立したものでもあった。製鉄所の影響力の減退はそこと結託した行政および地域社会のあり方も大きく変えていった。そして，その空間編成の綻びのうえで住民により築かれたネットワークが，高炉保存の布石となったのである。

第3節　国家と企業による戦略的実践

以上でとらえてきたように，住民が新日鐵の取り壊し方針に対抗し，高炉保存の方向性を構築した意義はきわめて大きかった。ところが，その後1992（平成4）年後半以降には，参加者が限定された交渉や話し合いのなかで高炉保存の具体的決定がなされていった。ここには第Ⅰ部で詳述した「近代化遺産」の

戦略的側面（権力作用）が色濃く出てくることを本節で明らかにする。

1. 高炉保存の具体化における住民の不在

　まずは，1994（平成6）年に設置された[6]「東田第一高炉（1901）の今後のあり方に関する調査委員会」（以下，今後委）がどのような特徴をもっていたのかを見ておく。この今後委は高炉保存に大きな影響力をもつこととなった。というのも，市と新日鐵は高炉の保存の是非を，今後委の調査・検討に任せ，基本的にその決定に従うとしたためである。また保存決定後の1995（平成7）年に，具体的保存のあり方を検討するために設けられた「東田第一高炉保存調査委員会」（以下，保存委）は，今後委の検討事項の大部分を踏襲した。しかし，この今後委には，住民らが含まれていなかった。メンバーは顧問・委員長・委員合わせて8名，土木工学や建築，技術史，経済，造園などの専門家で占められていた。前述のA氏が関わった北九州青年会議所主催の「東田高炉を考える懇談会」（1991～1992，1994年に実施）が，事務局を除いた参加者19名のうち，学識者・専門家が8名，行政関係者2名，北九州市内の団体代表者9名であったことと比較すると，すべて学識者・専門家で構成されていたことが今後委の特徴として浮かび上がる。これは遊休地開発の計画上，高炉を取り壊す方針であった新日鐵が，専門家の立場から結論づけられた高炉保存の是非には従うとしたことによる。すなわち，高炉保存という方向性を構築した住民らは，その後の具体的な高炉の価値や保存整備などの決定からは遠ざけられる形となった。

2. 高炉の「近代の文化遺産」へのカテゴライズ

　現在の東田高炉に対する代表的な価値づけを，2003（平成15）年に北九州市が作成したパンフレットから見てみる。表紙には「近代製鉄発祥の地・1901 日本がここから動き始めた」と書かれ，パンフレット内には「わが国の製鉄の歴史は，明治34（1901）年2月5日，福岡県遠賀郡八幡村に建設された官営製鐵所東田第一高炉の火入れ式とともに始まりました」と説明されている。このように，高炉は当然のことながら，日本の近代的製鉄業の歴史を反映するも

のとして価値づけられており，国家のシンボルとして位置づけられていることがわかる。こうした国家的次元での高炉の価値づけは，以下に示す状況から，文化遺産として位置づけられていく過程で生み出されたものであった。

高炉存廃問題の動向は，文化庁による「近代化遺産」（建造物）や「近代遺跡」（遺跡）という「近代の文化遺産」のカテゴリーの確立と平行していた。ただし，高炉はもともとこのカテゴリーに結びつけられていたわけではない。これは先述したように，高炉が1962（昭和37）年に大幅に改修されており，その時点での建造物としてとらえられる点にあった。というのも，文化庁が「近代化遺産」（建造物）に設定した対象時期は，基準を緩和したとしても建設後50年を経過していることとされた。そのため東田第一高炉は，建造物ではなく，場所（遺跡）としての側面が強調され，「近代の文化遺産」へのカテゴリー化がなされようとした。たとえば，先の今後委は，「現在の高炉は，…1901年にできた高炉ではな」く，その「遺産的な価値」は「わが国近代製鉄業の発祥の地がこの施設を中心に存在してきた事実」にあるとし，建造物ではなくその場所に基づく歴史的価値を報告書の冒頭に記した（北九州市・新日本製鐵株式会社1994：ⅰ）。さらにその後の保存委は，報告書の冒頭で高炉を「日本の近代化に貢献したもの」と説明し，続けて「東田第一高炉は1901年（明治34年）にわが国で初めての本格的な近代一貫製鉄高炉として火入れされた場所に建つものであり，市民にも強い印象をあたえ続けてきた産業遺産である」とした（東田第一高炉保存調査委員会1995：ⅰ）。こうした1901（明治34）年の創始ということが優先され，建造物から場所（遺跡）に焦点が移されることで，高炉は「近代の文化遺産」へカテゴリー化されていった[7]。

この背景には，保存費用の捻出があった。北九州市は高炉保存を実現させるため，国による文化財指定への働きかけをいくども行っていた。新日鐵の高炉の取り壊し方針が明確になった1989（平成元）年10月，北九州市教育委員会は文化庁に対して，産業交通土木関係施設という位置づけで国指定による高炉の保存が可能かどうかを打診していた。そして1989（平成元）年11月には文化庁建造物課による現地調査が行われたが，高炉保存は技術的に困難であるとされた。それでも市教委は1992（平成4）年7月まで再三にわたり文化庁に対

し要望を行っていた。その後地域文化財保全事業制度[8]の財政援助を活用し，高炉の存在する場所を市の指定史跡（遺跡）とすることで整備を実現させることとなった。この方針は，1992（平成4）年9月には具体化されていたが[9]，その後も国の重要文化財指定が画策されていた[10]。

また，先の今後委においても「我が国の近代化への基礎となった製鉄業の記念としての高炉の保存は，一企業，一都市レベルを越えた国レベルの歴史的遺産と考えられるため，国の支援等が図られる努力を行う」（北九州市・新日本製鐵株式会社 1994:52）ことを今後の高炉保存の課題として第一にあげている。

ことに高炉などの大型の産業施設は保存費用が多額になる。地方自治体では少しでも整備費の軽減を図るため，必然的に国の文化遺産という枠組みでの保存を検討したともいえる。いずれにしろ，こうした国家的措置を求めていくなかで，国家的枠組みで高炉の価値づけがなされていった。1996（平成8）年3月，市の史跡指定が決定された際，指定理由は「東田第一高炉跡は，明治の富国強兵政策の代表である「官営八幡製鐵所」の最初の溶鉱炉が設置された場所であるのみならず，技術の進歩を基盤に，明治以降の日本近代化を支えてきた象徴的な場所である」（北九州市教育委員会資料）となっており，明確に「日本の歴史的遺産」としての位置づけがなされていた。

以上のように，高炉の具体的かつ公的な価値づけの決定においては，住民が不在であったことや，文化遺産制度の適用が自ずから国家的枠組みとリンクしていたことが指摘できる。前節でとらえた，住民らのさまざまな時代的局面にもとづく記憶によって価値づけられていた高炉は，こうして1901（明治34）年という一時点の歴史性によって価値づけられ，国家のシンボルとして構築されたのである。

3. 東田地区再開発事業と高炉保存

1987（昭和62）年，新日鐵は当時「鉄冷え」と称された製鉄産業の長く深刻な不振を，大規模な合理化とともに，宅地や商業地の開発・経営などの多角経営化によって打開する方針を立てる。古くからの操業地で，1960年代末以降の合理化によって遊休地化も進んでいた東田地区は，まさにその多角経営化

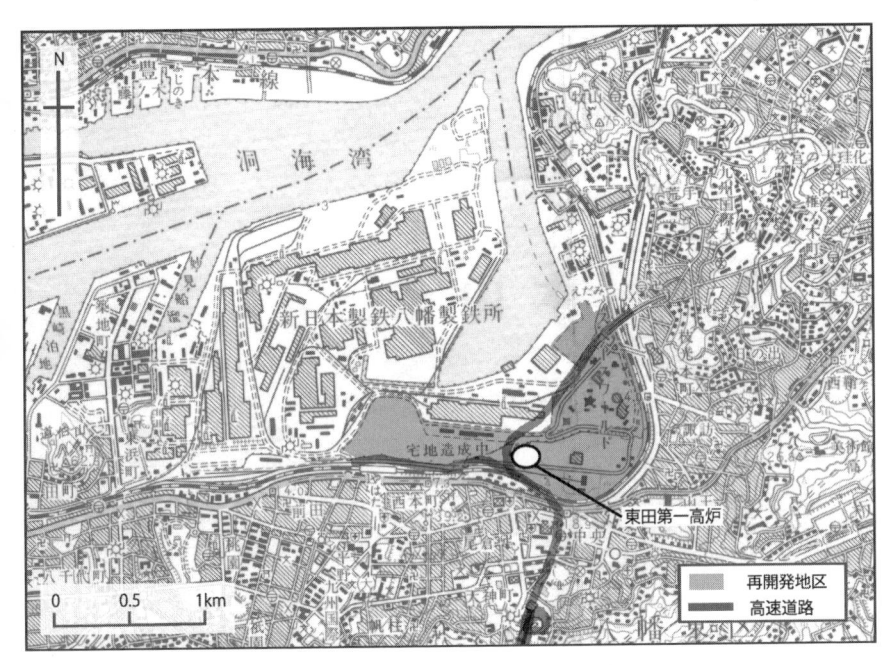

図 4-1　開発の進む東田地区（1990 年代）
5 万分の 1 地形図「小倉」(1997 年発行)，パンフレット「八幡東田 2001 八幡東田総合開発」をもとに作成．

を意図した再開発事業の対象区域となった．図 4-1 は 1997（平成 9）年発行の地形図に再開発の対象となった区域を示した．図 4-2 は東田地区高炉群の稼働が停止した翌年の 1973（昭和 38）年発行の同範囲の地図で，比較すると当該地区に工場が林立していたことが確認できる．それが 1990 年代後半には多く更地となり，図中にみえる「スペースワールド」や「宅地造成中」などの文字から商業地化，宅地化による開発が進行中である様子がうかがえる．スペースワールドは 1990（平成 2）年に開業したテーマパークで，東田再開発事業のスタートを担ったものであった．東田第一高炉はこうした再開発のただ中に存在していた（写真 4-2 参照）．

　表 4-5 に東田地区再開発事業の概要を示した．1987（昭和 62）年の新日鐵の大規模合理化方針決定時，北九州市が東田地区開発の基本構想調査を開始し，

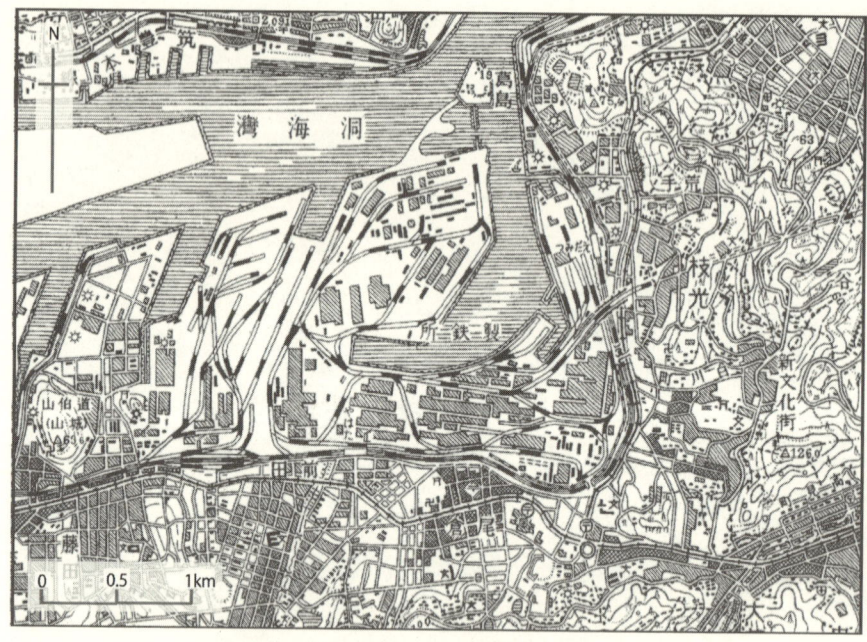

図 4-2　高炉稼働停止時の東田地区（1970 年代）
5 万分の 1 地形図「小倉」（1973 年発行）

写真 4-2　再開発地区内の東田第一高炉（左）
（2002 年 11 月撮影）

翌 1988（昭和 63）年には八幡東田地区周辺開発計画策定委員会（以下，東田策定委員会）が発足し，1990（平成 2）年にはスペースワールドが開業した[11]。その後 1993（平成 5）年 3 月に東田策定委員会が基本計画を策定し，1994（平成 6）年 2 月には北九州市東田土地区画整理組合が設立されて東田開発が本格始動すること

第 4 章　産業施設の「近代化遺産」化　127

表 4-5　東田地区再開発事業の経緯

年　月	開発事業
1987 年	北九州市，東田地区開発基本構想調査
1988 年 11 月	八幡東田地区周辺開発計画策定委員会発足
1988 年 12 月	北九州市ルネッサンス構想策定
1990 年 4 月	テーマパーク「スペースワールド」開業
1992 年 12 月	北九州東田開発㈱設立
1993 年 3 月	八幡東田地区周辺町づくり地域デザイン基本計画策定
1994 年 2 月	北九州市東田土地区画整理組合設立
1994 年 4 月	北九州市ルネッサンス構想第 2 次実施計画
1995 年 3 月	東田開発事業（街づくり）推進ソフト策検討調査
1997 年 4 月	北九州市役所内に 2001 年記念事業の担当ラインを設置
1999 年 7 月	JR スペースワールド駅開業
2001 年 7 月〜11 月	ジャパンエキスポ北九州博覧祭 2001 開催
2002 年	土地区画整理事業竣工
2003 年	北九州市東田土地区画整理組合　解散

北九州市 1993，パンフレット「八幡東田 2001 －八幡東田総合開発」，北九州博覧祭協会 2001，北九州市企画・学術振興局企画政策室資料より作成．

となった。また同年 4 月に策定された北九州市ルネッサンス構想第 2 次実施計画には 21 世紀初頭に国内外に北九州をアピールするイベントの開催が盛り込まれており，これは後に「ジャパンエキスポ北九州博覧祭 2001」（以下，博覧祭）として結実した。この博覧祭は北九州地域を形作ってきた官営八幡製鐵所の操業開始後 100 年ということで，2001（平成 13）年に，その操業開始の地にもあたる東田再開発地区において開催された。とくに開催年（2001 年）と場所（東田地区）については，翌 1995（平成 7）年 3 月の東田開発事業推進ソフト策検討調査で具体的提案がなされた。その後は東田再開発も博覧祭開催に乗じて進展し，2002（平成 14）年には事業終了となった。

　実は，東田地区再開発事業の一連の流れから，その開発主体である新日鐵にとって，高炉の存在の意味が転換していったことが推測される。表 4-6 で示した東田土地区画整理組合の構成主体をみると，市および鉄道系会社のほか，多くがもとの土地所有者である新日鐵およびその子会社など関連企業から成り立っていることがわかる。新日鐵は 1987（昭和 62）年の東田再開発事業始動時，製鉄産業の痕跡を一掃し，この地区を宅地化・商業地化することを意図し

表 4-6 東田土地区画整理組合構成

● 新日本製鐵株式会社
九州旅客鉄道株式会社
西日本鉄道株式会社
三菱地所株式会社
● 日鐵運輸株式会社
● 株式会社日鉄ライフ
● 株式会社スピナ
● 株式会社日鉄エレックス
● 株式会社スペースワールド
株式会社八幡コンピューターセンター
北九州市

●は新日鉄関連企業.
パンフレット「八幡東田2001八幡東田総合開発」,新日本製鐵ホームページ: http://www.nsc.co.jp/ [2012年5月31日最終閲覧] より作成.

ていた。そのため高炉存廃の是非が問われ始めた当初より,市が引き取っての保存を提案していたが,新日鐵は高炉を保存すること自体に反対した。この時,高炉は宅地化やアミューズメントパークをはじめとする商業地開発とは相いれない存在とされていたととらえられる。そのことを市ほかの開発構想や各種計画で見てみると,おおよそ1980年代末から1990年代初頭にかけて出された,北九州市ルネッサンス構想(1989年,北九州市),八幡東田地区周辺整備計画(1989年,北九州市),八幡東田地区及び周辺地区総合開発事業調査(1991年,北九州市),八幡東田地区開発構想(1992年,八幡東田開発企画協議会/新日鉄など)では,ことに新産業(先端産業,商業・レジャー産業)開発および宅地化や都市アメニティ充実などをコンセプトとした構想・計画が提示され,ここに東田第一高炉のような旧産業の歴史遺産的要素はほとんど含められていない[12]。ところが,1993(平成5)年3月の東田策定委員会の出した基本計画では,計画地区のポテンシャルの6つの柱の1つに「産業都市北九州市発祥の地としての歴史性」が掲げられた。そして計画書の冒頭では委員長が「この高炉の所在地は…区画整理による公園用地に指定されることになっており,東田開発のために急いで取り壊す必要はなくなった」と言及しており,ここから東田開発と高炉保存の相いれない状況が変化したことを読み取ることができる。すなわち,翌年(1994年4月)には構想化される博覧祭の開催が想定されるなかで,東田高炉は東田開発において必要不可欠な,シンボリックな存在となったことが推測しうる。博覧祭の意義は,製鉄所を擁するこれまでの「モノづくり」の歴史と21世紀に向けた今後の取り組みとを広く内外に示すことにあり,こうしたコンセプトにおいては,東田第一高炉は当然博覧祭の中核的存在として想

定されることになる[13]。いわば保存が決定する1994（平成6）年末の前後には，博覧祭構想の具体化とともに東田第一高炉が開発コンセプトの中核的存在へと変化していくのである。高炉保存を新日鐵が受け入れることになるのは，こうした再開発事業の進展と深く関連していたことが考えられる。

4. 高炉保存における問題

　こうして国の文化遺産制度や企業の再開発事業と密接に関連してなされた高炉の「近代化遺産」化は，具体的な保存処置に際しての問題もはらんでいた。高炉は1994（平成6）年末の高炉保存決定後，1996（平成8）年の市の指定史跡となり，1999（平成11）年に保存整備後の高炉が公開された。2003（平成15）年に著者がインタビューを行った際には，保存に向けて尽力した人々のなかから，この公開時の高炉が本当に「保存」されたといえるのか，という点でさまざまな主張があった。なかには以前とは「全然別のもん」になってしまったとの声も聞かれた。本項ではこの時の多様な意見をもとにどのような点で以前と異なるのかを明らかにする。引用した意見には（性別／居住地／年齢／職業）をつけた。なお，これらの属性データはインタビュー時のものである。

　表4-7に示すように，高炉は，鉄を作りだす炉本体の部分，および炉本体へ高温の熱風を大量に送り込む熱風炉などさまざまな付帯周辺設備を伴ったシステムである。こうした付帯設備を残すか否かは，保存が決定して以降の検討事項であった。

　高炉の保存が決定した翌年の1995（平成7）年，先述した東田第一高炉の保存委が発足し，同年内に基本計画が答申された。この委員会の構成委員の1人であった八幡地区のまちづくり団体の会長は，高炉の付帯設備である傾斜塔（写真4-1で「1901」のプレートから斜め下に延びている梯子施設）を撤去しようという意見が出ていたのに対し，強く反対したことを鮮明に覚えていると語った。

　　何でもこれ〔著者注：傾斜塔〕があると敷地が広く取られるとかで，撤
　　去しようということになりよったんです。それで，そこだけは反対しました。
　　というのも，これ一体なんですよ，…これでもって鉄鉱石を上にあげ，石

表 4-7 東田第一高炉の設備詳細

設備		状況	保存決定後の措置
高炉	外形	老朽化激しく危険	部分補修・塗装
	炉体		解体・撤去・復元
	その他付帯設備	老朽化激しく危険	解体・撤去・復元
	「1901」プレート		撤去・復元
	傾斜塔		部分補修・塗装
周辺設備	熱風炉および付帯設備		一部撤去・部分補修・塗装
	煙突		部分補修・塗装
	鋳床		部分補修・塗装
	給水塔	高架道路建設予定地	解体・撤去
緑化・植樹地帯		クローバー, ツツジ・サクラ約5600本	すべて伐採, 更地化

北九州市ほか（1994）より作成.

　炭石も上にあげよったんです。…これがなくなるとどこから入れよったかわからんじゃないか。（男性／八幡東区在住／80代／まちづくり組織代表）
　この時期, 周辺も含めた東田地区の再開発計画はすでに進行しており, ここでは敷地を最小限にすることが優先されていたことがうかがえる。そのため, 高炉の産業施設としての役割, 歴史性などの側面は問われず, そのシンボル性のみ維持できる形態が模索されていたことを示すものである。彼にとって, 傾斜塔は高炉が稼働していた, いわば地域が活況を呈していたことの証でもあり, それが欠けることは保存の意義を大きく減じさせるものであった。結局, 傾斜塔は残された。
　また, 製鉄所の技術者OB（男性／八幡東区／90代／国際研修組織理事）は, 高炉の具体的な保存が検討されるなかで市からもいろいろと意見を求められたというが, その際これだけは残してほしいと言ったのが給水塔だったと語った。炉内の冷却に使う水をためておくタンクであるが,「これがないと高炉は成立しない。これで一体なんです」という。ただし, これは新設される道路にかかってしまうということで撤去せざるを得ず,「それならしょうがないって諦めましたけどね」と彼は語った。給水塔については, こうした技術者的視点のみならず, 地元住民にとっても高炉とともに愛着のある景観となっていたこ

とは，地元福岡市の雑誌『FUKUOKA STYLE』Vol.2（1991年6月発刊）に掲載された記事（資料4-1，高島・斎藤1991 : 5-17）からもうかがえる。給水塔を中心にした写真には「東田高炉記念広場に続く満開の桜並木。1901年創業当時から残る給水塔を撮影中，地元の女性たちが声をかけてきた。小さいころから見て育った，八幡のシンボル，東田高炉には，たいへん思い入れが深いという」との説明が記されていた。給水塔が高炉と一体のものとしてとらえられていた様子がうかがえる。実際には，図4-1や写真4-3に示すように高炉のすぐ脇を通る形で高速道路が建設され，ここに存在していた給水塔は撤去された。

資料4-1　東田第一高炉の給水塔
『FUKUOKA STYLE』vol.2（1991年6月）より転載
撮影：斎藤さだむ

また，上述した雑誌の同特集記事内に，桜をはじめとする木々が茂るなかにたたずむ高炉の写真（写真4-4）もあった。この植樹帯は東田区域全高炉稼働停止（1972年）後の東田高炉記念広場開設の際，創出されたものである。この植樹帯については，以下のような語りもあった。

　　あれが休止になったときは，…公害問題がひどかった。で，…企業もどうにかしないといけないということで，…そのいわゆる反省点の気持ちを込めて，あそこを緑の公園として残した。だからたくさん木を植えたわけよ。（男性／田川市／47／彫刻家）

1970年代当時，製鉄所の生産が縮小していくこととも関連していたが，公害問題に対処するとして，工場緑化が進められた。東田高炉記念広場開設はその一環でもあった。広場の木々は，ある住民にとっては生産活動を至上と

写真4-3　保存後の東田第一高炉
（2003年6月撮影）

写真4-4　木々の中にたたずむ東田第一高炉（1991年）
写真提供：斎藤さだむ氏

し，傍若無人に振る舞ってきた企業が，ようやく地域の住民の生活環境をかえりみたという証としての意味ももっていた。それが整備後にはやはり最小限の敷地での保存ということで，写真4-3のような形で伐採された。現在の状態は保存整備以前からすると大きく変化してしまったととらえる住民も多く，なかにはそれを復元しようとする動きもあった[14]。

このように，具体的に高炉をどのように保存するかを決定する段階においては，すでに開発計画が進行しており，そのことを優先しつつ高炉の具体的保存状況が決定されていったこと，またそれを可能としたのがそもそもその場所のみが価値づけられていたために，産業施設の建造物としての歴史・技術史的価値の保存がほとんど問われずに済んだことにあった，といえる。しかし，人々が「歴史，いや，何かものすごいもんを感じた」と語った赤錆だらけの高炉は，錆防止の塗装により外観を大きく変えた。のみならず，さまざまな付帯設備なども撤去された。これが国家と企業が一体となって行った「近代化遺産」化の戦略的実践であった。

第4節　まとめ-さらなる戦術的実践

　東田第一高炉の「近代化遺産」化は，以上のように住民の戦術的実践と権力側の戦略実践が巧妙に絡まりつつ，なされたものであった。まず，企業側の産業空洞化に際しての空間再編・創出に対し，住民は当時創案されつつあった「近代化遺産」の歴史・文化的意義を後ろ盾とした保存の主張により，企業が簡単には取り壊しをなしえない状況を作り出した。「近代化遺産」は，産業構造の転換や生産拠点の海外移転などを背景として企業が新たに創り出す空間に対し，持たざる住民らが戦術的になしうる実践であったのである。ただし，高炉保存は，結局は専門家の判断とともに市と新日鐵との交渉に委ねられる形となっていく。そこでは保存費用を捻出するために，1901（明治34）年創始という一時点のみに歴史的価値がおかれた国家のシンボルとしての意義づけがなされていった。また，企業の再開発コンセプトが博覧祭イベントの開催を想定するなかで変化し，高炉は企業の歴史を称えるシンボルとして開発の中核的存在となり，結局は企業の再開発に資するものとなる。いわば現代の国家と企業双方にとって都合のよい空間創出・再編の戦略的実践に，東田第一高炉の「近代化遺産」化は取り込まれていくこととなった。

　しかし，ここで重要であるのが，以上の権力側の「近代化遺産」化が，住民に簡単には受容されていないという点である。高炉の整備後の公開（1999年）からすでに数年経っていた時期においてもなお，住民は高炉は保存されたのかということを問い続け，また自身の高炉の記憶との違和感を表明し続けていた。

　また，この高炉保存の現状に一定の納得を得ようとする住民は，以下のように語っていた。

　　　まぁ何にしろ，製鉄所に対して異を唱えてどうのというのはこれまでまったくなかったことだね。製鉄所は最初からどうしてもつぶすつもりだったわけだから，市民がたてついて残したというのは画期的なことだったわけだね。（男性／八幡東区／60／サービス業経営）

　すなわち，製鉄所の決定を住民が抵抗し覆したという，地域の歴史において

画期的出来事を反映するものとして，高炉は新たに意義づけられていた。このように，現在の保存された高炉に意義を見出すにしても，それは国家的シンボルとも，また企業の偉業を称えるシンボルとも異なる形で意義づけられていたことが明らかとなった。高炉の表面的様相が変化しても，地域変革の象徴としての高炉の意義は新たな形で継続していることが指摘できる。

　以上，本章では東田第一高炉保存を事例とし，産業空洞化のなかで権力側がなす空間創出の戦略的実践とそれに対する「近代化遺産」という意義づけによって高炉を保存しようとした住民らの戦術的実践，さらに保存の具体化においては，その価値・意義が国家や企業などの権力的戦略に呑み込まれてしまう実態と，それでもなお簡単には収斂されえない住民らのその後の戦術的実践，という変化し続ける実態を明らかにした。住民らは決して国家と企業が結託してつくり上げる「近代化遺産」をすべては受容せず，自ら独自の地域，いわば国家とは簡単にはつながりえない地域のシンボルを構築し続けているのである。

［注］
1) ただし，2001（平成13）年7月〜11月まで同地区で開催された「北九州博覧祭2001」開催のため，2001（平成13）年1月〜2002（平成14）年3月の間は一般公開が中止されていた．
2) 東田地区には，第一から第六まで6基の高炉が存在した．1962（昭和37）年に改修された第一高炉は以前の第一，第二高炉の跡地に建設され，続いて1964（昭和39）年に第六高炉も改修された．残る三，四，五は1960年代後半までには稼動を休止し，第一と第六のみが稼動していたが，1972（昭和47）年にはそれらも休止となった（社史編さん委員会1981：266-267）．
3) 総事業費は7億7千万8千円，うち地総債（特別分）財源が5億9千6百万円である（北九州市教育委員会資料）．
4) 当時の西日本新聞北九州支社の編集長，デスク，記者によると，この特集は基本的に取材によるものであるが，投稿されたものもあり，すべて得られた意見は掲載したとのことであった（2003年聞き取りによる）．
5) 北九州市全体でも，5市合併により議員数は大きく削減された．1963（昭和38）年2月時点での議員数188が1965（昭和40）年2月選挙時には64へと約3分の1近くまで削減された．門司が34から10，小倉が42から19，若松が35から7，戸畑が34から7となっており，このなかでは八幡や小倉は削減率が少ない方であった．なお，八幡区内の議員数は1969（昭和44）年のみ22となり，1議席分増えたが，

これは門司と若松がさらに1議席ずつ減らされ，小倉と八幡にそれぞれ上乗せされたものである．ただし，1973（昭和48）年にはまた21議席となり，代わりに小倉が増え，22議席となった．さらに1978（昭和53）年に戸畑が1議席，1981（昭和56）年には若松がさらに1議席削減でその2議席分は小倉に配分された（北九州市議会事務局 1984：392）．1989（平成元）年には門司が1議席削減でその分若松に戻され，現在に至る（北九州市議会事務局 2006：288）．

6) ただし1993（平成5）年度から委員会は発足していた．その事務局となった北九州都市協会の理事を務めた人物によれば，これは1994（平成6）年度に仕切り直された第2次委員会である．

7) ただし，注2) に記したように，1962（昭和37）年改修の東田第一高炉は以前の第一，第二高炉の跡地に建設されており，厳密にみるならば場所もずれている．

8) 1992（平成4）年度から開始された旧自治省所管の整備補助制度．国指定，地方指定の文化財の保存整備を目的とした事業を対象とする（北九州市・新日本製鐵株式会社 1994：74）．

9) 1992（平成4）年9月の市議会答弁で，市長および教育長がこの具体策を提示している（北九州市議会議録 1992年9月）．

10) 1993（平成5）年6月に新日鐵に具体的な保存策を提案した際，市の史跡指定とともに国の重要文化財への格上げが提案事項の1つとなっていた（北九州市教育委員会資料）．

11) 1988（昭和63）年7月に新日鐵の子会社として株式会社スペースワールドが設立された．ただし，2005（平成17）年に経営不振に陥り，新日鐵は営業権をリゾート運営会社の加森観光に譲渡している．

12) たとえば，北九州市ルネッサンス構想（1989年，北九州市）では主として洞海湾ウォーターフロント区域の産業・住宅コンプレックスゾーンをコンセプトに掲げており，また八幡東田地区周辺整備計画（1989年，北九州市）では「産業と都市文化が融合した新しい都市像」，そして八幡東田地区及び周辺地区総合開発事業調査（1991年，北九州市）では産業と生活拠点的空間の開発，八幡東田地区開発構想（1992年，八幡東田開発企画協議会／新日鉄など）では「インダストリアルパークとアミューズメントパークの融合によるパークコンプレックスシティの誕生」としている（北九州市 1993：3-14）．

13) 実際，博覧祭においては会場が7つのゾーンに分けられ，そのうちの1つが「1901メモリアルゾーン」という東田第一高炉を核とするゾーンとなっていた（北九州博覧祭協会 2001：20-21）．

14) 八幡地区のまちづくり団体は2002（平成14）年，高炉のすぐそばに桜の木数本を寄付し，植樹した．

第Ⅲ部　佐世保市における軍事施設の「近代化遺産」化

第5章　近現代軍事都市における変容
　　　　　－米軍存在をめぐって－

　一般に，自国防衛を任務とする軍事のあり方は，第二次世界大戦後の冷戦体制が築き上げられるなかで早々に変化していった。すなわち，アメリカをはじめとする資本主義諸国とソ連をはじめとする共産主義諸国とで越境的な軍事基盤が形成されていくことにより，両大国軍隊の各国駐留は日常化した[1]。とくに敗戦国としてアメリカの冷戦戦略の一翼を担っていく日本では，緊密な日米共同の防衛体制が敷かれた。こうして第二次世界大戦後，そもそも戦前の自国防衛のための「軍」とは異質な「米軍」が日本の軍事拠点に存在することとなった。本章では，こうした点を踏まえ，佐世保市という軍事拠点における戦後の変容についてとらえる。

第1節　米軍存在と戦後の地域変容

1. 軍事都市としての地域概略

　図5-1は2008（平成20）年現在の佐世保湾一帯の軍事施設区域と米軍制限水域[2]を示したものである。現在，佐世保市には米海軍および自衛隊の施設が港湾付近一帯に立地している。陸域における軍事施設は，米軍が約3.9km^2，自衛隊が約1km^{2}であわせて市域面積の2.71%を占有している。さらに佐世保港水域も米海軍による大きな制約を受けている。港湾面積約33km^{2}のうち約27.5km^{2}が制限水域となっており，これは水域全体の約83％をも占めていることになる（佐世保市基地対策課資料）。

　この日本でも有数の軍事拠点が佐世保に形成されていったのは，明治中期以降のことである。日本の対大陸戦略に好都合な位置と要塞に適した地形（港湾）

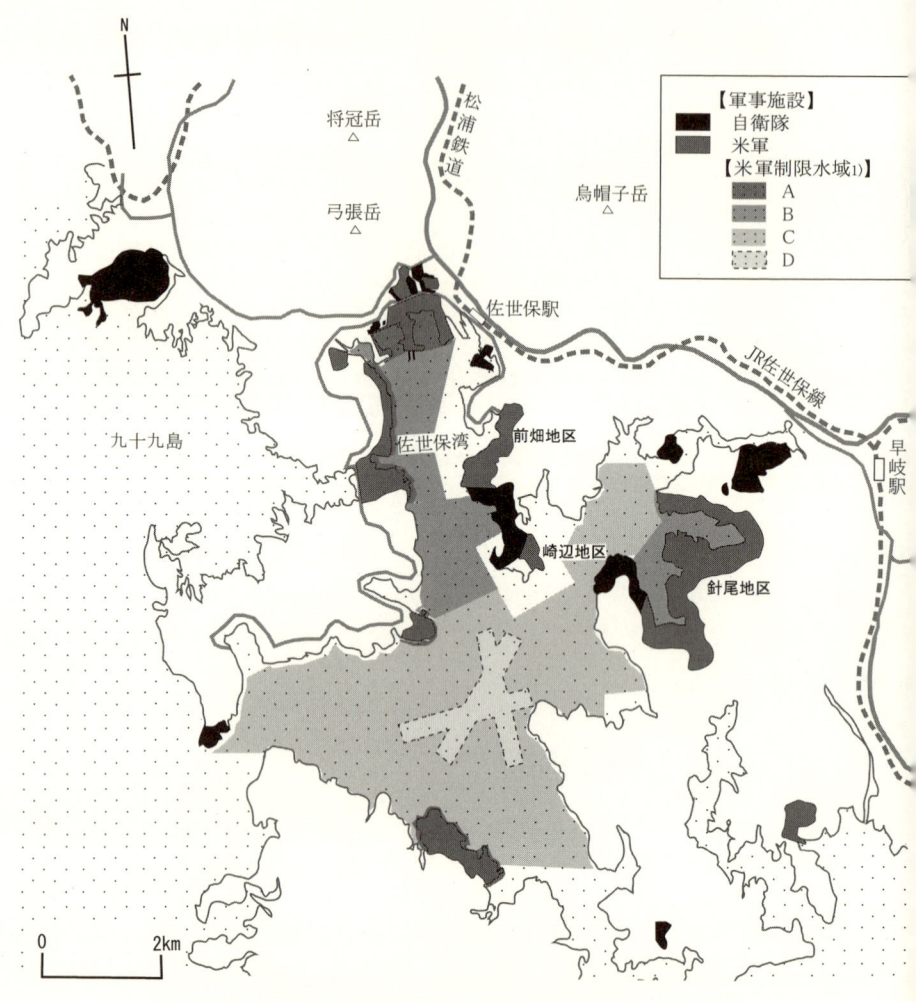

図 5-1　佐世保湾周辺の軍事施設の分布と米軍制限水域（2008年）
注：各水域での制限内容（各禁止事項は許可取得を要すとされている）
　A　立入禁止
　B　航行以外禁止（合衆国軍管理船舶・水上機から100m以内は立入禁止）
　C　潜水，サルベージのみ禁止（合衆国軍管理船舶・水上機から100m以内への立入禁止）
　D　潜水，サルベージ，投錨，昼間漁ろうのみ禁止（水域が水上機に使用されている時は立入禁止）
佐世保市企画調整部基地対策課（2000）所収「佐世保市所在防衛施設概況図」，佐世保市基地政策局資料をもとに作成．

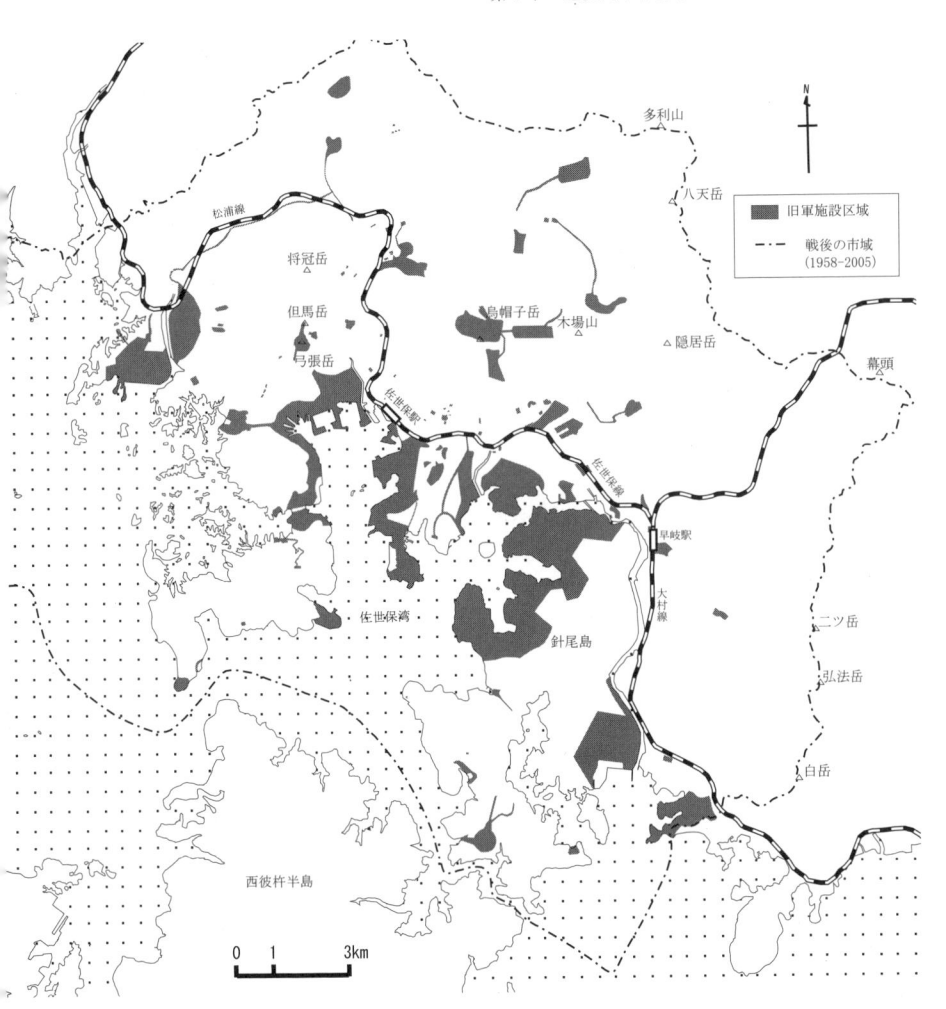

図 5-2　佐世保湾周辺の旧軍施設分布（戦前）
佐世保市「旧軍財産位置図」をもとに作成.

であった[3]ことが決定要因となり，旧海軍の鎮守府が置かれることとなった。1889（明治22）年鎮守府が開庁し，以降，日清戦争（1894〜1895年），日露戦争（1904〜1905年），そして第一次世界大戦への参戦（1914〜1918年），日中・太平洋戦争（1937〜1945年）と，頻発する戦争を背景に軍事施設の拡

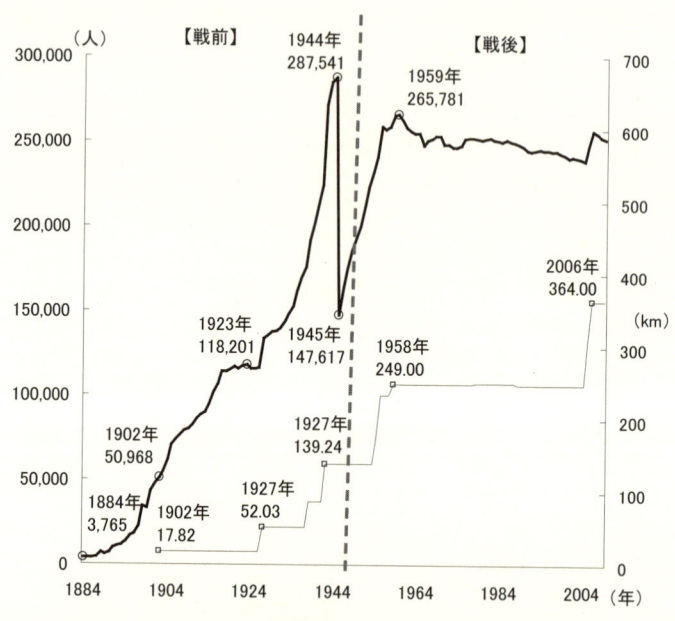

図 5-3 佐世保市の人口および面積の変遷（1884-2009 年）
佐世保市（2010）『佐世保市統計書　平成 21 年版』より作成.

充が急速に行われてきた．図 5-2 が敗戦直後の旧軍施設分布である．戦後と比較すると，かなりの広がりがあったことを確認できるが，これらには第二次世界大戦末期に性急になされた軍事接収を多く含んでおり，山頂付近の広大な地区を覆う砲台区域や空襲で焼失した市街地付近の施設区域を除くと，主要な港湾付近の軍事施設は大半が戦後に引き継がれた．

また図 5-3 は，1884（明治 17）年から現在までの佐世保市[4]の人口および市域面積を示したものである．戦前においては，上述した軍事情勢の影響による急激な人口増加のなかで，市域を拡大しながら都市が形成されていった状況が見てとれる．また戦後においては，戦後 10 年に満たない間にさらなる市域拡大を経ながら敗戦時半減した人口が回復し，以後はほぼその規模が維持されている．旧海軍の鎮守府設置決定が 1886（明治 19）年，戦後米海軍の佐世保常駐決定が 1952（昭和 27）年[5]，海上自衛隊（当時は海上警備隊）の地方総監部

設置決定が1953（昭和28）年ということと，こうした都市の人口動向との関連は明白であろう。いかに佐世保という都市が軍港を核として形成され，戦後もそうした構造が引き継がれてきたかを推測しうる。

このように戦前から戦後にかけて，佐世保の軍事拠点としての主要な側面は引き継がれている。ただし以下では，戦後米軍が新たな軍事的主体となることによってもたらされた変化を明らかにする。

2. 戦前の海軍工廠を核とする産業構造

基本的に佐世保市が軍事拠点として成立している点は戦前から戦後へ引き継がれた。ただし，戦後軍需産業的側面をほとんど伴わなかった点は大きな変化としてみるべきである。戦前，佐世保市人口の大きな構成要素は海軍軍人および海軍工廠従業員であった。とくに海軍工廠従業員は，図5-4に佐世保市人口に占める割合とともに示したが，戦前期全般を通じて，平均して佐世保市人口の1割近く（8.8%）が従事していたことがとらえられる。明治期には，男性の対女性比が1900（明治33）年の161%をピークとして平均でも約120%台にのぼっており[6]，海軍工廠をはじめとする軍関係従事者が都市人口の大きな構成要素となっていたことがとらえられる。ちなみに，1903（明治36）年時点で佐世保市人口は5万5,129人，うち海陸軍軍人軍属及び其家族が2万6,485人，海陸軍に関する雇人職工等6,900人とあり（佐世保市市長室調査課 1955：337-8），家族を含めた軍関係者数は佐世保市人口の61%に上っていたことになる。また大正期（1912年〜）には海軍工廠従業員は1万人を超え，この頃には男女比がほぼ1：1となるが，それでも佐世保市人口に占める工廠人員割合は10%を超えるようになった。ちなみに1921（大正10）年の佐世保市内総戸数1万5,781（市人口11万5,849人）に対し，海軍関係者戸数は7,799となっており（坂本 1980：145），総戸数の約半数近くが海軍関係者で占められていたことが明らかとなる。その後1920年代半ばから1930年代初頭の昭和初期には，世界的な軍縮の影響により大量の人員削減が行われ，1932（昭和7）年の工廠従業員数は大正期ピーク（1万2,585人）の約半分の6,200人となり，佐世保市人口に占める割合も4.3%と過去最低となった。しかし，満州事変（1931

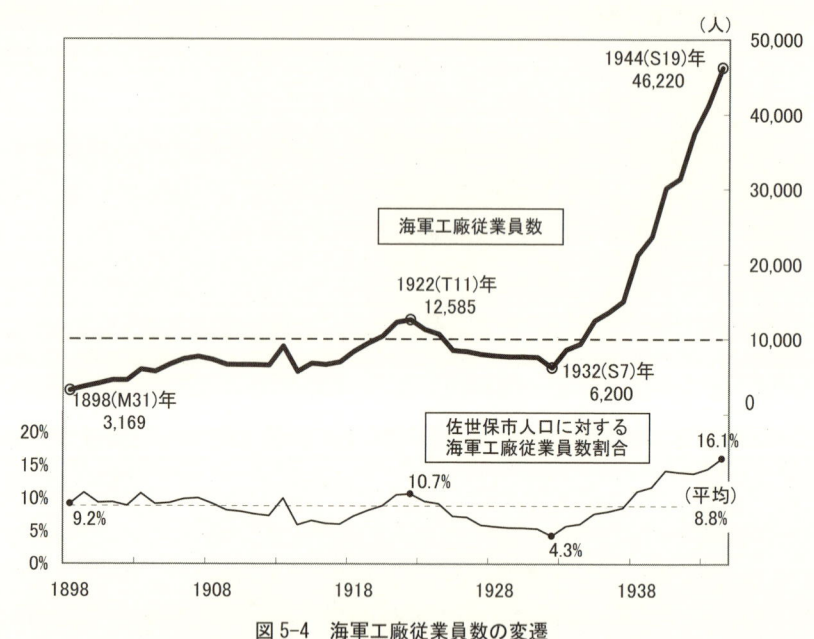

図 5-4　海軍工廠従業員数の変遷
佐世保市南地区郷土誌調査研究会（1997：142）より作成.

～1932 年）や国際連盟脱退（1933 年）後の戦時体制突入により，軍需生産は急激に増大し，敗戦直前の 1944（昭和 19）年の工廠従業員数は 4 万 6,220 人に達した[7]。1938（昭和 13）年から 1942（昭和 17）年にかけては佐世保市北方の産炭地域である相浦，早岐，大野，皆瀬，中里の 5 カ町村が次々に市域に合併され（図 5-5 参照），市人口も 28 万 7,541 人と大正末の約 3 倍に増大したが（図 5-3 参照），それでも工廠従業員の市人口割合は 16.1% にまで達した。

　以上のように，海軍工廠従業員は戦前期ほぼ一貫して市人口にかなりの割合を占めていた。そしてそのことは，皮肉にも佐世保市の財政を常に逼迫させることにもつながっていた。これは佐世保市のみならず，同じく鎮守府が置かれた横須賀市（神奈川県），呉市（広島県），舞鶴市（京都府），各旧軍港市とも共通する特徴であることを，坂根（2010：23-38）は指摘する。すなわち，旧軍港市においては，戦前軍事施設や海軍工廠が官営であるために税金を課すこ

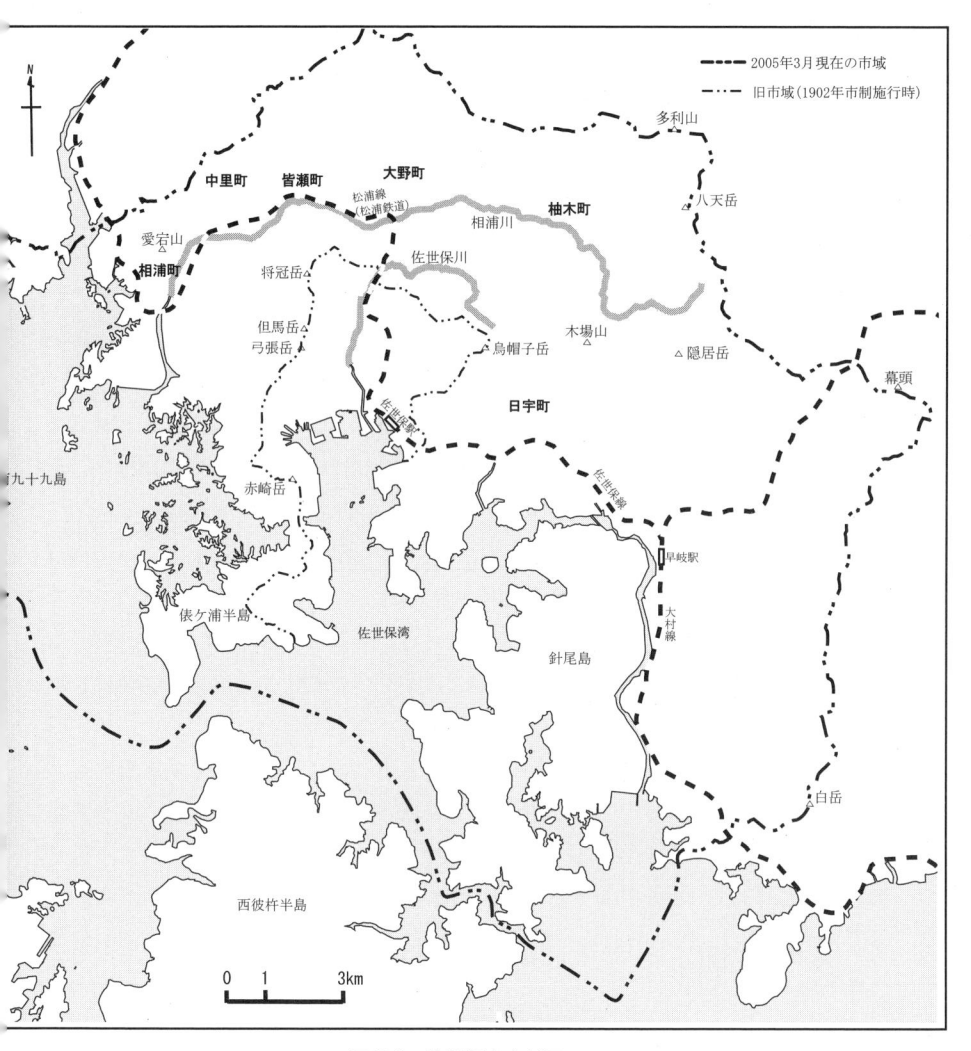

図5-5　佐世保市全域図
5万分の1地形図「佐世保」「佐世保南部」「伊万里」(1927年発行)「早岐」
(1927年発行)，20万分の1地形図「長崎」(1991年発行)をもとに作成．

とができず，また市内の食品工業をはじめとする民間工業や民間商業も，八幡
の場合と同様，海軍共済組合所が海軍関係者への日用品や食料品を廉価で供給

するため，地場の商工業が大きく成長せず[8]，それらの商工業者から徴収できる税金も少なかった。そのため，もっぱら一般都市住民の担税力に依存するよりほかなかったが，佐世保市住民の多くを占めた軍人軍属，そしてとくに海軍工廠従業員は，その大半が免税・減税対象となる低額所得者であった。さらにこうした軍関係者のきわめて急激な人口増大は，教育施設などの公的インフラ整備を性急に要求するものでもあった。先に明示した家族を含めた海軍関係者の割合や海軍関係戸数割合からもわかるが，旧軍港市における海軍関係者児童の児童総数に占める割合は4～6割余にまで達しており，また市の歳出に占める教育費割合は全国都市平均よりも2～3倍となっていた（坂根 2010：30）。ことに軍港都市の多くはそれ以前には都市的資本が少ない農漁村集落であったため，そうした都市整備はまったくのゼロからなされなければならなかった。こうした状況から旧軍港市に対しては，海軍助成金と称される財政支援が各都市からの陳情により行われるようになった。海軍助成金は，1923（大正12）年に定められた「市町村助成金公布規則」第1条の「海軍官衙所在ノ市町村ニハ必要ニ応シ毎年度市町村助成金ヲ交付ス」に基づいて支給されるものであり，毎年度の総額が海軍側から示達され，これを関係市町村長協議会で必要性を勘案して配分額を定めることとなっていた。この配分決定の経緯については不明な点が多いが，旧軍港市においては急増する人口によって発生する教育需要が最大の負担となっていたため，全体としては小学校経費が重視され，配分決定がなされていた（佐世保市史編さん委員会 2003b：287；坂根 2010：37）。佐世保市の場合ほぼ10万円弱であり，太平洋戦争突入後は倍となった。都市の全歳入では5％程度の割合を占めるが，佐世保市が助成金陳情の際に算出した佐世保海軍工廠を民営化した場合の市の収入増額分は49万7,465円56銭となっていることから，実際の助成額はかなり低かったものと想定される（佐世保市史編さん委員会 2003b：283）。1931（昭和6）年の八幡市が官営製鉄所所在地として国庫から受けていた特別助成金は50万円であり（丸山 1956：91），同年の全軍港市町村への助成金が合わせて31万2,000円ということを考えると，手厚い保護というわけではなかったようである[9]。

3. 戦後の多角化した産業構造

　このように，戦前の佐世保市において海軍工廠は，良くも悪くもその都市構造を規定する重要な構成要素であった。ただし戦後には，軍事拠点としてのあり方は引き継ぎつつも，そうした軍と一体の軍需産業的側面を明確には伴わなかった。もとの工廠の設備や施設の多くは佐世保船舶工業株式会社（後の佐世保重工業株式会社，略称SSK）という民間の造船会社が引き継ぎ，多くは「平和産業」としての船舶建造，修理などに販路を開いてきた。そして戦後はこの造船業が佐世保市の第一の基幹産業となり，炭鉱業などとともに戦後の佐世保経済を支えるが，1970年代半ば以降それらの衰退によって，サービス業も基盤産業の1つとなっていく。1980年代以降は観光産業に力点が置かれるようになり，とくに1992（平成4）年のテーマ・パークであるハウステンボス開業以降は観光産業が実質的な基幹産業としての役割を担うようになった。

　これに対し，自衛隊および米軍の物資・役務面の需要により発生する特需は，たとえば2000年代（2000～2009年）の平均額では自衛隊関連が約716億円，米軍関連が約157億円であり，市民総所得額に対する割合でとらえるとそれぞれ13.0%，2.8%である。なお，造船業および観光業などの戦後の佐世保経済を支えているとされる基幹産業も，1つ1つにおいては影響力がそれほど大きくなく，いわば多角的に都市を支える構造となっている。たとえば造船業に関してピーク時の1965（昭和30）年の数値でみると，佐世保市の工業出荷額のうち造船関係（輸送機械）が55%を占めているものの，単一業種が工業構成に圧倒的な比重をもっている他都市と比較すると，市民1人あたりの出荷額はきわめて低い[10]。これは造船業が佐世保市経済にとって決定的な意味を持つ度合いが少ないと推定できるものである（九州経済調査協会1967：39-41）。それでも1960年代には市民総所得額に対し，SSK売上高は30～40%の割合となっていたが，2000年代（2000～2009年）では平均9.8%に減退し，さらに現在主要産業とされる観光産業においても，2000年代（2000～2009年）の観光推定消費額は同様に市民総所得額に対して平均11.8%にすぎず，さらに多角化が進んでいるといえる（佐世保市商港労働課・佐世保市産業振興課資料「佐世保地域経済の動向」より）。

以上のように，戦前から戦後，佐世保市は引き続き軍事拠点としての機能を持ち続けてはいるものの，その内部の産業構造は大きく様相を変えている。

4. 米軍の経済効果の歴史的変遷

以上の戦後の佐世保市の経済的概要を前提として，ここでは戦後の歴史的変遷もふまえた米軍存在による経済効果についてとらえる。先に市民総所得の3%弱にすぎないことを示した米軍特需は，周知のように朝鮮戦争が勃発した戦後初期においてはきわめて高い額にのぼっていた。ただし，その後の変容ぶりは著しく，地域経済にとってはきわめて不安定な状況ももたらしてきた。ここではそうした米軍の経済効果の複雑な様相を示すこととする。

4.1 米軍の経済効果の特徴

まずここで，米軍存在による経済効果の根本的な特徴について確認しておく。先に，戦後は軍と一体の軍需産業的側面が付随していないことを指摘したが，その点と米軍存在との関連について，下記の国会議員答弁からとらえる。

> 旧軍港市は元来が海軍の基地であつたのであるから，軍事基地として一本化すればそれで足りる。こういうような観測が政府筋に行われておるのじやないかという疑念を…抱かざるを得ないわけであります。…米軍は，軍需産業は米本国でその産業をいたされて，日本の，彼らのいわゆる基地として利用せられんとするところの旧軍港四市は，ただ艦船の出入をするだけにとどまるという状態でありますので，旧日本海軍時代のごとき繁栄を期することはもちろんできませんだけでなく，産業を根底から失つておりますところの四市というものが，将来永久にただ軍事基地一本化では繁栄することなどは夢想だもできない次第であります。

これは，与党（自由党）国会議員の宮原幸三郎氏による，1952（昭和27）年4月16日の衆議院外務委員会での質問の一部である。日米行政協定の発効に伴う再軍備が進行するなかで，旧軍港市四市からの請願を受けてのものであった。戦争放棄条項をもつ平和憲法の成立により，各旧軍港市は軍事拠点からの転向を余儀なくされることとなり，旧軍施設の非軍事的転用による都市再

生を行うことを目指した。1950（昭和25）年には「旧軍港市転換法」（法律第220号，以下，軍転法）という，さまざまな旧軍施設等の迅速かつ地域に有利な払下げ・譲渡を促進するための法律を成立させたが[11]，その直後に勃発した朝鮮戦争の影響により，旧軍港市の旧軍施設は再び米軍などに接収され，軍事拠点に逆戻りしつつあった。そこで危惧されたのが，ここで述べられている「軍事基地一本化」による経済基盤の確立の厳しさである。日本中が朝鮮戦争による特需の恩恵を受けていた当時，最前線基地として機能した旧軍港市が，佐世保に限らず最大の経済効果を得た地域の1つであったことは間違いない。そういった状況にあったにもかかわらず，米軍という存在がもたらしうる経済効果には大きな不安要素があることが自覚されており，それが宮原氏の質問のなかにある，軍需産業を伴わないという点であった。当然，艦船修理など補助的に発生する需要も少なくはないが，主要な軍需生産は自国アメリカでなされることとなる。軍事拠点として成立してきた地域にとって，これはきわめて重大な問題でもあった。

具体的に，佐世保市における朝鮮戦争期の米軍特需の内訳については以下のような市史の説明がある。「二十％程度が艦船修理，海陸輸送，土建，食糧，その他の米軍納入関係の少数に限られた業種に対する特需で，残りの八十％はバー，キャバレー，その他のサービス業，みやげ品，タクシー，一般商店の各層を対象とした特需であった」（佐世保市総務部庶務課 1956：143）。このように米軍の特需は消費産業的側面の比重がきわめて高く，そのため世界的な軍事情勢や両国家の軍事政策・方針の影響を強く受けるものでもあった。朝鮮戦争が休戦すると，すでに月平均特需額が1954（昭和29）年に5億7,000万円，1955（昭和30）年には3億3,000万円と如実に減っており，そのことは「一九五二（昭和二七）年に比べるとまさに五七％の減少」と指摘されている。

このように，米軍存在による特需（経済効果）は消費産業的側面がきわめて強く，一過性の高い性質のものであった。

4．2　米軍の経済効果の歴史的変化

米軍存在による特需（経済効果）は消費産業的側面が強く，これは駐留規模

や艦隊入港回数などに大きく左右される。以下ではその歴史的変遷について具体的にとらえておく。

①米軍の佐世保駐留規模の変遷

まず佐世保駐留米軍の規模の変化を在日米軍全体の規模とともに大まかにとらえる（図5-6）。在日米軍全体については、1952（昭和27）年の日米安全保障条約発効時の兵力数が約26万人であったのが1975（昭和50）年以降は4～5万人という規模で推移している状況にある。ここにはアメリカのベトナム戦争介入(1965～1973年)後のアジア駐留軍の削減方針が影響している。ただし、冷戦体制崩壊以後には、欧州西側諸国駐留米軍の大幅な削減に比して日本では大きく変化していない[12]。むしろアメリカの安全保障戦略における日本の重要性は相対的に増し、アメリカは日本との一体化した防衛体制をさらに強化していく。

佐世保は、1952（昭和27）年以降、1960年代には朝鮮戦争やベトナム戦争の前線基地として重要な役割を担ったが、1970年代には、米海軍拠点としての機能が大きく縮小された。図5-6に示すように、1952(昭和27)年には1万6,000人を数えた米軍軍人は、1970年代には1,000人を割り、1980（昭和55）年には217人にまで激減した。この間の1976（昭和51）年には「米海軍佐世保基地」から「米海軍佐世保弾薬廠」へと変更され、さらに同じ1970年代には「大幅返還」とも称されるまとまった米軍基地返還がなされた。

ただし、佐世保市の場合、こうした1970年代の米軍縮小化の方向は、1980年代には転換した。1980（昭和55）年には「米海軍佐世保弾薬廠」から再び「米海軍佐世保基地」となり、また1980年代半ば以降には、返還地区の再提供のみならず、新提供となった地区もあった。

1990年代に入って以降は、アメリカの共同防衛体制の強化方針から、さらに佐世保基地増強の方向へ向かう。図5-6から、1990（平成2）年には1,501人だった軍人が2001（平成13）年には3,000人強と倍増していることが読み取れ、全体的な流れのなかでもとくに佐世保の際立った増強傾向をとらえることができよう。

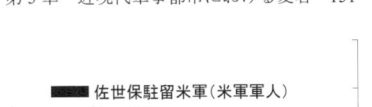

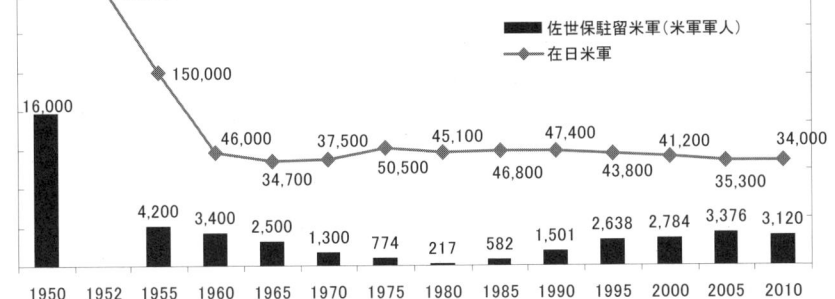

図5-6 在日米軍と佐世保駐留米軍（1950-2010年）
『平成23年版防衛ハンドブック』（朝雲新聞社、2011年）、『基地読本』（佐世保市ホームページ：http://www.city.sasebo.nagasaki.jp/www/contents/1143785464015/files/kichi4.pdf ［2011年6月1日登録］）より作成。

まとめると、佐世保において、戦後占領期および朝鮮戦争によって極大化していた駐留米軍は、その後漸次縮小されていき、さらにベトナム戦争以後に大きく縮小された。しかし、1980年代には増大化が図られるようになり、とくに冷戦体制崩壊後の1990年代以降にはその傾向が一層強くなっている。

②佐世保における米軍の経済効果

このように戦後大きく変動してきた米軍の存在は、とくに佐世保の経済的側面に大きな影響をもたらしてきた。たとえば駐留規模とともに変動してきたのが米軍艦艇の年間入港数や米軍基地内の日本人従業員数である。図5-7に示した米軍艦艇の年間の佐世保港入港数でも、1950年代前半のピーク時に3,500隻を超えたものが1977（昭和52）年には年間35隻という激減ぶりがうかがえる。同じく図5-7の基地内従業員数は、朝鮮戦争後には7,000人を超していたが、1970年代初頭にかけて3,000人弱へと大きく落ち込み、さらに同年代半ばには1,000人を割るところまで減少したことがわかる。そして、これらは佐世保市での経済効果に直接的な影響をもたらしてきた。図5-8は米軍特需の市民総所得に対する割合を示したものである。ここに示すように、朝鮮戦争後には市民総所得の3割を超えていた米軍特需は、その後5%まで大きく落ち込み、さらに現在では3%程度となっており、自衛隊特需の1980年代の伸びと比べると

図5-7 佐世保における米軍艦艇入港数と米軍基地内日本人従業員数（1949-2010年）
『基地読本』（佐世保市ホームページ：http://www.city.sasebo.nagasaki.jp/www/contents/1143785464015/files/kichi4.pdf［2011年6月1日登録］）より作成．

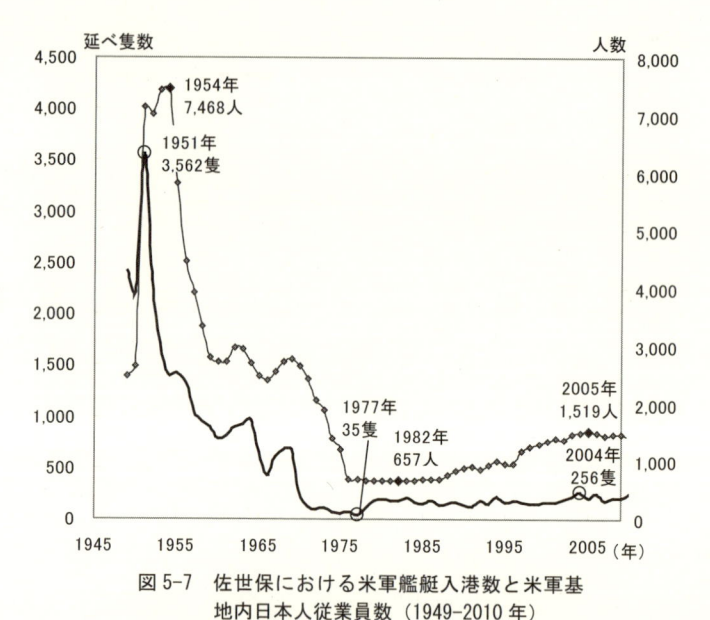

その影響力は小さくなっている．ここには，ベトナム戦争後の駐留米軍大幅削減とドルの価値の相対的低下がある．1970年代には変動相場制への移行とともに，アメリカの大幅な在日軍縮小政策がすすめられ，米軍特需の影響力は急激に落ち込んだ．また，1985（昭和60）年のプラザ合意後には円高ドル安の傾向が強くなったために，その経済効果がさらに弱まった．①で示したように，その後軍備増強が図られてはいくものの，米軍の経済効果はそれほど上がっていない状況にある．

③米軍存在の弊害的側面

　米軍の存在がもたらす経済効果は駐留規模や艦艇入港数の影響を受けやすく，消費産業的側面が強いことから，きわめて不安定である．たとえば1970年代の第7艦隊司令部の佐世保移駐問題は関係業者に大きな打撃を与えたとさ

図 5-8　佐世保市における市民総所得[1]に対する特需[2]の割合（1955-2009 年）
注：1）市民総所得は，1955 〜 1971 年までは佐世保市史編さん委員会（1975：306）における「市民個人所得」，1974 年以降は佐世保市商工労働課資料「市民所得推計」，佐世保市産業振興課資料「佐世保市市民所得」のデータを使用した．
　　2）特需は，自衛隊特需，米軍特需ともに佐世保市商工労働課・佐世保市産業振興課資料における「自衛隊特需」，「米軍特需」項目のデータをそのまま使用した．ただし，「米軍特需」に関しては，1967 年以前は円単位，1968 年以降はドル単位での値となっていたため，1968 年以降については，各年平均の円相場額（2004 年以前は日本統計協会（2006：484），2005 年以降は総務省ホームページ「為替相場」データ）をもとに円換算し，市民総所得と突き合わせた．
佐世保市商工労働課資料「佐世保地域経済の動向」（1997 年 5 月調査）・佐世保市産業振興課「佐世保地域経済の動向」（2012 年 5 月調査）資料，佐世保市史編さん委員会（1975），日本統計協会（2006）『日本長期統計総覧（第三巻）』，総務省統計局ホームページ「為替相場」：http://www.stat.go.jp/data/sekai/10.htm ［2012 年 10 月 31 日最終閲覧］より作成．

れる．これは 1970（昭和 45）年 12 月に第 7 艦隊司令部の佐世保移駐が決定されたにもかかわらず，1971（昭和 46）年 3 月には米海軍側の都合により取りやめとなり，「外人専用飲食店や外人向け貸家，その他基地に依存する零細業者に深刻な打撃を与えた．そして…関係業者の中には米軍依存の業種に見切りをつけて転廃業する者が続出」することとなった（佐世保市企画調整部基地対策課 2000：5）．1950 年代の膨大な米軍特需が大きく減退した挙句の，米軍側

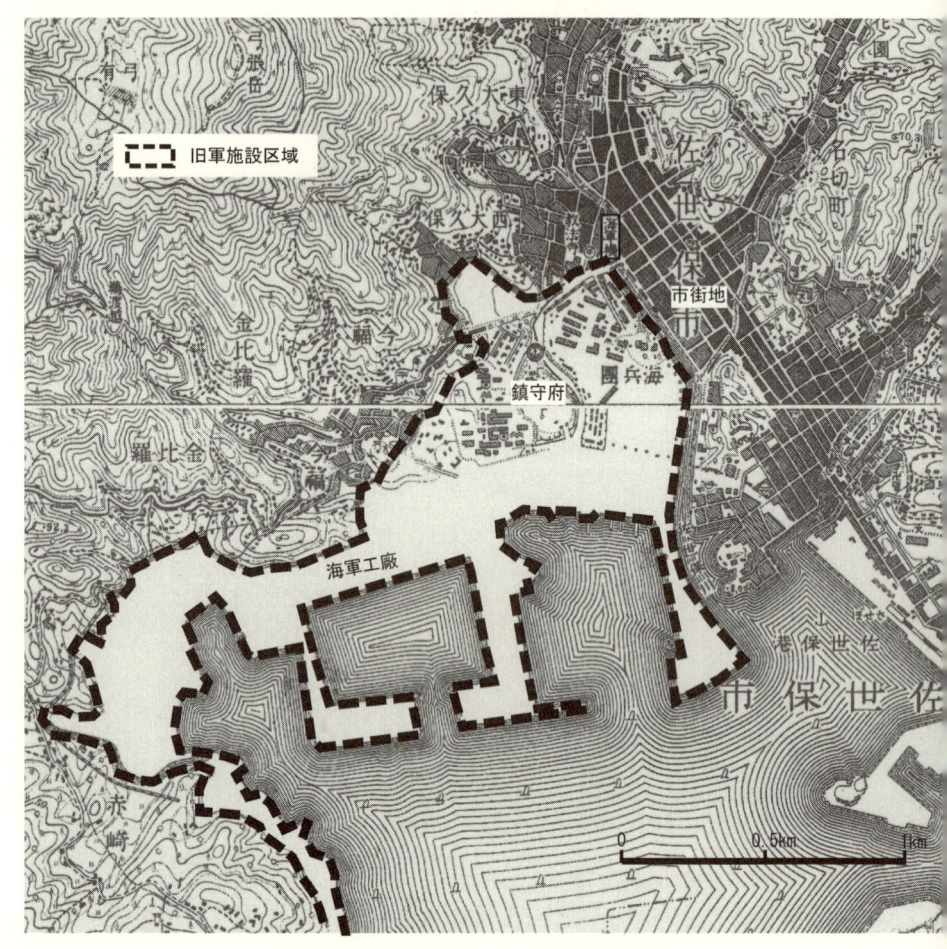

図 5-9（1） 戦前（大正期）の佐世保港付近
平岡（1997），2.5万分の1地形図「佐世保」「佐世保軍港」（1927年発行）をもとに作成．

の一方的都合による決定であったため，事態はきわめて深刻に受け取られたわけである．こうした米軍特需の極度の不安定さは，地域内で確固とした基盤産業の育成を求める声を大きくさせていく．ただし，その場合も米軍の存在は大きなネックとなってきた．図 5-9（1）（2）には戦前・戦後の佐世保港中心部

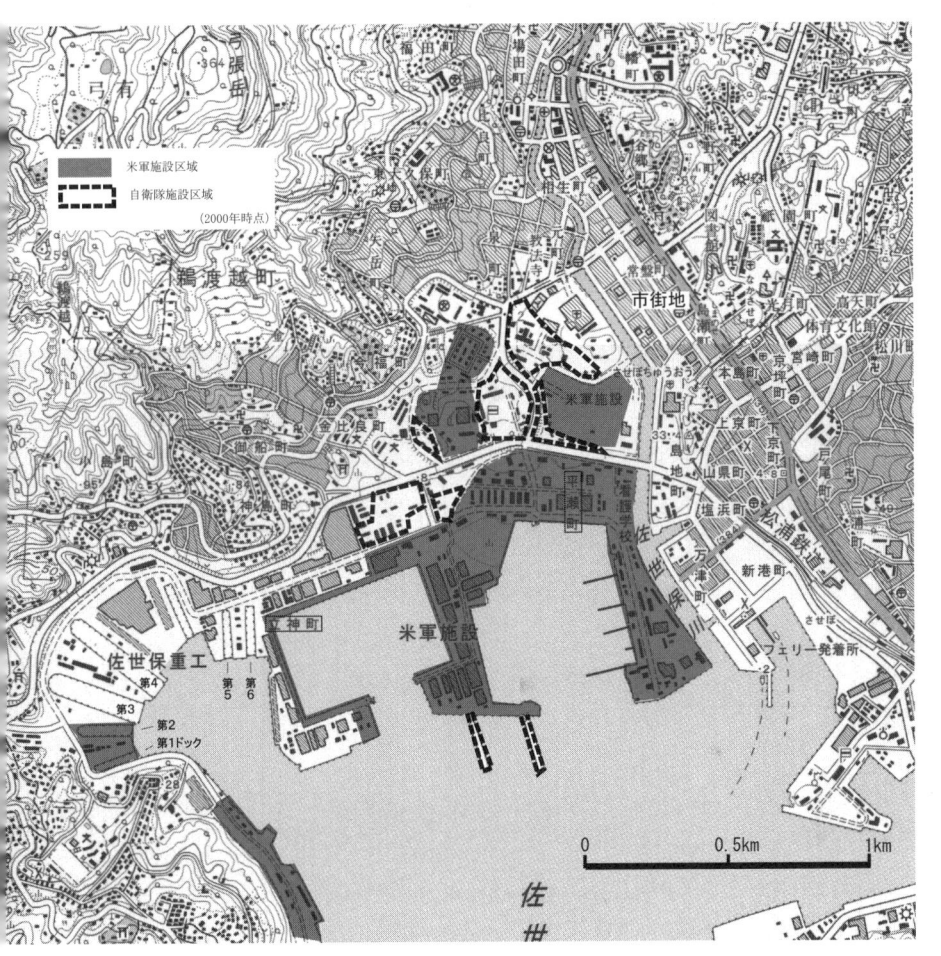

図 5-9（2） 戦後（平成期）の佐世保港付近
佐世保市企画調整部基地対策課（2000）所収「佐世保市所在防衛施設概況図」，2.5 万分の 1 地形図「佐世保北部」（1999 年発行），「佐世保南部」（2006 年発行）をもとに作成．

を示したが，戦前の旧海軍工廠施設が現在，米海軍および海上自衛隊，そして SSK（佐世保重工業）に引き継がれていることがわかる．このような港湾の使用状況において，佐世保第一の基幹産業でもある造船会社の SSK は，とくに米軍から一時使用や再提供といった形で，港湾施設使用の制限を受けることも

しばしばである。当然，米軍からの受注生産も少なくはないが，その操業制限によって同社の生産拡大・発展が阻まれる事態は多い。

たとえば 1973（昭和 48）年の SSK ドック建設候補地としての崎辺(さきべ)地区返還問題は，全市的な運動に発展した。戦前の佐世保海軍工廠から引き継いだ第 1 〜 6 ドック[13]のうち，第 1 〜 4 ドックは敗戦時に賠償対象として米軍（占領軍）が接収し，SSK は使用許可を得ながら操業を行っていた（図 5-9 (2) 参照）。その後順次ドックは返還され，1972（昭和 47）年までに第 3 および第 4 ドックの返還が実現していた[14]。1960 年代から 1970 年代にかけて大型輸出船建造で業績を伸ばした SSK は，施設拡充による生産拡大を図り，佐世保港の南東側に位置する崎辺地区（図 5-1 参照）に 100 万トン級の船舶が建造可能な大型ドックを備えた工場建設を計画した[15]。1973（昭和 48）年 5 月末に SSK が「崎辺地区に 100 万トンドッグを造らなければ同社の新造船部門は他市に転出しなければならない」と表明したことから，市，市議会および商工会議所を中心に「崎辺地区即時返還要求市民会議」が結成され，また市民大会なども開催される動きに発展した。同年 9 月には米軍側が条件付返還に合意の旨の発表があり，翌 1974（昭和 49）年 2 月には正式合意に至った。佐世保市では異例の速さでの合意であった（佐世保市企画調整部基地対策課 2000:6-7）。ただし，この建設計画はその後のオイルショックの影響により頓挫したため，1986（昭和 61）年には再び米軍にその一部を提供する形となった。

また，近年においても第 3 ドック問題が起きている。先に SSK に返還されたとした第 3 ドックは 1968（昭和 43）年の返還・払下げにあたり，「米軍が 7 日前に通知すれば，第 3 ドックを優先的に無償で使用できる」という返還使用協定が米軍，日本政府，SSK の三者間で締結されていた。これに基づき，1995（平成 7）年末に米軍から強襲揚陸艦ベローウッドの修理のために当該ドックを約半年にわたって使用するという意向が伝えられたが，SSK 側にとっては「死活問題」でもあるとのことで，双方間の交渉は決裂する事態となった（佐世保重工業 60 年史編纂委員会 2006：259-260）。結局，翌 1996（平成 8）年，米軍が第 3 ドックの代わりに，石川島播磨重工業株式会社の浮きドックを使用することとなり，一応の解決をみた（佐世保市企画調整部基地対策課 2000:23）。たっ

表 5-1 旧軍港四市の旧軍施設転用状況（土地，2000年現在）

(単位：千 m^2)

区　分		横須賀市	佐世保市	呉　市	舞鶴市
転用[1]	公共施設	4,845	2,210	2,591	2,379
	民間施設	3,526	910	3,192	10,179
	農地その他	2,239	1,810	1,467	2,519
	全体割合	56.2%	38.5%	76.1%	73.7%
未転用[1]	防衛施設[1]	2,835	2,778	775	2,211
	米軍提供施設	3,371	3,801	237	0
	その他[2]	2,076	1,309	1,265	3,158
	全体割合	43.8%	61.5%	23.9%	26.3%
総面積[3]		18,892	12,818	9,527	20,446

注：1) 旧軍港市振興協議会事務局 (2000) では「転用済みのもの」と「今後処理を要するもの」とに分類し，「防衛施設」は前者の「転用済み」に含めているが，本書ではこれを「未転用」として区分した．
　　2) ここでの「その他」は旧軍港市振興協議会事務局 (2000) では「未転用施設」となっているものであるが，本書での区分と紛らわしいため，便宜的にこの分類名とした．ここには「貸付」中のものも含まれている．
　　3) ここでの「総面積」とは，旧海・陸軍省および旧軍需省管轄で，敗戦時 (1945年) 旧大蔵省に移管された区域の総面積をさす．
旧軍港市振興協議会事務局 (2000：38) をもとに作成．

た7日前の通告で米軍の優先的使用を許可する使用協定自体，民間の造船会社にはきわめて厳しい状況を強いるものであろう．

　このように，佐世保市においては基盤産業の発展と米軍の存在とが相いれない側面を持ってきた．そのことは同じ旧軍港市における旧軍施設の転用状況の比較からも明らかとなる．旧軍港市においては，戦後も引き続き軍事拠点としての役割を担っているが，先に示した軍転法の定めるところにより，その旧軍施設の非軍事的転用を積極的に進めることを義務づけられてきた側面ももつ．表 5-1 には 2000（平成 12）年 3 月末現在の転用状況を示したが，転用率がそれぞれ横須賀市 55.1%，佐世保市 38.5%，呉市 76.1%，舞鶴市 73.7% となっており，とくに呉市，舞鶴市の 7 割を超える転用率に比べ，横須賀市や佐世保市は相対的に低く，ここには両市に設置されている米軍基地の存在が関連していることがみてとれる．なかでも佐世保市の転用率は際立って低く，これは佐世保市での米軍への提供施設区域が旧軍施設（土地）全体の 3 割にも及び，ま

た実面積も 3,801m^2 と，横須賀市の 3,371m^2 （横須賀市旧軍施設全体の 17.8%）をも上回る広大な領域を占めていることが原因といえる。また，佐世保市における民間施設への転用は 910m^2 （佐世保市旧軍施設全体の 7.1%）と他の 3 都市を大きく下回っており，転用の膠着化がとくに民間産業発展を阻むところにつながっていることがうかがえる。こうしたことから，とくに佐世保市においては，地域社会の民間産業発展と米軍基地の存在との相いれない対立が一層深刻であるともいえる。

5. 佐世保市行政の政治的背景と返還要求

基本的に佐世保市は保守系支持の政治基盤をもつ地域であり，行政はこれまで米軍基地の存在を容認するという政策方針をとってきたが，一方で返還要求も継続してなされてきた。表 5-2 には 1951（昭和 26）年から 2007（平成 19）年までの米軍基地をめぐるおもな動きとともに，市長や市議会構成の変遷をまとめた。戦後の市政を担った市長 5 人（14 期）は，すべて無所属での出馬で保守系政党の支持を含んでおり，革新系政党所属の対立候補と争った選挙戦も 8 期[16]にのぼったが，いずれも大差で決着した。また市議会構成については，各党さまざまに変化を経ており一律にとらえることは難しいが，おおよそ自民党系と無所属系の米軍基地容認・推進派が強い。ただし 1960 年代から 1980 年代まで革新系の割合が 3 割程度で維持されていたのに対し，1990 年代以降 1〜2 割と低くなり，逆に保守系の割合が高くなるという変化を経ている[17]。

ただし，基本的な米軍基地容認の方針であっても，米軍の制限水域緩和や基地返還陳情は市是として行われている。先述した軍転法という法律によって，旧軍施設の転用が地域課題として具体的に義務化，制度化されており，また前項で示したように，市の民間産業発展が米軍存在によって阻まれることも多い。こうした状況から，公的な返還要求が繰り返し提示され続けてきたのである。1971（昭和 46）の辻市長在任期（1963〜1978 年），市は「6 項目返還陳情」[18]として主要港湾部 6 地区の返還を要求し，この時ある程度返還されるも大半は実現せず[19]，その後も返還陳情は継続されてきた。そして光武市長在任期（1995〜2006 年）にはそれら項目の仕切り直しがなされ，「新返還 6

項目」が市議会で決議され，新たな返還陳情がなされるようになった[20]。なお，返還陳情を明確に表明した両市長とも，基本的には米軍基地容認の政策方針を持っていた。辻 一三氏は1963（昭和38）年の自身の最初の市長選挙で，当時反発の大きかった米軍原子力艦艇の寄港を，受け入れると表明して当選した市長である。また光武 顕氏は，基地の新たな提供も許しており，さらに以下で詳述する前畑弾薬庫の返還問題については，市民の返還への強い希望に対し，移転集約という方向で具体的施策方針を転換した。とくに辻氏は，1970年代に主要産業である造船・炭鉱業の大きな落ち込みから，積極的な米軍基地縮小・転用による産業振興を図る政策を打ち出すが，これはベトナム戦争後，米軍からの「大幅返還」により，基地縮小が可能であったためでもある。

　すなわち，戦後の佐世保市行政は米軍基地容認を基本としつつ，米軍に対しては基地返還陳情を繰り返し表明し，具体化していく，という方針で市政を展開してきた。

　ただし，とくに基地返還については実現可能性がきわめて低い。先の崎辺地区返還問題においては，ちょうど米軍が縮小方針を持っていたために異例の速さで返還に至ったが，通常はまったく聞き入れられないか，返還方針が受け入れられたとしても実現に至るまでに相当の時間を要する。例として，1990年代以降，市内で返還運動が活発化していた前畑弾薬庫返還問題について触れておく。図5-1に示すように，前畑弾薬庫地区は佐世保湾の中央部に位置し，市の中心部にも近いことから，佐世保湾内の民間船舶の航行や地区に隣接する住宅密集地に及ぼす危険性，および跡地利用による産業振興の可能性などを理由として，返還が望まれてきた。ことに1990年代以降，市は具体的に動き出し，1990年代半ばには公民館長らをはじめとする地元住民からの陳情も積極的に出され，さらに1997（平成9）年には商工会議所も加わる形での陳情活動へと発展していた（佐世保市企画調整部基地対策課 2000：16-17）。そして1999（平成11）年には国（防衛施設庁）も地区内の調査を開始するなどして動き出し，最終的に2007（平成19）年6月に前畑地区の返還はようやく合意に至った。とはいえ，同市内針尾地区（図5-1参照）への移転集約を前提とした返還であり，移転先の施設拡充を待っての返還となるため，返還の実現にはさらに相当

表 5-2　佐世保における米軍基地動向と市長・市議会構成の変遷（1951-2007 年）

年	佐世保における米軍基地動向　〇個別の軍事施設の返還・提供動向	市長（所属）	計	自 1)	民 2)	社	共	公	無	その他
1951 1952 1953 1954	米海軍佐世保常駐決定	中田正輔（無）	40	10		8			21	諸1
1955 1956 1957 1958	〇水域問題開始	山中辰四郎（無）	44	8		7			29	
1959 1960 1961 1962			44	7		10	1		25	諸1
1963 1964 1965 1966	〇水域協定締結（制限水域決定）原子力艦艇シードラゴン入港 〇名切谷地区返還運動	辻一三（無）	44	5	8	5	1	4	21	
1967 1968 1969 1970 1971	原子力空母エンタープライズ入港 〇名切谷地区返還 米海軍佐世保基地縮小決定 〇米軍基地6項目返還陳情		44	9	6	6	1	4	18	
1972 1973 1974	〇崎辺地区返還運動→返還		45	6	9	5	1	4	20	
1975 1976 1977 1978	〇米軍基地大幅返還開始 米海軍佐世保基地→米海軍佐世保弾薬廠		44	6	7	7	1	5	18	
1979 1980 1981 1982	米海軍佐世保弾薬廠→米海軍佐世保基地	桟熊獅（無）	44	6	6	6	1	5	9	農11

年	事項	市長	議席数					
1983			40	8	5	7	1	5	14
1984	○針尾地区新提供（1984～）							
1985	○崎辺地区再提供（1984～）							
1986								
1987		桟熊獅 （無）	40	10	7	6	1	5	11
1988								
1989								
1990								
1991			40	10	6	6	1	4	13
1992								
1993	○立神地区再提供（1987～）							
1994								
1995	○ジュリエット・ベースン地区提供		38	6		6	1		21
1996	○前畑地区移転・返還運動							
1997								
1998	○米軍基地新返還6項目							
1999		光武顕 （無）	36	7		5		4	20
2000								
2001	○赤崎貯油所の一部返還							
2002								
2003			36	7		5		4	20
2004	○立神港区岸壁（3～5号）返還合意							
2005								
2006								
2007	○前畑地区返還（移転・集約）合意							

）自由党→自由民主党（1955年～）
）民主社会党→民社党（1969年～）
佐世保市選挙管理委員会事務局（1997），佐世保市議会（2001），『基地読本』（佐世保市ホームページ：http://www.city.sasebo.nagasaki.jp/www/contents/1143785464015/files/kichi2.pdf［2011年6月1日登録］）をもとに作成．

の年月を要するものと推測される[21]。

　このように，米軍の存在は少なくはない経済効果をもつものの，それは一過性の高い不安定な性質をもち，地域の安定的発展を阻む側面ももつ。そのため基地返還が強く望まれることもあるが，その実現ともなると困難を極める。地域社会にとって，米軍は多くの問題を孕んだ存在なのである。

第2節　米軍原子力艦艇寄港反対運動と米軍存在の矛盾の顕在化

佐世保で1960年代後半に繰り広げられた米軍の原子力艦艇寄港反対運動は，さらに地域内での米軍存在に強い疑問を抱かせる側面をもった。以下ではまず1項においてこの事象の概要についてとらえ，続く2および3項でこの事象がどのような形で米軍存在への強い疑問を住民らに抱かせるものとなったのかをとらえる。

1．米軍原子力艦艇寄港反対運動の概要

米軍原子力艦艇寄港反対運動（以下，寄港反対運動）は，1950年代から1960年代にかけて，冷戦体制確立を背景として再軍備が進められていくなか[22]，その動きに対抗する形で展開された原水爆禁止署名運動や60年安保闘争，さらにベトナム反戦運動などとともに同時代的な「平和運動」の1つとして位置づけられているものである[23]。ほか寄港地となった横須賀をはじめ，東京や大阪，福岡など大都市圏でも行われ，全国的な展開をみせたが，とくに佐世保市では寄港回数も多く，激しい衝突が起きた。ここで米軍原子力艦艇寄港反対運動と称しているのは，1964（昭和39）年から1968（昭和43）年初頭にかけて米軍の原子力艦艇が10数回佐世保港に寄港した際に繰り広げられた，反対集会やデモ，そしてそれに伴う機動隊とデモ参加者との衝突など一連の事象である。ここで取り上げるのは，その最も激しい衝突となった原子力空母エンタープライズ号寄港の際の反対運動（以下，エンタープライズ闘争）である。

とくに，佐世保市では寄港反対運動初期の頃から一貫して運動への地元住民の不参加・無関心を問題視する傾向が強かった[24]。米軍特需の激減や米軍による犯罪などにより自衛隊と比較して問題が多いとする傾向は強かったが，全国的にみるとこの頃の佐世保市における米軍原子力艦艇寄港の受け入れはきわめて好意的であった。むしろ艦隊寄港により大きな経済効果が期待できるとして，とくに地元の経済界を中心として誘致運動が展開されてもいた。そしてエンタープライズ号の寄港に際しても，当初は同様の状況であった。エンタープライズ号寄港の半年前にあたる1967（昭和42）年7月には，「商店主や経済団体，

保守系市議などで組織している原潜入港推進市民連絡協議会が中心となって佐世保市，米国海軍佐世保基地，米国大使館，在日米軍司令部などにエンタープライズなど原子力艦艇の佐世保寄港を陳情，十二月六日には約百人が佐世保市公会堂に集まって『安保を守る佐世保市民協議会』を結成した」(田中 1969 : 12)。朝日新聞記者としてエンタープライズ闘争を取材した田中哲也氏は，寄港前の取材において「佐世保のなかから発生している原子力艦艇誘致運動が異常なほど熱気をおびているのに私は驚いた」とし，取材で商店街のある幹部が炭鉱業衰退の痛手が大きいことを説明し，「だからわれわれはアメリカの軍艦を購買力として歓迎する。軍艦のなかでも兵隊さんがよけい乗っているものほどよい。四千人以上が乗り組んでいるというエンタープライズは願ってもない最上級のお客である——というのだ。…このような誘致派の動きにくらべて，寄港に反対する側の動きに，何か無気力で，もどかしいものを感じた」(田中 1969 : 14) と記している。

　しかし，エンタープライズ闘争の 7 日間[25]を経た後には，住民の無関心なあり方が大きく転換したとされる。ことに注目すべきは，以後，佐世保市においては住民による平和運動の組織化がなされたことにある。たとえば「19 日佐世保市民の会」や「佐世保空襲を語り継ぐ会」があり，これらは政党や組合による組織立ったものではなく[26]，一般住民らの主体的な参加による新しいタイプの平和運動として特徴づけられるものであり (佐世保市史編さん委員会 2003a : 692)，また現在でもこれらの活動は維持されている。とくに「19 日佐世保市民の会」は，エンタープライズ入港日の翌月，1968 (昭和 43) 年 2 月 19 日に闘争を忘れるなという趣旨ではじめたデモ行進を現在 (2012 年 7 月) まで 40 数年もの間毎月行っている組織であり，いわばエンタープライズ闘争に設立の直接的契機をもつものである[27]。こうした状況が生み出された背景に，何があったのだろうか。以下ではこのことを明らかにする。

2. エンタープライズ闘争時の国家が放った暴力

　エンタープライズ闘争は，それまでの寄港反対運動とは状況が異なっていた。それは，その前年に羽田闘争などの暴力デモを起こし，「暴徒」と称されてい

た三派全学連[28]の本格的参入が宣言されていたことである。「警察庁は第二次羽田闘争では学生一人に警官二人の比率だったものを，二.五人から三人に強化する方針をだし，機動隊四五三〇人，私服刑事一二九三人を佐世保に動員した。また一〇〇〇発以上の催涙ガス弾と，催涙液入りの放水装置も用意された。国鉄の引込み線にあった石約五〇〇トンも，投石に利用されないようかたづけてアスファルト舗装してしまった」(小熊 2009：503) と，過剰なほどの警備体制がとられていた。

そして，エンタープライズ号寄港前々日，1月17日の正午頃，最初の三派全学連と機動隊との大きな衝突があったが，この時の様子が新聞各紙で以下のように報じられていた。

　　正午前，学生の後方に回った機動隊員が，バリケードで防壁を築いていた学生たちの中に突込んだ。頭をなぐられ，血で顔をそめる学生。「コラ」「コラ」とどなりながら，学生たちを追いかけて警棒でなぐりつける。警察部隊の攻勢に学生は手が出なかった。警棒を使い過ぎる警官に指揮官が「コラ，やめろ，やめろ」と白い指揮棒で制止しようとするが，それをきかないで「コノヤロウ」とどなりながら力いっぱい警棒をふるう警官もいた。市民の中には，学生になぐりかかる警察部隊の前にわけて入り，「やめろ」「やめろ」と両手をひろげて大声で叫ぶものもいた。さらに市民病院に逃げ込んだ学生たちに向おうとする機動隊員に，市民の中から「機動隊は暴力をふるうな」「いいかげんにしろ」などの叫びがあり，二人の中年の男が学生と機動隊の間に割って入った。(朝日新聞1月17日夕刊)

　　市民病院前の広場では警官隊の警防がうずくまった学生の頭にもようしゃなく打ちおろされる。頭から血が噴き出す。自制してきた警官隊も，この段階ではもう理性を失ってしまったかのようだ。病院のコンクリート壁に押さえつけ無抵抗状態になったうえになおところかまわず警棒を浴びせる。この日のために考案したという長い警棒の打撃はすさまじいばかり。見ていた市民の間から「あんまりだ。もうやめろ」という怒りの声が飛ぶ。それまではヤジ馬気分が先に立っていただろう市民がたまりかねたように「もうやめてもいいだろう」と警官の間に割ってはいる。(毎日新聞1月

17日夕刊）

　警官隊は大阪，山口，福岡などの精鋭ぞろい。学生たちを病院前に追いつめたあとは，一人の学生に五，六人がかりで頭といわず腹といわず打ちすえ，けりとばした。投石よけのジュラルミンのタテで女子学生をなぐりつける警官。そのすぐわきで倒れて動かなくなった学生を三，四人が押えつけ，なぐりつける。見物中の市民の間からも「無抵抗の者に乱暴はよさんか！」とうわずった声が飛ぶ。（長崎時事新聞1月18日）

　逃げ遅れた学生たちは一人が十数人の警官隊につかまり，警棒でメッタ打ちにされたうえ，出動靴でけり上げられ，頭や顔を割られて地面に倒れる。警官隊は，なおも学生たちを追い回し，徹底的にたたきのめした。近くにいた市民の間では「いくら警官隊とはいえあまりにもひどい。逃げまどう学生をどうしてメッタ打ちにしなければならないのか…」と警官隊の"過剰実力行使"に怒りの目を向けていた。（長崎時事新聞1月18日）

　これらの住民の行動は目前で国家が放つ行き過ぎた暴力[29]に対する反射的行動という側面が強かった。ただし，翌日以降にはデモ見学者の数は急増し，また住民のデモへの自発的参加も多くみられるようになっており，「無関心」と表現されてきた佐世保住民の関心の高まりに少なからず影響を与えたものととらえられる[29]。

3．米軍存在の矛盾の露呈

3．1　米軍基地をめぐる空間構造と寄港反対運動

　図5-10は，1963（昭和38）年当時の佐世保川河口付近を示したものである。ここは佐世保湾北奥部にあたる，佐世保市の中心区域であり，佐世保川をはさんで東側が市街地，そしてその西側の臨海部にかけての広大な区域が米軍および自衛隊の諸施設が並ぶ軍事施設区域となっている。川には当時南側の河口付近に平瀬橋，そしてそこから数百メートル北上したところに佐世保橋がかかっており，平瀬橋はおもに駅から，佐世保橋はおもに市街地側からアクセスする際に利用され，いずれも佐世保市の北西地区につながる主要道路の一部となっ

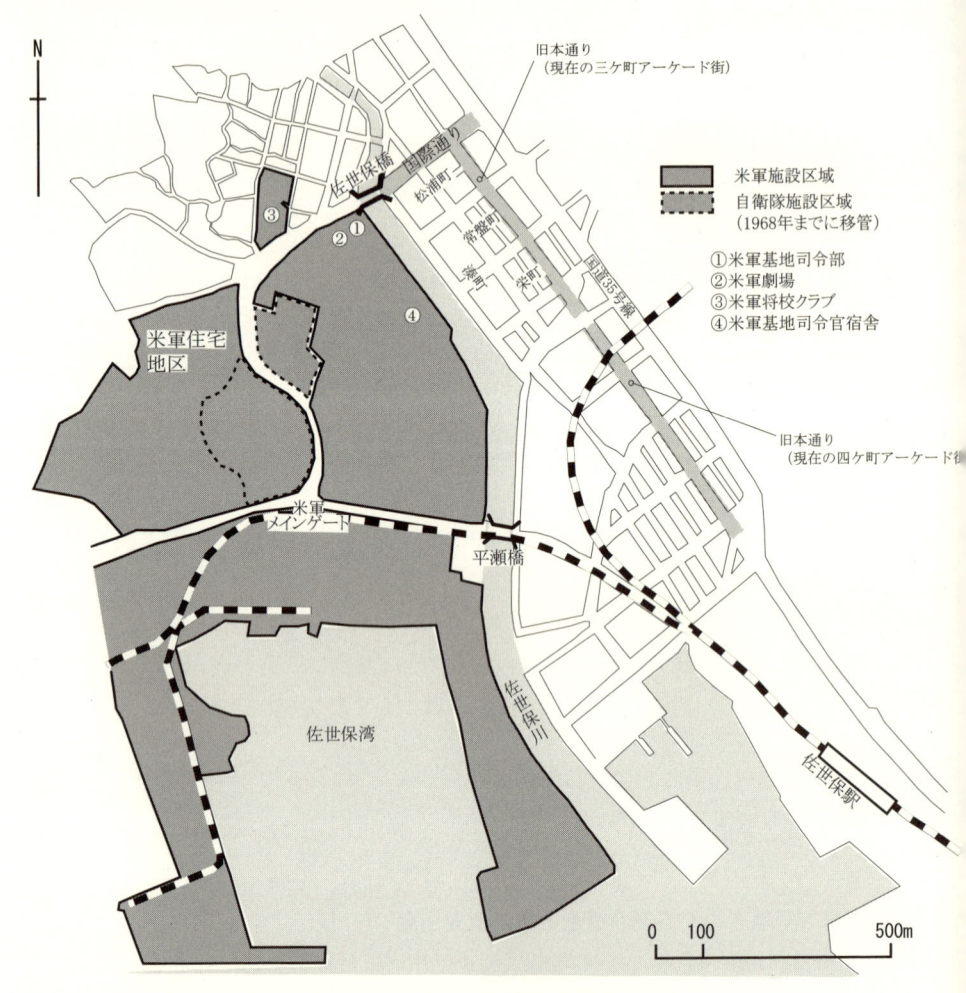

図 5-10　1960 年代の佐世保川河口付近
『佐世保市総合計画』所収「佐世保市提供地域図」(1965 年, 佐世保市),
『佐世保地理詳解圖』(1965 年, 淺川地學研究所) より作成.

ている（図 5-9（2）参照）。

　図 5-9（1）からわかるように，この佐世保川をはさんで市街地と軍事施設区域が対峙する空間構造は，戦前の旧海軍時代からのものである。ことに川に

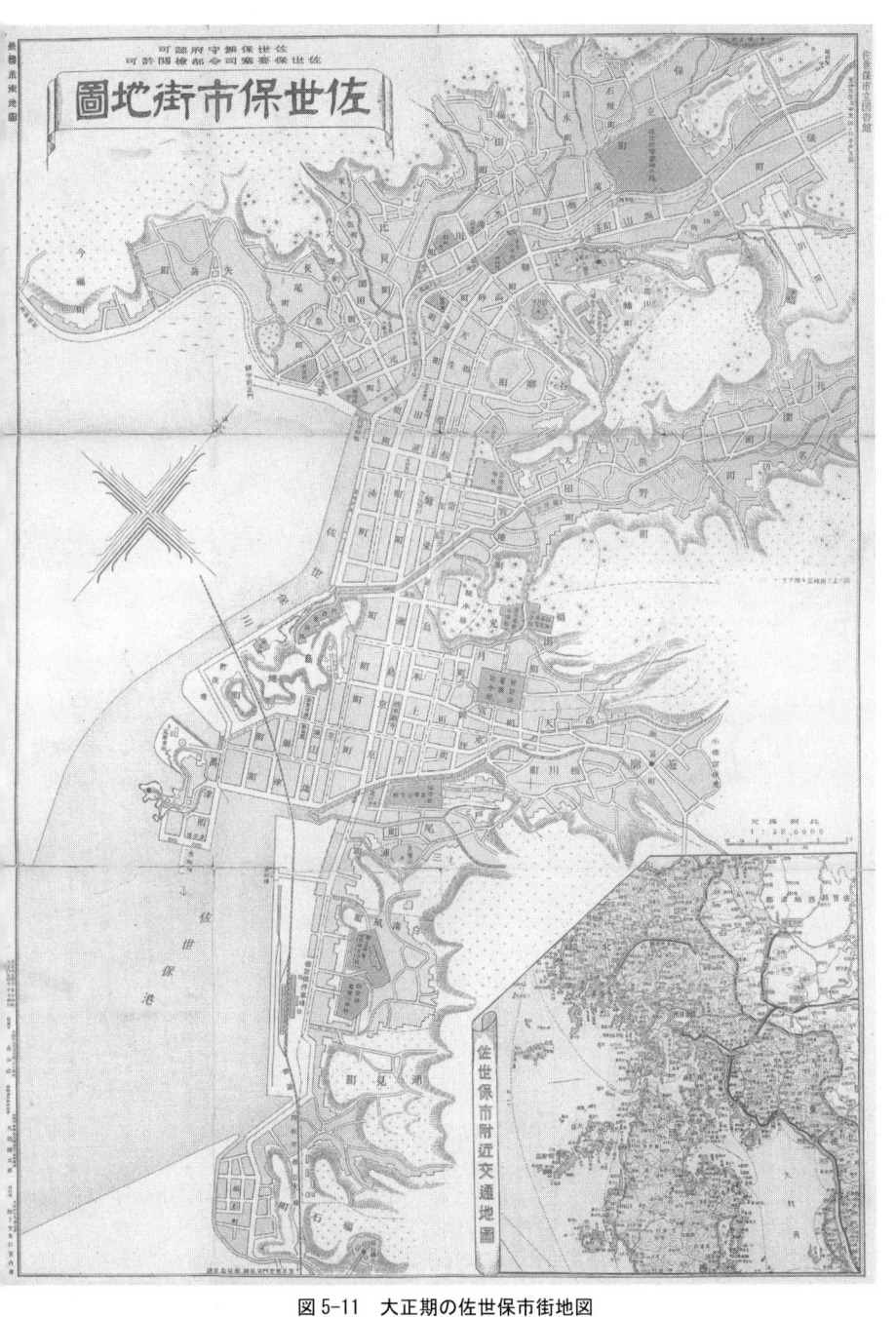

図 5-11　大正期の佐世保市街地図
『佐世保市街地図』駿々堂旅行案内刊，1920（大正 9）年，佐世保市立図書館蔵

面したこの区域には鎮守府庁舎や士官・下士官兵の社交施設や集会所，海兵団施設など旧海軍の中枢・象徴的施設が多く立ち並んでいた。図5-11は大正期の佐世保市街地図であるが，佐世保川西岸にはただ「鎮守府正門」のみが記され白抜きになっており，市街地側から「海軍さん」を垣間見る場所でもあったことがうかがえる。戦後すぐ，この付近は米軍施設区域となり，旧下士官兵集会所に米軍基地司令部（図5-10中①），それに隣接していた旧海軍佐世保鎮守府凱旋記念館が米軍の劇場（図5-10中②），さらに鎮守府正門（表門）のあたりにあった士官の集会・宿泊施設である旧水交社が米軍の将校クラブ（図5-10中③），旧鎮守府司令長官官舎は米軍基地司令官宿舎（図5-10中④）となった。いわば，戦前と同様の空間構造のまま，米軍がその主にすりかわった格好となっていた。

佐世保中心部はこうした空間構造となっていたため，寄港反対運動時にはこの付近がデモなどを繰り広げる中心的区域となった。佐世保橋から西側に続く道路は米軍施設区域と自衛隊施設区域との間を貫通し，平瀬橋から西側に延びる道路と港側の米軍施設区域のメインゲート付近で交差する。とくに，佐世保初の米軍原子力艦艇寄港となった1964（昭和39）年11月の原子力潜水艦シードラゴン寄港時の最大規模の衝突はこのメインゲート付近で起きた。ただし，エンタープライズ寄港時には，それまでにも機動隊との激しい衝突を繰り広げていた三派全学連の本格的参加が表明されていたこともあり，警察側では過剰な警戒がなされ，すべて佐世保川西岸側への立入は規制された。そのため，機動隊とデモ参加者との激しい衝突はほぼ平瀬橋，佐世保橋上で起きる格好となった。

3.2 学生による基地突入

前述した「19日佐世保市民の会」の発起人である矢動丸廣氏は以下のエンタープライズ闘争での場面を会設立の契機として具体的に表明している。それは闘争5日目（エンタープライズ入港3日目），エンタープライズの出港を翌々日にひかえた1月21日の午後5時を過ぎた時のことであった（以下，引用は佐世保19日市民の会1969：20-32）。

急に，〔著者注：佐世保橋上で機動隊と衝突していた三派全学連のうち

の〕中核派が隊列をととのえると，後ろへ向って転進し…佐世保川沿いの道に出てきた。佐世保橋から下流一五〇メートルくらいのところだ。これまでも，川をたのんで，警備陣が全然いなかったところだ。潮が干いていた。…対岸の基地へ，膝までくらいの水を渡っていた。先頭の者が川岸に上がり，旗を金網の中に放り込むと，背丈くらいの金網の上の有刺鉄線を叩き切り，基地の中に踊りこんだ。

　橋の上では，いぜん，〔著者注：三派全学連の〕解放派が機動隊に突入していた。それを取り囲んでいた市民たちが，川を渡る〔著者注：中核派の〕学生を見て，なだれのように川沿いの道を動いた。真剣な表情であった。…それよりも恐怖をかみ殺している目といったがよいのかもしれぬ。ぼくの隣に立っていた民社党の市会議員が，「危ない，発砲されるゾッ」と，大声をたてた。

　基地の建物のかげから，米軍のジープが，サイレンを鳴らしながら猛スピードで，旗をもった学生に迫った。その後を，機動隊がドタドタと走ってきた。基地の中で機動隊に包囲された学生のうち，二人はまた金網の外に飛出した。数人のリーダーが金網の外の基地の川岸に立ち，三十人くらいの学生は，潟の中で列を整えた。

　そのときである。川沿いの道にふくれあがった千人以上の市民たちが，足元にあった石ころを堅く掴んだのは…。

これは基地突入により破壊活動防止法（通称：破防法）が適用され，「学生を包囲して全員検挙のために襲いかかる機動隊を予想し」た市民の行動であった。「この川の中にいた学生たちを機動隊が包囲するようなことでもあったら，川沿いの道にいた佐世保市民の石は，当然，機動隊の背後を襲ったにちがいな」かった。しかし，学生たちは無事引き返してきた。そして，

　市民たちはホッとした表情にもどると，手にした石を捨てた。そして，川から道に上がってくる学生たちに拍手をおくった。

矢動丸氏は「こんどの佐世保事件で，破防法の適用を阻止したのは，石を掴んだ市民の手であったことを強調しておきたい。」と述べ，「そして，ぼくはこれから，みんなといっしょにこの手を組織していく」として「19日佐世保市

民の会」の発足を宣言している。

　以上から，彼は会の設立を思い立つにいたる具体的契機を，基地突入という学生の行為を目の当たりにした際の住民らの行動にあったとしていることがわかる。そして，「基地突入」という行為が，佐世保住民にとって，単なる破防法の適用ラインにあたるということ以上の意味をもっていたことにも触れられている。

　　軍港時代，佐世保の現人神が住んでいた鎮守府司令長官官舎が，そのまま現在，米軍の司令官宿舎になっている。三派の行動の批判はともかく，学生たちは，五分間ではあっても，米軍のシンボルである長官宿舎という神の聖域に突入したことは事実である。…基地突入は，多くの佐世保市民にとっては，まさに「驚天動地」「青天の霹靂」以上のショックだったことはまちがいない。

　基地突入が住民らを強く揺さぶる，象徴的出来事であったことは，その直後の住民らの行動からもうかがえる。いつも「デモ隊が引きあげると，いつのまにか姿を消す」住民たちは，この時だけは解散せずに佐世保橋に集結し機動隊と対峙した。その時のようすは以下のように新聞，手記で記されている。

　　橋のたもとにいた市民七百人は学生たちが引き揚げた同日午後六時十五分を過ぎても帰らず，車道に降りて「警官隊帰れ」「市民の橋だから通せ」と騒ぎ出した。警官隊は橋いっぱいに隊列を組んでにらみ合った。見物人の一部は橋の上に落ちていた石を拾い上げ警官隊に投げかけたり，あちこちで警官隊の投石よけのタテを奪おうとしたり，なぐりかかる者もいた。
（西日本新聞 1 月 22 日）

　　デモ隊が姿を消した佐世保橋に向かって，こんどは約千五百人の大衆が進みはじめた。投石するものもいる。橋の基地側のたもとまで後退した警官隊は，ついに放水をはじめた。やがて大衆のなかから数十人が進み出た。「暴力はよせ。石は投げるな」と叫びながら警官隊へ近づいた。残りの人々がつづく。「道を開けろ」という声が合唱に高まったとき，佐世保橋は開かれた。警官隊の拡声器が「市民のみなさん，どうぞお通り下さい」と伝えた。午後七時四十分だった。（田中 1969：45-46）

住民らにとって基地内侵入は，時には死の可能性もありうる，いわば権力に対する最も無謀な反逆行為であった[31]。そこに住民らの抑制しがたい興奮が以上のような形で発露したものか，あるいは矢動丸氏が述べているように，その暴挙に対しなされる権力側の暴力の応酬を自らが食い止めたという思いもあったものか。いずれにしても，この21日の人々と機動隊との攻防は，住民らの権力への対抗の可能性を感じえた興奮が，機動隊に対峙する行動をとらせたものとして位置づけられている。

矢動丸氏は三派全学連の行動に触発されたこれらの住民の動きに，佐世保における権力への無抵抗追随の歴史の転換を期待し，「19日佐世保市民の会」を組織したとする。会は全国的組織との連携もとりつつ，基地撤去を求める方向へも展開していった。そして先にも触れたように，今日においても毎月のデモ行進は継続され，現在にいたっている。

3.3 米軍存在の矛盾を露呈した空間構造

学生の佐世保川を越えての基地突入行為は，これまで佐世保において不可侵を絶対のものとして受容されていた軍事空間を，権力による暴力的占有としてとらえる見方を提示するものとなったとみなすことができる。その後封鎖されていた佐世保橋で「市民の橋だから通せ」という要求とともに警官隊と対峙した人々の動きは，そうした国家の暴力（武力）による空間占有へのできる限りの抵抗であったものと考える。

また，エンタープライズ闘争で警察の過剰警備への批判が集中したことについて，当時の自由民主党衆議院議員西岡武夫氏は警察を擁護する立場で，佐世保の地方文芸雑誌『虹』（九州公論社）に以下のように述べている。

> 警察にとって不幸だったのは，米軍基地という特殊な区域を守るという不利な任務であったからである。なぜなら，警察が学生の暴力から守ろうとするもののなかには，一般市民は全く含まれず，むしろ，市民は三派系全学連の側に地理的に位置していたからである。したがって，警察が，学生の暴行に対して行なう放水や，催涙弾は，市民の側に向って投げられている格好になってしまった。（九州公論社1969『虹』187：32）

また，同じく雑誌『虹』には一般住民の以下のような意見が載せられていた。

> 海軍橋〔著者注：佐世保橋の戦前の呼称〕から基地の周辺を回る道路は平瀬橋の方へ一巡出来る訳だが，あの道は国道であるにも拘らずデモ隊を通過させないという警備陣の態度は明らかに警備のゆき過ぎとしか思えない。（前掲書：42）

写真 5-1 の佐世保橋上の機動隊の様子からうかがえるように，いわば一般道すらデモ隊に開放せず米軍基地のある佐世保川西岸側一帯をがっちりと警備で固めた警察は，米軍基地を守り市街地側と敵対する明確な空間構造を自ら作り出していた。住民の側からみると，国家が守ろうとしているものは米軍であった。そのことは上記一般住民が後につづけている以下の見方からもうかがえる。

> 日本人の国道を何故，日本人が歩いてはいけないのか，安保条約でアメリカさんの安全を護ると約束したので，日本人を殺してもアチラさんを保護するというのは，日本人の私たちには解りかねます。（前掲書：42）

このような意見は一般住民らに多く見られるものである。市内で居酒屋を営む女性は，学生の暴力的なデモに対しては賛成できないと表明しつつ，国家の暴力が差し向けられる対象についての皮肉を以下のように述べている。

> 佐世保の完璧に近い警備を日本を保守的な国として認めている国の人達は…賞賛しているでしょうね。エンプラの乗組員かははっきりしないが「外国人であるわれわれを，日本の警察は自国の国民をコン棒で叩きのめしても守ってくれたということに対して涙が出るほど感謝している。」といっている外人がいるんですよ。（前掲書：45）

エンタープライズ闘争は，戦後の共同防衛体制において，国家が「自国防衛」と称して正当化する軍の内包する矛盾を露呈する側面も持っていたのである。

第3節　米軍存在の矛盾の曖昧化と演出

1960年代末のエンタープライズ闘争において，国家の暴力的な空間占有の実態や「自国防衛」と称して正当化する軍の内包する矛盾を顕在化させた空間構造は，1970年代の米軍の縮小化およびそれ以降の佐世保市行政の整備政

策によって大きく変容する。さらに佐世保市行政はその後の1980年代以降の米軍増強に呼応するかのように、その存在の演出をも行っていく。本節ではそうしたエンタープライズ闘争後の米軍存在の変容について検討する。

1. 1970年代の米軍基地縮小化と空間構造の変化

写真5-1 市街地側から見た佐世保橋上の機動隊
（1968年1月）
左端の建物が米軍司令部（旧下士官兵集会所），その奥が米軍の劇場（旧海軍凱旋記念館），中央右に見える八角形屋根を備えた建物が米軍将校クラブ（旧水交社）である。
写真提供：河口雅子氏

先にも触れたように、1970年代以降、在日米軍規模は大きく縮小されていった。佐世保市においても米軍施設区域の一部が返還となり、佐世保川西岸に面した一帯もその対象となった。佐世保橋付近にあった米軍基地司令部一帯は、1975（昭和50）年の「大幅返還」で米軍が提示した返還区域である。その後市への譲渡・貸付が実現し、跡地には新たに佐世保市立総合病院と佐世保中央消防署が建設された（図5-12参照）。なお、返還時の建造物はほとんどが取り壊されており、米軍の劇場として使用されていた旧海軍佐世保鎮守府凱旋記念館のみ残され、佐世保市民文化ホールとして再利用された。こうして、1970年代に米軍基地の返還がすすみ、戦前期より長く維持されていた佐世保川を境として「軍」と「市民」とを分け隔てる空間構造は変化していくこととなった。

同じく川の西岸に面し、同時期に返還されたものに佐世保公園がある。先の米軍基地司令部一帯の南に位置していた区域である（図5-12参照）。ただしこの区域は、当初1975年に米軍側が提示した返還区域には含まれておらず、佐世保市行政がさらに追加要請して返還が実現したものである。また、その後日本に返還されたものの、形式的にはいまだ国有財産であり、市への無償貸付によっ

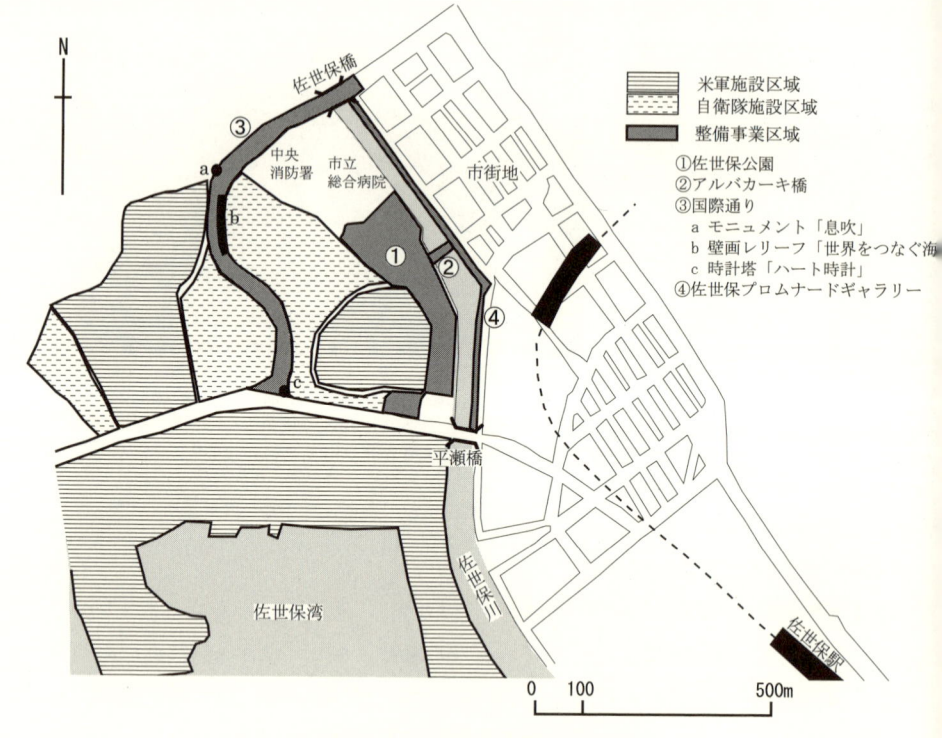

図 5-12 佐世保川周辺の整備事業区域
佐世保市基地対策課資料，佐世保公園・国際通り線・佐世保プロムナードギャラリーに関するパンフレットをもとに作成.

て公園開設が実現している。いわば，佐世保公園区域は，市行政が明確な意図をもって強くその返還を要求したことで，ようやく実現している空間である。図 5-12 で確認すると，こうして「市民の憩いの場」として開設された佐世保公園が，同時期に返還・建設された市立総合病院や中央消防署とともに，市街地側からみた対岸に「市民」の空間を実現させていることがわかる。川を境として軍と住民とを分け隔ててきた歴史的な空間構造は，ここで変化したのである。

2. 改変された「暴力」の空間

こうした 1970 年代の米軍縮小化の方向は 1980 年代に入り，拡大傾向へ転換

する。そして、こうした米軍基地の規模拡大を背景としつつ、70年代の米軍基地大幅返還で着手されていった佐世保川周辺一帯の佐世保市行政による整備は、顕在化した「暴力」を曖昧化するような、ある特徴的な空間創出を行っていった。図5-12にその具体的な整備区域を示した。

　すでにあげた佐世保公園は図5-12中①にあたり、1975（昭和50）年市行政が米軍に対して返還を要請し、1978（昭和53）年に返還が実現した。返還決定後すぐに整備が進められ、1979（昭和54）年に完成した。公園の面積は約4万m^2と市内では大きな公園の1つであり、楠や芝生が植え込まれたなかにベンチが置かれ、プール施設なども備えられている。1985（昭和60）年からは、「西海アメリカン・フェスティバル」という国際交流イベントが同公園や隣接する米軍基地内のニミッツパークで毎年開催され、市民の憩いの場のみならず、国際交流の拠点としての意味を付与されていた。

　アルバカーキ橋（図5-12中②）は、佐世保公園開設に伴い市街地側からのアクセスを目的として架設された歩行者専用橋であり、1979（昭和54）年から1980（昭和55）年にかけて整備が行われた。この橋名は、1966（昭和41）年に姉妹都市提携を結んだアルバカーキ市（米国、ニューメキシコ州）にちなんで名づけられ、「日米親善の架け橋」という位置づけがなされている。事業費は9,400万円、夜にはライトアップされ、鑑賞的機能も備えている。

　国際通り（図5-12中③）は、長崎県の事業として1979（昭和54）年から1989（平成元）年にかけて整備され、全長815mの県道には、約20億円の事業費用があてられた。幅の広い歩道の各所にはベンチや市民のジョギングに供する距離ポインタが設置され、アメニティ機能も備えている。さらにこの通りにはモニュメントが3基設置されている（図5-12中 a, b, c）。1988（昭和63）年5月から7月にかけて、長崎県および佐世保市職員、佐世保市美術協会の役員などが参加したモニュメント設置についての検討会が決定したもので、同年9月から1989（平成元）年にかけて建設された。写真5-2は、そのモニュメント3基のうちの1基、壁画レリーフ「世界をつなぐ海」（図5-12中 b）の写真である。同モニュメントは、海上自衛隊の施設区域を囲む外壁に施されており、これには次のような平和をアピールする説明文が付されている。

太陽あふれる五大陸と青い海を世界の子供達がつないでいます。子供達の歌声がいつまでも続くように，また，人々に平和な時代がいつまでも続くように，祈りをこめて表現しました。

残りの2基も，モニュメント「息吹」（図5-12中a），時計塔「ハート時計」（図5-12中c）という名称で平和をアピールする説明板とともに設置されている。

「佐世保プロムナード・ギャラリー」（図5-12中④）は，佐世保川の護岸嵩上げコンクリート壁面とその道路沿線を指し，1985（昭和60）年から1988（昭和63）年まで事業費2億2,240万円をかけて整備された。計画時期は1982（昭和57）年であり，市内の有識者との話し合いが持たれたうえで決定した。この壁面には佐世保市の地域特性や姉妹都市などをモチーフにした色鮮やかな画が彫りつけられ，鑑賞的機能がもたされている。

このように，米軍基地周辺の，かつてエンタープライズ闘争でデモ隊と機動隊との衝突が激化した場所では，その後1970年代から1980年代にかけて，市行政の整備事業が集中的に行われ，「平和」や「友好」を象徴するモニュメントなど，柔和なイメージで包み込んだ空間が創り出されていたことが明らかとなった。こうした「平和」や「友好」などの象徴性を付加する空間創出が行われたことにより，60年代に市街地／軍の歴史的空間構造の上に刻印された米軍の矛盾はさらに曖昧化されるものとなった。対立・衝突の過去を想起させる佐世保川には，姉妹都市にちなんだ名を付されたアルバカーキ橋が新たに架橋され，「日米交流の架け橋」という象徴性が付加された。佐世保川東岸側（市街地側）の護岸や実際に激しい衝突の舞台となった佐世保橋，およびその先の米軍および海上

写真5-2　壁画レリーフ「世界をつなぐ海」
（1997年8月撮影）

自衛隊の中枢施設へと達する国際通りには，遊歩道的機能やモニュメント・壁画などが施され，「市民」の利用を促し，かつ「平和」や「友好」といった柔和なイメージを醸成するような空間が創出された。

このようにとらえると，エンタープライズ闘争後1970年代から1980年代にかけての空間改変は，歴史的な空間構造のうえに闘争が印象づけた，矛盾や対立を帯びた存在としての米軍を大きく変容させるものであったことがわかる。こうして，米軍存在が抱える矛盾は曖昧化され，その存在の容認を促す日常的状況が構築されるようになる。

3. 佐世保市行政による米軍存在の演出

こうして1970年代末以降，米軍受容を促進するような景観整備が佐世保市行政によってなされてきた。こうした市行政による演出は，市の基幹産業である炭鉱，造船産業の不振により観光産業に力が入れられるようになること，そして佐世保での米軍の再強化がこの時期に図られ始めることを背景としたものと推測しうる。ここでは市行政の公的文書から，1980年代以降の積極的な米軍演出について検討したい。

分析対象としたのは，『市勢要覧』という，数十年にわたり一貫した目的のもと，定期的に刊行されてきた公的文書の言説である[32]。その中で軍事拠点がどのように表象されてきたのか，まずはその歴史的変化を概観する。

表5-3は，戦後佐世保市に米海軍，海上自衛隊の軍事拠点が設置されて以後の1954（昭和29）年から2002（平成14）年までに発行された『市勢要覧』において，それら軍事拠点に関連する記述や写真が掲載された箇所を示したものである。一見して時代毎に多様な分野項目から位置づけられていたことをとらえることができる。

1950年代には関連する叙述量が多く，米軍・自衛隊ともに地域経済に資するものであることが強調されている。1960年代には地域の治安と結びつけられた構成となっており，米軍に関する説明が極端に少ない。1970年代には主要産業の衰退による新たな都市計画が「明日の構図」という項目などで説明されており，そこでは軍事施設の存在が都市にとって発展の阻害要因になってい

表 5-3 『市勢要覧』における軍事拠点に関する記述（1954-2002年発行分）

発行年月	歴史概説	軍港	治安	港湾関連	都市計画	観光	その他
1954/4	沿革 [511]		治安 [178]				行政 [81] 産業・経済 [1010] 市内写真紹介欄①
1955/4	沿革 [569]			港湾 [362]			人口 [249] 行政 [298] 産業経済 [1099] 教育文化 [409]
1956/4	沿革 [449]			港湾 [567]			人口 [170] 行政 [876] 産業経済 [401] 教育文化 [409] 社会労働 [99]
1958/4	沿革 [460]			港湾 [400]			人口 [174] 教育文化 [409] 社会労働 [192]
1959/3	沿革 [143]						
1960/3	沿革 [143]						
1961/3	移り変わり [146]	自衛隊 [239]④					
1962/3	移り変わり [146]	自衛隊，駐留軍 [111]④					
1963/3*	佐世保のおいたち [363] 最近十年の歩み [1622]⑦		司法治安② 治安及び災害② 治安及び災害②				
1964/3	沿革 [146]						
1965/3	沿革 [256]						発刊のことば [55]
1966/3	沿革 [180]						発刊のことば [74]

1967/11	沿革 [79]	治安及び災害④		
1970/3	佐世保のあゆみ [202]	治安及び災害③		
1971/3	佐世保のあゆみ [202]		明日の構図 [524]	
1972/3	佐世保のあゆみ [202]		明日の構図 [509]	
1974/3	佐世保のあゆみ [200]		明日への構図 [470]	
1977/3	佐世保のあゆみ [200]		明日への構図 [470] 運輸通信 [56] わたくしたちの町 [95]	はじめに [78]
1979/3	佐世保のあゆみ [200]			観光案内図 (3)
1982/4	佐世保のあゆみ [200]			観光案内図 (3)
1984/4	佐世保のあゆみ① [200]	基地 [447] ①	わたしたちの町 [84]	観光案内図 (2)
1987/3	佐世保の歴史 [93]	基地 [374] ①		観光案内図 (2)
1989/3	佐世保の歴史 [93]	基地 [313] ①	港湾 [97]	観光案内図 (2)
1992/3	佐世保の歴史 [65]	基地 [313] ①	港湾 [94] わたしたちのまち佐世保 [54]	観光案内図 (5)
1994/3	佐世保物語 [70]	基地 [313] ②	港湾 [98] レインボープロジェクト [139]	イラストマップ (2)
1997/3	歴史・文化財①		港と基地 [107] ②	観光 MAP (1)
1999/3	時の路線図①		港湾 [114]	観光マップ (3)
2002/4			港湾 [83]	中心市街地図 (2) 響きあう風景① プロローグ [74]

[数字] は文字数：軍事拠点及び言及部分を含む文章全体をカウントした．丸数字は写真枚数．(数字) は地図中の表記施設数．
*1963 年発行の要覧は市制 60 周年記念号となっており，他の号と比べて叙述量が全体的に多く，体裁が異なっている．

表 5-4　1960 年代の『市勢要覧』における軍事拠点記述の詳細

発行年	項目	叙述内容 写真内容	叙述内容 「写真キャプション」
1961	自衛隊	海上自衛隊地方総監部施設 海上自衛隊の艦船 陸上自衛隊施設 陸上自衛隊演習	
1962	自衛隊・駐留軍	海上自衛隊の艦船上の訓練 隊員による市中パレードの様子／施設と戦闘機 米兵家族の散歩	「自衛艦による訓練風景」 「米海軍基地の一コマ」
1964	司法・治安	艦船 米兵 4, 5 人の様子	「海の護り海上自衛隊」 「上陸場付近のアメリカ水兵」
1965	治安及び災害	艦船 見学する市民の様子	「海の護り海上自衛隊」 「市民に公開された自衛艦」
1966	治安及び災害	隊員による艦船内清掃 隊員による銃を用いた演習	「海上自衛隊佐世保地方総監部の艦船」 「陸上自衛隊相浦駐とん部隊」
1967	治安及び災害	艦船／隊員による艦船内清掃 隊員による銃を用いた演習／トレーニングの様子	「海上自衛隊佐世保地方総監部の艦船」 「陸上自衛隊相浦駐とん部隊」
1970	治安及び災害	艦船／市民と触れ合う隊員の様子 隊員の無線講習の様子／隊員の体操	「海上自衛隊佐世保地方総監部の艦船」 「陸上自衛隊相浦駐とん部隊」

注：軍事拠点そのものを紹介する項目がない 1960 年，1963 年発行の要覧は除く．

ることに言及がなされている．とくに 1960 年代から 1970 年代にかけては，全国的な反米運動の激化から前節で詳述した佐世保での米軍原子力艦艇寄港反対運動，そして米軍基地縮小化の動きを背景に，米軍存在は矮小化して提示された．たとえば 1960 年代の治安関連項目内の描写の詳細を表 5-4 に示したが，これらは写真およびその写真タイトルのみで紹介がなされていた．とくに自衛隊の比重が高く，1965 年以降は米軍の存在は提示されなくなっており，寄港反対運動の激化が背景にあることがうかがえる．なお，自衛隊に関しては，1957（昭和 32）年の諫早大水害時の 20 日間にわたる救助活動をはじめ，自衛隊の長崎県内での災害救助が評価されていた[33]ことにより，その信頼性が存在意義のアピールに用いられたものと考えられる（佐世保市史編さん委員会

2003a：595)。

　1979年以降の大きな変化は，市勢要覧内の観光案内地図に軍事施設の表記がみられるようになることである[34]。ただし，この時は自衛隊施設のみが表記の対象となっており，米軍施設が明確な表記の対象となるのは1987年以降のことである。また1984年以降には「基地」（海上自衛隊，米軍）で独立した項目が作られ，これらは，同じ1984年に新たに設置された「姉妹都市」項目の直後に置かれた。1987年から1994年までの発行分には「市内には米軍人とその家族の人たちが住んでおり，折にふれて市民とのなごやかな交流が続いています。」との説明が加えられており，国際性をアピールしていることがうかがえる。こうした柔和なイメージでの演出は，前項で見た景観整備とも共通するものであり，地域の観光化と米軍の再強化が背景にあるといえる。

　観光的側面については，補足的に観光案内地図の軍事施設表記の詳細をとらえた表5-5を確認しておく。ここでは，市勢要覧のみではその変化をとらえるに十分ではないため，刊行主体を市に限定した観光パンフレット（小冊子）で1997（平成9）年に入手しえた分を加えた。旧軍，自衛隊，そして米軍と分けてとらえると，それぞれ時代的ずれが顕著であった。旧軍施設はすでに1973年に表記が確認できるが，現役の自衛隊施設の表記は1979年以降，そして米軍施設に関しては1987年以降とかなりの幅がある。しかも米軍の場合，当初は家族住宅地区の表記のみであり，「基地」等軍事施設としての記載がなされるのは1992年以降となる。また，施設名からも推測しうるが，ここでの観光案内地図での表記は，旧軍施設は観光対象としての表記であるが，現役の自衛隊，米軍施設は主にランドマーク（目印）としての表記となっている。

　1997年以降になると，軍事拠点の存在は港湾項目で部分的に触れられるのみとなる。内容も積極的な評価を含んだ叙述から，施設の所在のみを記すものに変化した。ただし，それ以外の項目においては，米軍の存在やハンバーガーなどの食文化を国際性と結びつけ，佐世保市の歴史や市民の生活文化として提示する写真や叙述が複数個所見られるようになった。とくに2000年代以降には，実際にハンバーガーをご当地食「佐世保バーガー」として売り出す動きが活発化し，米軍駐留の歴史が地域的特徴として取り上げられるようになり，観

表 5-5　観光案内地図における旧軍施設・軍事施設表記

具体的施設名／資料刊行年	旧軍 佐世保鎮守府跡	旧軍 レンガ倉庫群	旧軍 海軍墓地（東公園）	旧軍 鎮守府通り	旧軍 凱旋記念館（市民文化ホール）	旧軍 旧海軍工廠／佐世保水雷工場跡	旧軍 第43号潜水艦殉難碑	旧軍 砲台跡	旧軍 集会所跡記念碑	旧軍 水交社遺構・下士官兵	旧軍 佐世保橋・海軍橋記念碑	旧軍 針尾無線塔	自衛隊（海）佐世保地方総監部（海上自衛隊）	自衛隊（海）佐世保基地業務隊・警備隊	自衛隊（海）佐世保防備隊・教育隊	自衛隊（海）海上自衛隊佐世保史料館（海上自衛隊佐世保史料館）	自衛隊（陸）相浦駐屯地（相浦陸上自衛隊）	米軍 佐世保基地司令部（米海軍佐世保基地）	米軍 針尾米軍家族住宅	米軍 ニミッツパーク	ジョスコー
● 1961																					
● 1962																					
● 1963																					
● 1964																					
● 1965																					
1973												○									
1974												○									
● 1977																					
● 1979	○		○		○							○	○			○	○				
1980			○		○								○				○				
● 1982	○		○									○		○			○				
1984													○								△
1985					○	○				○											△
1986													○								
1987	○		○		○		○					○							○		
● 1987			○									○				○					
● 1989			○									○				○			○		
1991			○									○				○					
● 1992			○	○								○		○			○			△	
1993	○		○	○		○						○								△	
● 1994			○									○								△	
1995			○	○								○		○						○	
1995			○	○								○				○				○	
● 1997																					
1998		△	○	△								○								○	△
● 1999												○							○	△	

●が市勢要覧（ほかは観光ガイド）
○：表記あり
△：表記はあるが軍事施設（旧軍施設）とは判断つかない場合

光的側面と密接に結びつくようになった。いわば，地域の歴史やアイデンティティと深く関わるものとして米軍は演出されるようになっていく。

こうした1980年代の柔和なイメージによる演出，さらに1990年代後半に顕著となる地域アイデンティテイとしての米軍演出は，観光産業への梃入れとともに，佐世保駐留米軍の増強を背景とするものである。ことに冷戦体制崩壊後のさらなるグローバル化の進展により，アメリカは1990年代半ば以降，日本と一体化した軍事体制を強化していく[35]。それが「防衛計画の大綱」（1995年11月閣議決定）や日米安保共同宣言（1996年4月）にまとめられ，これを基軸とした日米防衛協力のための指針（新ガイドライン）が1997（平成9）年9月に日米両政府で策定された。このように，アメリカは日本における軍事展開を強化していく流れにある。ただし，米軍犯罪への反発や基地返還運動の活発化，米軍基地移転調整の決裂など，米軍の日本国内地域での軍事占有は厳しい状況に置かれてもいる。佐世保においても前畑弾薬庫地区の返還運動は1990年代に活発化していった。とくに円高ドル安傾向がさらに進む現在，日本の地域社会にとって米軍の経済効果はそれほど大きくはない。米軍側による拠点を置く地域での，その存在を意義づけ，定着させる方策は必須のものとなっている。

以上，本章では，戦後新たな軍事的主体となった米軍をめぐって，佐世保という軍事拠点においてどのような変化が生まれたのか，またその存在がもたらすさまざまな問題や矛盾を検討した。戦前戦後，佐世保は軍事拠点として機能し続けているが，産業構造や経済基盤は米軍の存在によって，大きく変化した。それは米軍が軍需産業的側面を伴わず，ために消費産業的側面が強く，きわめて不安定な経済効果をもたらす点である。さらに港湾産業等の発展も阻んできた側面をもつことから，佐世保は歴史的に米軍基地を受け入れる政治的地盤が強いものの，安定した産業発展を求める声も強く，返還志向も併存してきた。

さらに，1968（昭和43）年佐世保で繰り広げられた原子力空母エンタープ

ライズ号寄港の際の反対運動では，国家が発動した暴力が自国防衛というよりもむしろ米軍防衛のためになされたように住民からはとらえられた．住民はこのことによって，自らの生活空間における国家による軍事的占有の，暴力性と矛盾を強く感じ取っていた．

ただし，その後空間的に明確に印象づけられていたその闘争の痕跡は，基地返還や行政側の整備事業などによって着実に不可視化・曖昧化されていった．そして，その後1980年代末の冷戦体制崩壊を迎え，日米の共同防衛体制のさらなる強化が目論まれるなか，米軍の正当性の創出が本格化していくこととなる．

このように，佐世保という近現代軍事都市において，戦後米軍という存在によって引き起こされてきたさまざまな問題とそれを日々見つめる住民の視線をよそに，日米両国家はさらにその存在を強化しつつある．以上の地域的状況をふまえたうえで，さまざまな主体に，それぞれの思惑で持ち出される，地域における「近代化遺産」化の実態を，次章では明らかにする．

[注]
1) 本間（1996：24）は，第二次世界大戦前と後で，外国軍隊の駐留が質的に変化したことを指摘しており，それまでは他の主権国家（植民地国家は除く）に対しての駐留は，通過や例外的処置など一時性を前提としたものであったが，大戦後の駐留軍隊は，平常時から「準永続的」といえるほど長期間の駐留へと変化したとした．
2) 1963（昭和38）年9月の「FAC5029佐世保海軍施設水域の範囲と使用条件」において定められた．この協定では，米海軍が制限を加える水域の名称を規定していないが，佐世保市発行の『基地に関する調査』（佐世保市企画調整部基地対策課 2000）では，「制限水域」と表現している．
3) 三方を山で囲まれており，湾内面積に比して湾口の狭小さが要塞として適当であること，また流れ込む河川が少なく波静かで十分な水深を持つ点などが近代の大型船舶（軍艦）の建造や停泊にも向いていること，が決め手となったと言われている（山本 2012：88）．
4) 佐世保における市制施行は1902（明治35）年であり，それ以前は村であった．人口の急増により，町を経ずしての市制施行となった．
5) 1951（昭和26）年の対日平和条約とともに日米安全保障条約が締結され，翌1952（昭和27）年に結ばれた日米行政協定（日本国とアメリカ合衆国との間の安全保障条約第三条に基く行政協定）によって佐世保港の施設は占領当時のままの形で米海軍が使用することとなった（佐世保市企画調整部基地対策課 2000：2）．

6) 佐世保市の男女別人口数は佐世保市南地区郷土誌調査研究会（1997：75，95，96，111）を参照．
7) 『佐世保重工業60年史』（佐世保重工業60年史編纂委員会2006：15）には，敗戦時の海軍工廠従業員数について「5万7,000人を数えた」と記されている．
8) 九州経済調査協会（1967：37）は，「巨大な海軍工廠に物資を供給するためのものとして」市内の食品工業などの民間工業が発達していったことを指摘し，山田（2000：20）は佐世保市の戦後の郷土史・市史等においては醤油醸造業・酒造業・パン製造業などのおもに食品工業が軍への納品によって発達したとされている点に触れている．ただし，同じく山田（2000：20）が，横須賀においては市史の記述では，民間産業への軍の影響については過小なものであったとしており，とくに海軍工廠の生産体系が自己完結的で民間工業の成長は伴わなかったことを指摘している．また戦前に出された『佐世保の今昔』（佐世保市役所1934）においても「…市の工業に就ては幼稚不振の域を脱し能はざるの情勢にあり，大正年間に入り稍々面目を改め一，二組織的工業の勃興を見たるも，わづかに飲食物工業を以て第一位とするに止まるのみ…」とある．いずれにしても，大規模な発展はみられなかったと思われる．
9) とくに八幡市は1934（昭和9）年に官営から営利法人となり，製鉄所への一部市税賦課が可能となったこと，および製鉄業奨励法による免租部分が一定割合で市財政に繰り込まれるようになったことにより，年間100万円ほどの収入が製鉄所から得られることとなったという（坂根2010：27）．
10) 北九州市24万5,665円，大牟田市16万4,049円，久留米市24万473円，延岡市34万4,863円，長崎市14万6,582円と比較すると，佐世保市は7万1,710円で大牟田や長崎と比べても半分以下である（九州経済調査協会1967：41）．
11) 旧軍港市四市から同地区選出の議員らへの働きかけによって法案化が実現した．1950（昭和25）年4月に国会で可決され，その後憲法第95条規定の「特別法」として各4都市における住民投票（同年6月4日実施）を経て成立したものである（細川1954）．
12) たとえば欧州西側諸国の最前線にあった西ドイツでの米軍兵力は陸軍約20万人，空軍4万人であったが，1997年当時のドイツでは7万5千人となった．これに対し，日本では4～5万人で冷戦体制戦崩壊前とほぼ変わらず，在外米軍駐留数ではドイツに次いで日本が2番目であった（朝日新聞1997年3月22日朝刊）．
13) 戦前には竣工順に第一～第七船渠と称されていたが，戦後には西南から順に第1～6ドックと称されるようになった．現第5ドックが日清戦争期に起工した戦前の第一船渠，また現第1～3，6ドックはそれぞれ戦前の第六～四，第三船渠にあたり，いずれも日露戦争期から大正初期にかけて竣工した．現第4ドックが「大和」，「武蔵」などの超大型艦の入渠に備えて昭和期に竣工した戦前の第七船渠である（志

岐 1995：35；長崎県教育委員会 1998：80-81）．

14) 第4ドックは 1955（昭和 30）年，第3ドックは 1968（昭和 43）年に返還となった．また，第1ドックも 1976（昭和 51）年には返還されたが，この時第2ドックは米軍と海上自衛隊の共同使用ということになり，SSK の使用権も消滅した（佐世保市企画調整部基地対策課 2000：153）．

15) 既存のドックで最大の第4ドックでも 32 万トン級までしか対応はできなかった．この頃船舶，とくにタンカーの大型化が進み，大手造船各社も競って 40 万トン級の船舶建造を受注し，また三菱重工業，日立造船，石川島播磨重工業，日本鋼管が次々と 100 万トン級も建造可能という超大型工場を建設していた（佐世保重工業 60 年史編纂委員会 2006：130）．

16) 1951（昭和 26）年の無所属の中田正輔(51,466)と日本社会党の大坪虎三郎(31,715)，1963（昭和 38）年の無所属の辻 一三（49,047）と共産党の宮島 豊（3,008）ほか無所属候補2人，1972（昭和 42）年の無所属辻 一三（71,680）と共産党の大迫広親（3,593）ほか無所属候補2人，1975（昭和 50）年の無所属の辻 一三（70,102）と共産党の山下千秋（2,047）ほか無所属候補3人，1983（昭和 58）年の無所属の桟くまし（105,843）と共産党の益本和夫（18,013），1987（昭和 62）年の無所属の桟くまし（95,815）と共産党のながさき善次（27,152），1991（平成 3）年の無所属の桟くまし（83,554）と共産党のながさき善次（10,257）ほか無所属候補1人の8期（佐世保市選挙管理委員会 1997）．

17) 大まかに自民党・無所属（1950～1960 年代以外）を保守系＝米軍基地容認・推進派，ほか（公明党以外）を革新系＝米軍基地縮小・拡大阻止派，また 1990 年代以降の公明党を保守系としてとらえた．

18) 1971（昭和 46）年 10 月に正式にまとめられたものであり，具体的な返還要求地区は佐世保湾を取り巻く港部で，以下の6地区である．①佐世保ドライドック地区②立神港区第1号～第6号岸壁③佐世保弾薬補給所④崎辺地区⑤赤崎貯油所⑥制限水域全面（佐世保市企画調整部基地対策課 2000：5-6）．このうち③が前畑弾薬庫地区であり，また④が SSK が返還を求めた地区である．また⑥の制限水域は佐世保港湾水域の約 85％も占めているもので，米軍が漁撈・航行等に関し制限を設けている．ことに水域制限の設定については，戦後漁業関係業者らと衝突していたが，1963（昭和 38）年の時点で地元側に大幅な妥協を強いる形で決定した（佐世保市企画調整部基地対策課 2000：3-4）．

19) 陳情書は佐世保市と長崎県との連名で，1972（昭和 47）年にも再度提出され，これを受けて 1975（昭和 50）年に米軍側から具体的返還領域が通知された．このとき早急返還が4施設約 81,000m^2，逐次返還が8施設約 116,500m^2，日米間での調整後返還が4施設約 43,300m^2 であった（佐世保市史編さん委員会 2003a：755）．ただしこの時に返還が実現した領域の総面積は佐世保における米軍区域全体（貯

油所，弾薬庫を除く）の24%にすぎず，市行政が当初見込んでいた80%の返還とは大きくかけ離れたものであったという（佐世保市史編さん委員会2003a：755）．それでもこの1975（昭和50）年の返還は佐世保の戦後において最大の米軍基地返還であり，たとえば佐世保市企画調整部基地対策課（2000：8）においては「基地大幅返還」と記されている．
20) 具体的な地区は下記の通り．うち，①は②が2005（平成17）年1月，④が2009（平成21）年3月までに返還手続きが完了している（『基地読本』佐世保市ホームページ：http://www.city.sasebo.nagasaki.jp/www/contents/1143785464015/files/kichi2.pdf［2011年6月1日登録］）．
①佐世保弾薬補給所（前畑弾薬庫）の移転・返還
②赤崎貯油所の一部（県道俵ケ浦日野線の改良にかかる地域）の返還
③旧米海軍専用鉄道側線（旧ジョスコ一線）の返還
④赤崎貯油所の一部（SSKの一時使用地区）の返還
⑤立神港区第1号〜第5号岸壁の返還
⑥制限水域全面の返還（但し，緩和を含む．）
21) 佐世保市におけるもう1つの弾薬庫地区である針尾への移転集約を前提とした返還合意である．米軍側は現在の佐世保市における弾薬庫機能を下げないことが条件であるため，針尾施設は埋立等大規模な施設拡充が行われることとなった（長崎新聞2007年6月16日朝刊）．ちなみに日米合同委員会での正式な合意は2011（平成23）年1月である（『基地読本』佐世保市ホームページ：http://www.city.sasebo.nagasaki.jp/www/contents/1143785464015/files/kichi2.pdf［2011年6月1日登録］）．
22) 朝鮮戦争を背景として，日米安全保障条約（1951年），日米行政協定（1952年），相互安全保障法（MSA協定）（1954年）など，日本は対米関係強化のなかで防衛体制を確立していった．1950年代後半には，岸信介内閣が防衛力整備計画を開始し，1960（昭和35）年日米相互協力及び安全保障条約（新安保条約）に調印するなど，さらなる防衛力強化へ向かった．そして1965（昭和40）年にアメリカがベトナム戦争に介入した際，日本は米軍支援の後方基地として大きく関与した．
23) 石田（1987：111）は，これら1960年代のさまざまな反対運動が憲法の「平和」理念を重要な軸として展開されていたとしてまとめている．また，安田（1997：266）は，一連の「平和運動」のなかでも，原子力艦艇の寄港は，ベトナム戦争への関わりとともに，「日本の『平和国家』の建前と現実の乖離がいっそう激しくなっていること」を強く意識させるものであったと示唆した．いわば寄港反対運動は，同時代的な「平和運動」とともに，憲法の「平和」理念を持ちつつ展開される国家の軍備強化という，欺瞞的な現実への認識がなおいっそう強められていったものと位置づけうるものである．
24) 新聞は，集会やデモに対する地元住民らの反応を「地元・佐世保住民は全くの

無関心」(長崎時事新聞 1963 年 3 月 25 日),「"無関心派"の市民」(長崎時事新聞 1964 年 11 月 16 日),「なぜ動かぬ佐世保市民」(長崎時事新聞 1964 年 2 月 6 日)と報じた.また,朝日新聞記者としてエンタープライズ闘争を取材した田中哲也氏は,寄港前の取材で,「大衆は原子力潜水艦に見向きもしないような状態が続いていた.それは拒否でも,歓迎でもなかった.無関心の表情であった.原子力潜水艦寄港が既に日常性として定着していた」(田中 1969:19)と記している.ただし,1965(昭和 40)年半ば以降には,住民らの積極的な参加を指摘する報道もみられるようになっていた.たとえば 1965(昭和 40)年 8 月の原子力潜水艦パーミット号の寄港期間中に,地元住民らの反応に関する報道が変化している.8 月 24 日の入港時には「原潜なれ "佐世保市民" デモにも無表情」(長崎時事新聞 1950 年 8 月 25 日)と地元住民の無関心ぶりが強調されたが,8 月 26 日の社会党系と共産党系が共闘した原潜阻止 1 万人集会には「老婆も孫も参加」と,多くの住民が参加したことが報じられたほか,「よみがえった "市民の関心"」というタイトルで 8 月 27 日の寄港反対市民会議が行った集会が大きな盛り上がりを見せたことが報じられた(長崎時事新聞 1965 年 8 月 29 日).

25) エンタープライズ号の佐世保入港は 1968(昭和 43)年 1 月 19 日から 23 日までであるが,1 月 17 日から前入りしたデモ参加者と機動隊の衝突は激化していた.

26) それまでには,原水爆禁止運動や安保条約改定運動などが行われていたが,いずれも社会党や共産党の党派的組織や労働組合的組織を基盤としていた.ただし,原水爆禁止運動には寄港反対運動につながる市民個人を主体とする参加がみられたことが指摘されている(佐世保市史編さん委員会 2003a:695).

27)「19 日佐世保市民の会」の設立当初(最初の参加は 1968(昭和 43)年 4 月)から参加し続けてきた藤原辰雄氏(佐世保市北松吉井町在住)によれば,この会では会則も会長などの役職などもまったくなく,ただ毎月 19 日 18 時に佐世保市松浦公園に集合し,横断幕を掲げて市内アーケードを歩く,ということのみが決まっている.参加者は数名を数えるのみになったこともあり,会の存続が検討された時もあったが,「一度やめてしまったら,再び起こすのは大変な苦労が必要になる」と言って続けてきた(2012 年 7 月著者インタビューによる).氏は「佐世保空襲を語り継ぐ会」の活動にも継続して参加しており,佐世保空襲に関する資料を展示する私設の「展望庵」を自宅に開設している.

28)「全学連」は全日本学生自治会総連合の略称.全国の大学自治会の連合体として 1948(昭和 23)年 9 月に結成された.1960 年代半ばまでにさまざまなセクトが形成され,共産党系(代々木系)と諸セクト(反代々木系)という対立関係のほか,諸セクトも相互に対立関係にあった.1960 年代後半には各派ごとに自派傘下の自治会を集めて「全学連」を形成しており,うち中核派・社学同・社青同解放派が 1966(昭和 41)年 12 月に「三派全学連」を結成した.1967(昭和 42)年 10 月の

第一次羽田闘争で登場し，角材とヘルメット姿を人々に印象づけることとなった（小熊 2009：167, 235）．

29) この時は，重軽傷者が市民や報道関係者にも及び，警察側の警備行過ぎへの非難が問題となったため，木村官房長官が同日夕刻に記者会見で謝罪の意を述べる事態となっている（佐世保市渉外課 1970：163）．

30) 小熊（2009：502-532）は，このエンタープライズ闘争を，当時の学生運動に対する「暴徒」という批判的視線がより肯定的視線へと転換した「転機」として描き，そこに警察の行き過ぎた暴力に対する批判とそれに立ち向かう学生運動への「市民の支持」が重要なものとして登場してくることをとらえている．ちなみに「『市民』という言葉を，政治的に覚醒した一般人の意味で使用する習慣は，六〇年安保のころからみられたが，マスレベルでの定着は，六八年の佐世保が契機だったといえる」（小熊 2009：519）ともしている．ただし，同じく同書内で指摘されていることだが，住民（市民）らの行動や見方は学生らの主張を理解したうえでの支持ではなく，そこには両者の齟齬があった．佐世保住民の場合は，学生らの主張に賛同したというよりも，学生らの体当たりの行動が巻き起こした事象によって，国家の暴力が差し向けられる矛先に対する疑問や批判が誘発されたとみるべきものである．

31) これに関連して，佐世保出身の作家・村上龍氏は，エンタープライズ闘争翌年（1969年）に自身が佐世保で起こした事件を中心にまとめた小説『69sixty nine』が映画化された際の対談で，インタビュアーの「映画の中で異和感のあったシーンはありましたか？」という質問に対し，以下のように答えている．室田氏は小説内で主人公（村上自身）の友達「アダマ」のモデルとなった人物で，この時の対談相手の1人である（『69 sixty nine オフィシャルガイドブック』2004 宝島社：76-77）．
村上：冒頭の米軍の基地のフェンスを飛び越えるところ．あそこだけはプロデューサーの伊智地（啓）さんに「変えてほしい」って言ったんだけど．監督が撮りたかったのかな．でもね，基地の街の子供は，アメリカ軍には悪戯しないんです．からかうなんてとんでもない．それは本当の支配者だって知ってるから．今のイラクの悪ガキも，アメリカ軍にテロはやるけど，からかったりはしないでしょう．シャレにならないって知ってるから．
室田：そうだったね．まして基地の中に爆竹を投げ入れるなんてとんでもない．ホント下手すると撃つからね，彼らは．

32) このようなごく一般的な行政文書を分析対象としたのは，より受け入れられやすい米軍表象がなされているであろうこと，およびその歴史的変遷をとらえるに適当であること，による．『市勢要覧』の発行は，佐世保市例規集の事務分掌規定で定められる事業であり，発行の目的は「佐世保市の市民生活・産業・教育・文化・歴史・観光などあらゆる分野の統計データを駆使し，情報をわかりやすく要略・

編集し多くの人々に佐世保市の姿を理解していただくための資料として作成する」ものである．情報内容は，市の総合計画に基づいた政策事項の提示を基本軸として，観光パンフレットなどとは一線を画する情報提供資料と位置づけられている．対象は市民や市内の企業，他市の行政関係者など幅広く設定され，発行部数は大体1,500から2,000部であるという（2003年市職員聞き取りによる）．発行部数は多くはないものの，地域内外の不特定多数の目に触れることを想定しており，また地域の全体概要を偏ることなく提示するとしていることから，その当時一般に最も受け入れられやすい表現になるよう，かつ地域内のあらゆる要素をより肯定的に見せるよう，最大限の工夫が施されている．加えて，『市勢要覧』は戦後ほぼ一貫した目的のもと2，3年に1度というペースで定期的に発行され続けてきた．内容も文章・画像の量や比率は幾分変化してきたものの，全体的な内部構成はほぼ同様の形式が受け継がれており，戦後数十年にわたる歴史的変遷をとらえるには適当な資料と位置づけしうる．近年では『市勢要覧』の出版は業者委託となっているものの，情報収集は市の企画調整課統計係が行うこと，また委託業者は企画書の提出段階において事前チェックを受けること，また収集情報の掲載はほぼ市側の提示通りに編集されることなどから，基本的に『市勢要覧』は市行政によって統括された情報提示資料としての位置づけが可能と考える．

33) このほか，1956（昭和31）年9月の台風12号災害，1967（昭和42）年7月の大水害（いずれも佐世保市）の際，自衛隊が災害復旧に協力した．1967年には復旧協力の感謝表明を目的とした，市主催による「自衛隊と市民の集い」が開催された．

34) 1979年以前は，1961，1962，1963，1964，1965，1977年発行の市勢要覧に観光案内地図が掲載されていた．

35) 安田は，1990年代前半，湾岸戦争以後の自衛隊の海外派遣問題，朝鮮半島有事問題などを通じて，実質改憲による兵力「自立化」に向かう日本の軍事戦略に対し，アメリカは「日米軍事体制一体化を基軸とするグローバルなレベルでの協力体制の構築へ，日本を軌道修正させた」とする．とくに「九四年八月に出された防衛問題懇談会答申『日本の安全保障と防衛力のあり方』の『多角的安全保障』・自衛隊の国連を媒介とした活動・兵器国産化の諸点の重視，をみたアメリカ側は，そこに日本の『自立化』の危険性を感知したとする．」その軌道修正による日米安保再定義の推進にあたった「J・ナイは，その『成功を計る一つの尺度』が，日本の『防衛計画の大綱』（一九九五年一一月，閣議決定）と，一九九五年二月発表のアメリカ国防総省『東アジア・太平洋地域にたいするアメリカの安全保障戦略』が，『アプローチにおいて明確に重なり合う（オーバーラップ）ことであるとのべた』と証言している」と指摘している（1997：297-298）．

第6章　軍事施設の「近代化遺産」化
－戦略と戦術－

　本章では，佐世保市における軍事施設の「近代化遺産」化を事例としてとらえる。佐世保市では，戦前旧海軍の軍港が置かれていたために，旧海軍が建造した近代期建造物が数多く残っており，それらを「近代化遺産」として価値づけ，まちづくりなどで活用していこうという実践が1990年代後半から盛んになっている。ただし，佐世保市の軍事拠点としての機能は戦後も米海軍および海上自衛隊に引き継がれたために，これらの大半が現役の軍事施設区域，とくに米軍基地内にあるという特徴をもっている。

　軍事基地と文化遺産とは，それぞれ機密性と公開性を原則とするものであり，こと日本国内の米軍基地での文化財保護は厳しい状況にあるという（當眞1997など）。にもかかわらず，佐世保市における「近代化遺産」化は行政，住民，あるいは軍事的主体をも積極的な実践主体として含みこみつつ，活発化している。本章においては，まずはこの点に着目しながら，地域における軍事施設の「近代化遺産」化がいかなる形で進行しているのかをとらえる。

　以下では，第1節で佐世保市における旧軍施設の「近代化遺産」化の概要について，その歴史的経緯と空間的特徴から示す。そして第2節において，とくに米軍基地内の建造物の多くが「近代化遺産」化している実態を明らかにするとともに，それが地域での米軍存在を文化遺産的な意義から正当化しようとする権力的戦略にとりこまれている点を明示する。そして第3節においては，そうした米軍存在正当化という軍事的背景をも帯びた「近代化遺産」化であっても，そこに完全には統制されえない，住民の戦術的実践について検討することとする。

第1節　佐世保市における旧軍施設の「近代化遺産」化の概要

1. 歴史的経緯

表6-1には佐世保市における旧軍施設の「近代化遺産」化の主要な動きを示した。佐世保市において今日「近代化遺産」としてとらえられる旧軍施設の保存は，1980年代に改修後活用された2つの事例が初期のものと位置づけられる。1つは市民文化ホールであり，これは第一次世界大戦の戦勝記念として1923（大正12）年に建設された旧海軍佐世保鎮守府凱旋記念館であった。敗戦後米軍が接収し劇場として使用していたものが，1982（昭和57）年に米軍から日本（旧大蔵省）に返還されたと同時に，市に管理移譲されることとなったため，市民の文化活動発表の場としての利用に供するものへと転活用された。いま1つは，市が公園管理する区域内に残存していた旧海軍の倉庫を，1987（昭和62）年に市民らの要望により音楽活動などに供する施設へと転活用した立神音楽堂である。この区域も1976（昭和51）年に米軍から日本（旧大蔵省）へ返還され，1986（昭和61）年に佐世保市へ管理移譲されたものであり，音楽堂への活用はそのことを契機とするものであった。いずれも旧軍施設が戦後米軍に引き継がれ，それが返還されたことを契機とする整備事業としての意味合いが強かったといえる（表6-1中no.1，2）。

佐世保市で旧軍施設が価値ある保存対象として意識的にとらえられるようになるのは，1990年代に入って以降のことであり，その最初の契機となったのは「都市環境デザイン研究会」（以下，都市研）の活動であった。都市研は地域の歴史や文化に基づくまちづくりを市民側から検討し発信することを目指すとして，市内在住のデザイン会社経営者やイベント・リゾート開発事業関係者，ほか公務員など住民有志20名で1991（平成3）年に結成されたものである（表6-1中no.3）。その活動はまちづくり全般に及んでいたが，とくに市内に残存する歴史的建造物を活用対象として注目しており，なかでも旧海軍建設の煉瓦造建造物が重視された。ただし，その初期には主として取り壊しが伝えられた建築物の保存要請にとどまり，目立った成果はあがらなかった。

表6-1からうかがえるように，佐世保市全体でその動きが活発化していくの

表 6-1　佐世保市における旧軍施設の「近代化遺産」化の動き

No.	年	月	出来事	関係主体
1	1982	1	（〜1982.10）旧凱旋記念館を市民文化ホールへ改修・公開	佐世保市
2	1987		（〜1988）旧軍倉庫施設を立神音楽堂へ改修・公開	佐世保市
3	1991	9	都市環境デザイン研究会（以下，都市研）結成	都市研
4	1995	4	（〜1997.3）長崎県近代化遺産総合調査実施	長崎県教育委員会（以下，県教委）
5	1997	3	海上自衛隊佐世保史料館（旧施設を活用して建設）開館	海上自衛隊佐世保地方隊
6	1997	夏	させぼアーバンデザイン研究会（以下，アーバン研）結成	アーバン研
7	1997	9	「佐世保街づくりフォーラム」開催	佐世保青年会議所／(都市研)
8	1997	11	（〜1999）歩行者案内サイン整備事業（煉瓦廃材使用）	佐世保市／(都市研)
9	1997	12	国の文化財登録「佐世保市民文化ホール」(佐世保市平瀬町)	佐世保市／文化庁
10	1998	3	赤煉瓦探偵団結成	させぼ塾／都市研／アーバン研
11	1998	3	『長崎県近代化遺産総合調査報告書』刊行	県教委
12	1998	5	国の重要文化財指定「黒島天主堂」(佐世保市黒島町)	文化庁
13	1998	7	「赤煉瓦建物ウォッチング」調査実施	赤煉瓦探偵団
14	1998	11	「佐世保の近代化遺産」講演会とバス見学開催	佐世保市史編纂室
15	1999	3	「赤煉瓦と佐世保のまちづくりシンポジウム」開催	佐世保市／赤煉瓦探偵団
16	2001	10	「赤煉瓦フェスタIN佐世保（赤煉瓦ネットワーク第11回全国大会）」開催	赤煉瓦ネットワーク／赤煉瓦探偵団／アーバン研
17	2003	3	『佐世保赤煉瓦物語』(赤煉瓦建築写真集・調査報告) 出版	させぼ塾／赤煉瓦探偵団
18	2004	11	煉瓦廃材目地削りイベント「親子で遊ぼう赤煉瓦トンチンカン」開催	赤煉瓦探偵団／佐世保市
19	2005	1	針尾の無線塔を保存する会結成	針尾の無線塔を保存する会
20	2005	8	煉瓦廃材目地削りイベント「親子で遊ぼう赤煉瓦トンチンカン」開催	赤煉瓦探偵団／佐世保市
21	2005	10	郷土史体験講座「近代・戦争遺跡見学会」(「近代化遺産全国一斉公開」関連行事) 開催［2006年も同時期に開催］	全国近代化遺産活用連絡協議会／佐世保市教育委員会(以下，市教委)
22	2005	11	煉瓦廃材目地削りイベント「親子で遊ぼう赤煉瓦トンチンカン」開催	赤煉瓦探偵団／佐世保市
23	2006	2	煉瓦廃材目地削りイベント「親子で遊ぼう赤煉瓦トンチンカン」開催	赤煉瓦探偵団／佐世保市
24	2006	5	新みなと駐車場名板（煉瓦廃材使用）整備	佐世保市
25	2006	9	国の文化財登録「吉井のアーチ橋梁群」(佐世保市吉井町)	文化庁
26	2006	10	「佐世保市近代化遺産写真展」(「近代化遺産全国一斉公開」の一環) 開催［以降，毎年同時期に開催］	全国近代化遺産活用連絡協議会／市教委
27	2008	5	「海軍さんの港まちツアー」企画開始	佐世保観光コンベンション協会／米海軍佐世保基地／海上自衛隊佐世保地方総監部
28	2009	3	『佐世保軍水道第一次拡張（岡本水源地）調査報告書』刊行	市教委
29	2009	春	佐世保重工業株式会社敷地内見学ツアー開始	させぼパール・シー株式会社／佐世保重工業株式会社
30	2009	8	旧針尾送信所（針尾無線塔）の保存を国に求めていくことを決定	市教委
31	2011	8	『旧日本海軍針尾送信所学術調査報告書』刊行	市教委
32	2011	10	「旧針尾送信所を重要文化財に指定すべき」との答申	文化審議会

佐世保市行政資料，都市研内部資料，新聞記事，聞き取り調査をもとに作成．

は1990年代後半以降のことである。とくに1997（平成9）年以降，さまざまな整備事業や調査，シンポジウム，見学会などが市や教育委員会，そして都市研をはじめとする住民団体らによって実施されていくこととなる。後に詳述するが，ここには文化庁主導の全国調査が長崎県内においても1995（平成7）年度から1997（平成9）年度にかけて実施され（表6-1中no.4），そこで旧軍施設が「近代化遺産」として明確に位置づけられたことが背景にある。以降，都市研をはじめとする市民団体の活動や市の景観整備・まちづくり関連事業において，旧軍施設の歴史的建造物としての活用が活発化していった。なかでも旧軍建造の煉瓦造建造物はその中核的対象となり，それらに以前より注目していた都市研は，1997（平成9）年に結成された「させぼアーバンデザイン研究会」（以下，アーバン研）と共同で「赤煉瓦探偵団」を断続的に結成し[1]，煉瓦関連のさまざまなイベント・事業を創出するなど，その中核的役割を担っていくようになった。アーバン研は1997（平成9）年に市職員10数名の有志で構成された団体である。ただし，市の企画，後援などを取り込むのに少なからぬ影響力をもっていたものの，年数万円の市からの活動補助がある程度であり，活動そのものは市とは直接関係しないとしている。所属部署もさまざまで，勉強会や市内視察を行いつつ佐世保のまちづくりを検討する，どちらかというと市民団体に近い組織といえる。

　そして近年においては，佐世保市の教育委員会（以下，市教委）が市内の「近代化遺産」の普及・活用を進めており，行政や企業，NPO法人，任意団体などで構成される全国組織「全国近代化遺産活用連絡協議会」（1997（平成9）年設立）が推進する「近代化遺産全国一斉公開」[2]の一環として，2005（平成17）年以降毎年見学会や写真展の開催を行っているほか（表6-1中no.21, 26），旧海軍の施設であった水道施設や針尾無線塔に関する学術調査を実施し，その報告書を刊行した（岡林隆敏・佐世保市教育委員会社会教育課2009；佐世保市教育委員会2011）。針尾無線塔は1922（大正11）年に竣工した旧海軍の通信施設であり，戦後海上自衛隊と海上保安庁に引き継がれ，1997（平成9）年に使用を停止していた。高さ130m以上におよぶコンクリート製の電波塔が3基，約300m間隔で配置された大型建造物であり，保存費用の問題からその

存廃が問題となっていた。2005（平成17）年に元市議会議員を代表とする「針尾無線塔を保存する会」が発会し，翌2006（平成18）年には第9回「佐世保市景観デザイン賞」に選定されるなどしたが[3]，2009（平成21）年8月以降に，ようやく佐世保市が当該建造物の保存を国に求めていく方針を固めた。そして前述の調査報告書刊行後の2011（平成23）年10月，文化庁の文化審議会から「旧針尾送信所を国の重要文化財に指定すべき」との答申が出され，現在に至っている（表6-1中no.19，30〜32）。

さらに新しい動きとして，米海軍佐世保基地や海上自衛隊佐世保地方総監部，および旧海軍工廠施設を戦後一部引き継いだ佐世保重工業株式会社（SSK）が，それぞれ区域内の「近代化遺産」を，OBなどの内部関係者が解説しながら紹介するツアーが月に1回程度の頻度で実施されるようになっている（表6-1中no.27，29）。

このように，佐世保市においては1997（平成9）年以降，住民らの活動のもと，市も積極的に関わりつつ，旧軍施設の「近代化遺産」化がなされるようになってきた。そして，2000年代半ば以降には国や軍事的主体による積極的な関わりも見られるようになっている。

2. 空間的特徴

佐世保市で「近代化遺産」として注目されるようになっている旧軍施設の多くは，軍事的主体の関わりからもうかがえるように，現在も軍事基地内にある。前章の戦前・戦後の軍事施設分布の比較（図5-1と図5-2）でも述べたように，とくに主要な港湾付近の軍事施設の大半が戦前の旧海軍から米軍・海上自衛隊に引き継がれた。そのため，「近代化遺産」として評価されてもいる旧軍施設は，その多くが現在も現役の軍事施設である。

実際，先にもあげた長崎県の調査報告書（長崎県教育委員会1998）に取り上げられたもののなかで，軍事施設（米軍および自衛隊）であるものはかなりの割合を占める。図6-1には報告書内で取り上げられた佐世保市内の「近代化遺産」全168件のうち，調査時点で軍事施設であったものの割合を示した。ほぼ4割が現役の軍事施設となっており，なかでも現在米軍施設にあるものがき

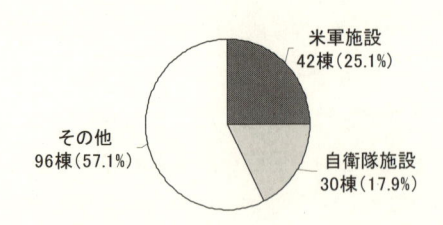

図6-1 佐世保市の「近代化遺産」に占める軍事施設割合
長崎県教育委員会（1998）をもとに作成．

（米軍施設 42棟(25.1%)、自衛隊施設 30棟(17.9%)、その他 96棟(57.1%)）

わめて多く，約40件（棟）にものぼっていることがわかる。

このように，佐世保で「近代化遺産」としてとらえうる対象の多くは現在も米軍基地内に存在する。当然，米軍基地内はきわめて機密性の高い閉鎖的な空間であり，公開性を原則とする文化遺産とは相入れない側面をもつ。ところが，佐世保市においては，この米軍施設の「近代化遺産」化が活発に行われている。それがなぜかを次節以降で検討する。

第2節　米軍正当化という戦略への収斂

1.「優れた保存管理者」としての米軍像の構築

1.1　長崎県近代化遺産総合調査の影響

まず，第1節で述べた佐世保市の「近代化遺産」をめぐる動きにおいて，その萌芽は1990年代初頭にあったものの，それらが具体的に本格化・活発化していくのは1997（平成9）年以降であることを明らかにした。こうした活発化の背景には，先述した文化庁主導の全国近代化遺産総合調査が，長崎県においては1995（平成7）年度から1997（平成9）年度にかけて行われたことや，1996（平成8）年度に文化財登録制度が導入されたことが背景にある。長崎県の近代化遺産総合調査では，佐世保市内の旧海軍建設の建造物の多くが価値ある「近代化遺産」として認められるようになった。報告書が刊行された1998（平成10）年には，旧軍施設ではないが，報告書内で取り上げられた黒島天主堂が近代建築として国の重要文化財に指定され，また現在では針尾無線塔が重要

表 6-2　都市研による近代期建造物の位置づけの変化

	年月	要望内容	提出先	言及部分	要望結果
①	1993年9月	煉瓦造建造物の保存	米海軍佐世保基地司令官/佐世保市基地対策課/大蔵省福岡財務局	私達の街は御存知の通り,明治期に急激に大きな地方都市になった為,伝統を誇るランドスケープが存在しません.…このような中で,佐世保の背景を何によって求めるべきかと考える時,歴史は浅くても明治期に造られた建物やレンガ倉庫と思うのです.	取り壊し(米軍:「拒否」/大蔵省:買い取りすぐに移築するならと提案)
②	1995年8月	倒壊した煉瓦造建造物の復元	佐世保市公園課	私たちは明治期から昭和初期に造られたレンガ倉庫は,ひとつでも残すべきだと考えています.…他所から来た旅行者に風情のある街だと感じてもらう為にも古い建物は大切な要素になると思います.	取り壊し(「専門家に訊いたところ,保存は厳しい」との回答).
③	1997年12月	基地内見学(赤煉瓦ネットワーク会員および都市研)の許可申請	米海軍佐世保基地司令官	勉強会をとおして今話題にしているのはアメリカ海軍佐世保基地内にある赤煉瓦の倉庫群です.この赤煉瓦の建物は日本各地にありますが,佐世保の赤煉瓦の倉庫群は日本の中で注目の的になるほどのものだそうです.	許可.

都市研内部資料をもとに作成.

文化財として指定されうる状況となっている.文化財登録制度導入においては,佐世保市は先述した佐世保市民文化ホールを登録申請し,1997(平成9)年登録有形文化財(建造物)としての認定を受けることとなった.こうした文化財としての「お墨付き」が行政や地域内での「近代化遺産」化活動を活発化していった.そのことは,都市研の建造物保存や基地内見学の要望書における,近代期建造物の歴史的評価に関する言説の変化からもうかがえる.表6-2にその変化をまとめたが,1993(平成5)年には「明治期に造られた建物やレンガ倉庫」を「歴史は浅くても」と表現していたものが,1995(平成7)年には「明治期から昭和初期に造られたレンガ倉庫」を「ひとつでも残すべき」「古い建物」と位置づけるようになり,さらに1997(平成9)年の段階では,「佐世保の赤煉瓦の倉庫群は日本の中で注目の的になるほどのものだそうです」と,明確に国内での価値づけを取り込んだものとなる.ちなみに,都市研は1996(平成8)年頃から長崎県の近代化遺産総合調査の調査委員となった土木・建築学専門の

学識経験者と直接的な関わりをもつようになっている。こうした学術的価値基準からの確固とした価値づけが，都市研の活動の後ろ盾となっていたことがうかがえる。

以上から，長崎県近代化遺産総合調査や文化財登録制度導入がいかに地域に大きな影響力をもたらし，「近代化遺産」構築を主導するものとなっているかが明らかとなる。とくに全国調査はその調査委員と行政関係者や住民との関わりなどから，きわめて直接的な影響力をもち，具体的な「近代化遺産」の価値も生成していくものとなっていた。

1．2 調査結果に基づく米軍評価

このように，直接的な影響力をもった長崎県近代化遺産総合調査に基づく評価は，佐世保市における米軍基地内の「近代化遺産」化をおしすすめる1つの流れを形作った。その調査は報告書（長崎県教育委員会1998）が，佐世保市にある「近代化遺産」の最も特徴的な点としているのが，佐世保市中心部の佐世保港湾付近に50～60棟まとまって存在していることである。とくに市街地に隣接した平瀬・立神地区付近（図5-9（2）参照）は，米軍，自衛隊，および佐世保重工業株式会社の旧海軍期からの煉瓦造の施設・工場が林立しており，それらについて，調査報告書は「この一帯における煉瓦造建築群は質量ともにわが国で最も充実した集積といってよいであろう」と評する。加えて米軍が使用している施設については，「今日でも倉庫のままに使用されている大部分では，内外装ともほぼ建設当初のままに保たれている。のみならず，近年の屋根葺き替えでも桟瓦のままに補修されるなど全般に維持管理が行き届いていて，極めて保存状態が良い」と評価している（長崎県教育委員会1998：85）。

このような評価は，先に示したように，この調査に関わった学識経験者との直接的関わりによって，都市研やアーバン研メンバーなどの関係者に共有されていったほか，さまざまな広報誌，新聞などでも取り上げられることにより，かなり一般化したものとなっていった。たとえば『させぼ塾プレス』vol.3（させぼ塾1998年12月発行）では赤煉瓦探偵団の活動に関する記事内で，「軍港として重要な役割を担っていた佐世保には，煉瓦建造物が多数建てられました。

現在も一部は米軍が使用しており，保存状態のよいものが数多く見られます」と紹介し，また『景観スケープニュース』vol.2（佐世保市都市開発課1999年3月発行）では，1998（平成10）年7月，赤煉瓦探偵団主催による学識経験者を迎えての基地内視察が行われた（表6-1 no.13）ことを伝える記事で，「基地内に残る旧日本軍の赤煉瓦建物」について「これまでほとんど調査対象となっていない物件で「明治20年代の建物も残り，国内でもこれほどの規模で近代建築物が残っているのはまれで貴重」という評価も受けました」と記している。また，長崎新聞では1999（平成11）年1月3日の紙面で，「近代化遺産」を「街づくりに大切な要素」と位置づける特集記事を組んでいるが，そのなかで米軍基地内の煉瓦倉庫群の建ち並ぶ写真を掲載し，そこに「米海軍佐世保基地内の赤れんが倉庫群。…全国でも最高級の集積ポイントとされる」という説明をつけている。

そして，市内では大きなイベントとなった1999（平成11）年の赤煉瓦と佐世保のまちづくりシンポジウム（表6-1 no.15, 以下1999年シンポ）と2001（平成13）年の赤煉瓦フェスタIN佐世保（表6-1 no.16, 以下2001年シンポ）では，長崎県の近代化遺産総合調査の調査委員をはじめ，煉瓦造建造物に詳しい工学系の研究者を招いた基調講演およびパネルディスカッションが行われたが，ここでの講演やディスカッションではさらに踏み込んだ評価や意見などがみられる。表6-3にその関連する箇所をまとめたが，①，③，④の発言は米軍基地内の近代建築の保存状態の良さというよりも，米軍の保存管理主体としての側面を評価するものとなっていることがわかる。また，②のように「市民が利用できない場所であったからこそ」，高度成長期の乱開発による破壊を免れたとする意見も出ている。ここでは米軍基地の機密性が歴史的建造物の残存を保証しうるものであったとされていることがわかる。

このように，1990年代の調査時点の米軍基地内の保存状況の良好さという点が，とくに米軍を「近代化遺産」の「優れた保存管理者」として位置づける言説を生んでいる状況を指摘できる。また，こうした言説が生成されるなかで，とくに米軍基地内で保持される機密性と歴史的建造物の保存とがリンクしたことも確認できた。

表 6-3　シンポジウムにおける米軍の煉瓦造建造物保存に関する発言

	発言者	発　言	表 6-1 no.
①	学識経験者（講演者）	平瀬地区は鎮守府ができて最初に煉瓦倉庫群がつくられ，明治20年～30年～40年代の煉瓦造が集積しており，これほど大規模な倉庫が並ぶというのは，おそらく日本中で佐世保以外にはないと思われる．…米軍が使っている棟は自衛隊使用分に比べて保存状態が非常に良い．むしろ米軍の方がしっかり守っており，アメリカ人らしく外観を化粧直ししたりしている．	15
②	アーバン研メンバー（パネラーの1人）	佐世保市内の赤煉瓦がたまたま米軍基地内だったり自衛隊だったり，SSKだったり，市民が利用できない場所にあったからこそ昭和30年代の高度成長期に壊されずに済んだと思います．	15
③	都市研関係者（司会者）	戦後米軍が進駐して…，将兵でない人たちの多くはベース以外の一般民家に住んでいました．その数はかなり多くて，どんな仕事をするのかと尋ねましたところ，工作部にいて建物のメンテナンスをやるんだといっていた記憶があります．接収した赤煉瓦その他も補修修繕もさせたんだと思います．米軍はその時からメンテナンスの技術を持ち込んで使ったから今も良い状態で残っていて，敗戦国の日本にはそれがなかった．その差が今歴然としています．	15
④	学識経験者（パネラーの1人）	それにしても佐世保の煉瓦の数や種類と言いますか，全体として規模が大きいですね．…米軍使用の物は保存が宜しいです，かえって自衛隊のほうがお粗末です．	16

月刊『虹』（九州公論社）Vol.561（1999年4月），Vol.562（1999年5月），Vol.592（2001年11月），Vol.593（2001年12月）の大会記録記事より作成．

1.3　米軍による演出

　近年においては，米軍自らそうした「優れた保存管理者」を演出している状況が見られる。表6-1 no.27の2008（平成20）年5月から開始された「海軍さんの港まちツアー」は，もともと2007（平成19）年末に米軍側から佐世保観光コンベンション協会に，基地内見学ツアーを組みたいとの申し入れがあったことに端を発しているものである。これは米海軍佐世保基地広報官および元基地内放送局関係者2人の発案であり，2001（平成13）年のアメリカ同時多発テロ発生以降の厳しい基地内立入制限に対し，「我々は日本のコミュニティの一部と考えており，そのホストである地域社会に対して可能な限り透明化を図りたいとの思いから実施した」とのことであった[4]。毎月第4日曜日，定員

25 名で実施され,現在に至るまで継続されている(2012 年 7 月現在)[5]。応募はほぼ毎回定員上限あるいは倍に達することもあり,年間 200 名程度が参加,2012(平成 24)年 7 月時点ですでに年末まで定員が埋まるほどの応募数となっていた(佐世保観光コンベンション協会資料)。

この「海軍さんの港まちツアー」は,おもに米軍基地と自衛隊施設区域内を見学する 1 日コースで組まれているものであり,「近代化遺産」を意識したものと思われる。著者はこの見学ツアーが開始されて間もない 2008(平成 20)年 6 月に米軍基地内を見学した。ただし佐世保観光コンベンション協会を通じたツアーではなく,都市研メンバーを通じて米海軍佐世保基地司令官あてに直接見学許可の申請をして行った。当日はとくにガイドの希望などは出していなかったが,米軍側のガイドがつき,また基地内の歴史的建造物の地図や明治期と現在を比較した写真などが掲載された簡易冊子(一部日本語の説明が記載されているもの)も手渡された。おそらく上記ツアーの米軍基地内見学とほぼ同じような内容であったと推測される。ガイドは,基地内に立ち並ぶ煉瓦造建造物の歴史的経緯,そして米軍がどのようなメンテナンスを行ってきたかなどを説明した。また,写真 6-1 に示す日本語で建築物や史跡の名称を記した石碑が複数個所設置してあった。これは同じく基地内見学ツアー発案者が 2007(平成 19)年以降随時設置していったものであるという[6]。途中,米海軍佐世保基地司令官と接触する機会があったが,司令官は我々は歴史的建造物の保存に努め,地域が育んできた歴史を大事にするよう努力している,という趣旨のことを語った。

以上より,近年においては,米軍側も市内での「近代化遺産」をめぐる動きのなかでの「優れた保存管理者」という自らに対する評価を取り込んで,それを強調するようになっていることがうかがえる。

写真 6-1 米軍基地内の石碑
(2008 年 6 月撮影)

2. 煉瓦に関連した景観づくり

2.1 煉瓦廃材の活用

　前節において，都市研の活動の転機が，長崎県の総合調査を背景とした学術的価値づけとの接触にあるとしたが，もう1つの転機があった。

　1993（平成5）年，都市研は米軍に再提供予定の立神区域（表5-2参照）内にある倉庫群が，再提供される時点で取り壊されるとの情報を入手し，その時点で保存の申し入れを行っている。表6-4には佐世保市に残存していた旧軍施設の1980年代以降の存廃状況で知り得たものをまとめたが，このうちの④，また表6-2の①にあたる事象である。この時米軍からは「拒否」の回答があり，また旧大蔵省からは2週間後の入札で買い取ってすぐに移築するのであれば，という一介の市民の集まりには無理な提案がなされ（川上2003：10），結局1994（平成6）年に取り壊しとなったが，その解体時の廃材（1棟分）を譲り受けることとなった。メンバーのX氏が私有地内にその廃材を保管し，ブロック廃材から煉瓦を1つ1つ丁寧にはずし，再利用できるものへと替えていった

表6-4　佐世保市における旧軍施設の存廃状況（1980年代以降）

	年 (結果時)	管轄	具体的建築物	きっかけ	結果	表6-1 no.
①	1982	市	米軍の劇場 (旧凱旋記念館)	米軍からの返還	改修・保存（→「佐世保市民文化ホール」）	1
②	1987	市	煉瓦倉庫	米軍からの返還	改修・保存 （→「立神音楽堂」）	2
③	1993	海上自衛隊	米軍将校クラブ (旧水交社)	所管換に伴う史料館建設	解体（一部保存）	5
④	1994	米軍	煉瓦倉庫群 (複数棟)	米軍への再提供	解体（→廃材提供）	
⑤	1995	市	煉瓦倉庫	老朽化で崩壊	解体	
⑥	1999	米軍	基地司令部棟	火災	復元	
⑦	2003	海上自衛隊	煉瓦倉庫		解体（→廃材提供）	
⑧	未定	市	前畑弾薬庫 (複数棟)	米軍からの返還	未定（2007年6月返還基本合意）	

聞き取り調査により作成．

第6章 軍事施設の「近代化遺産」化 203

写真6-2（1） 煉瓦廃材（都市研メンバー所有地内）（2005年7月撮影）

写真6-2（2） 再生煉瓦のストック（都市研メンバー所有地内）（2005年7月撮影）

（写真6-2）。そして再生煉瓦が数千個を数えるようになった約3年後の1997（平成9）年，その再生煉瓦を活用した歩行者案内板の整備事業化が決定した。これが表6-1中no.8の歩行者案内サイン整備事業であり，写真6-3に示すような基盤部分に再生煉瓦を使用した案内板がつくられた。この案内板は，図6-2に示すように，駅や佐世保港ターミナル（鯨瀬埠頭），市街地およびその周辺の広範囲にわたり，約30カ所配置され，その後も10カ所程度が増設されている。

写真6-3 市街地に設置された歩行者案内サイン（1999年9月撮影）

こうした廃材の活用が，佐世保市における「近代化遺産」化のもう1つの流れとなっていく。2003（平成15）年にも海上自衛隊施設区域内にある倉庫が取り壊しとなり，その廃材を譲り受けることとなった（表6-4⑦）。この時にはアーバン研メンバーの市職員が，市の管理区域内にその廃材約6トン分の保管ができるよう取り計らっている。さらに，その廃材を利用したイベント「親

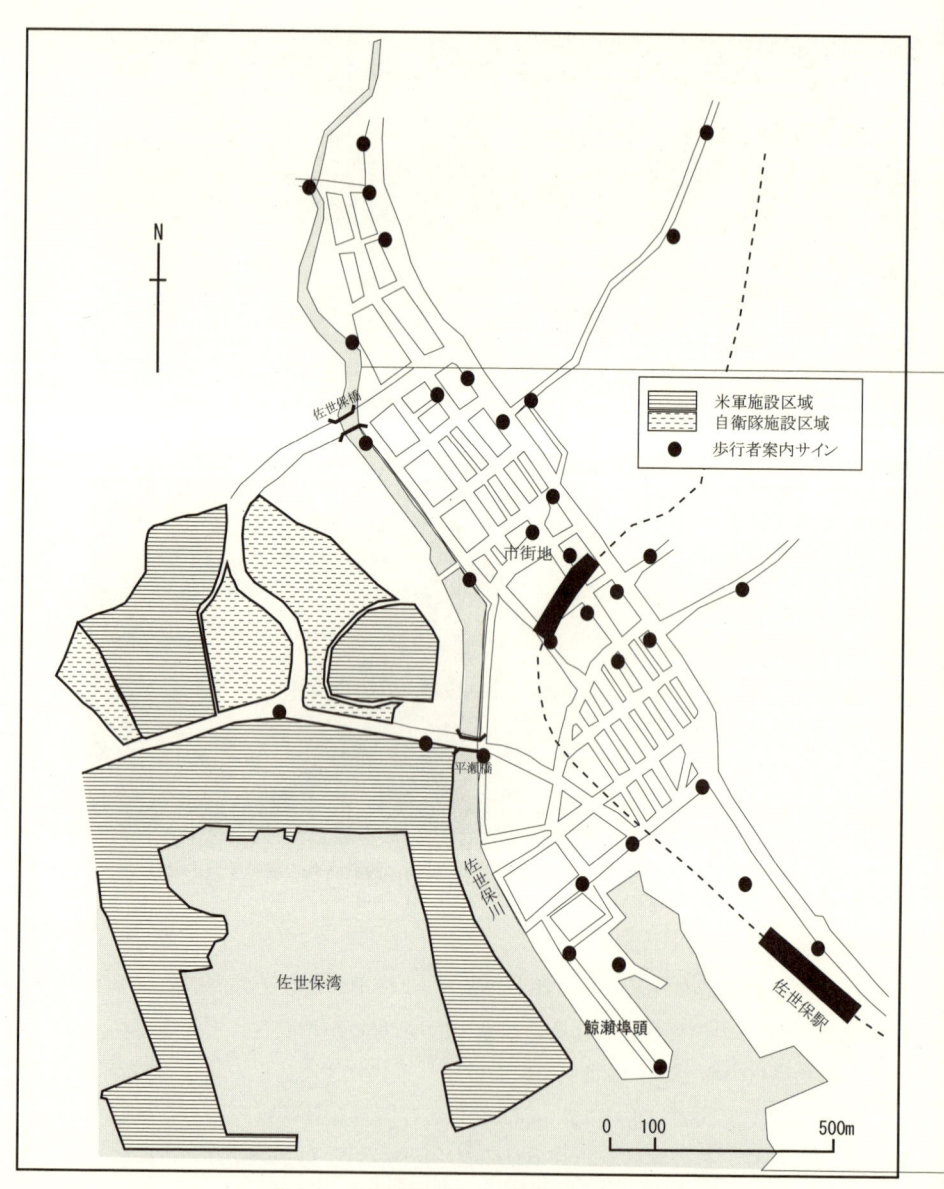

図 6-2 歩行者案内サイン設置場所（1999 年当時）
佐世保市土木部道路維持課ほか（1998），現地調査をもとに作成．

子で遊ぼう赤煉瓦トンチンカン」が赤煉瓦探偵団主催，佐世保市の後援で2004（平成16）年〜2006（平成18）年2月にかけて計4回にわたって行われた（表6-1中no.18, 20, 22, 23）。イベントは，都市研メンバーが行っていたような，ハンマーとタガネを使い，ブロック廃材から目地を取り除き1つ1つの再利用可能な煉瓦にする作業を親子で行ってもらおうというものである。さらにその煉瓦を利用して整備されたのが，写真6-4の駐車場名板であり，これは佐世保駅裏の新埋立地の一角に建てられている（表6-1 no.24）。

写真6-4　再生煉瓦を使用した駐車場名板
（2006年5月撮影）

ほかにも，2004（平成16）年には都市研メンバーがこうした再生煉瓦を保管していることを耳にした市内在店の證券会社が，その煉瓦をロビーのディスプレイに使用したいとのことで協力を依頼し，実現している（写真6-5）。

写真6-5　再生煉瓦を使用した市内證券会社ロビー
（2005年7月撮影）

　このように，佐世保市においては煉瓦廃材の活用がある程度定着した現象となっている。それは，米軍基地内部での建築物の保存が困難ななかで，住民側が見出すようになった実践であるともいえる。

2.2　行政の景観政策への取りこみ

　ただし，以上の住民側の実践も，地域行政の景観政策に取り込まれ，米軍存在の正当化という戦略的実践に収斂されていく側面をもつ。

　佐世保市においては1997（平成9）年に「佐世保市都市景観形成推進計画」，および「佐世保の景観づくり要綱」を策定しており，この頃「SASEBO まちなみ百景フォトコンテスト」(1996年〜),「まちなみタウンウォッチング」(1997年〜),「佐世保市景観デザイン賞」(1998年〜) と，景観整備に関するさまざまな啓蒙イベントが企画された。

　こうした景観整備が地域行政において活発化する状況を反映しながら，前述の歩行者案内サイン整備事業（表6-1 no.8）において煉瓦廃材が採用された。整備計画においては，案内板の「情報提供といった機能性ばかりでなく，景観形成に寄与するものとしていく」（佐世保市土木部道路維持課ほか1997：5）ことを重視するとし，「佐世保の景観づくり要綱」を計画の前提条件として示していた。そして案内板の具体的デザインについては，「本サインの脚部には，佐世保らしさ演出のためにレンガを採用する。レンガは佐世保では古くから使われてきた素材で，みなとまち佐世保の発展を支えてきたものである」（佐世保市土木部道路維持課ほか1998：3）としており，いわば「レンガ」を「佐世保らしさ」の象徴として位置づけ，取り入れていた。

　このように「レンガ」を活用した景観は，「地域らしさ」という形で位置づけられていくと同時に，それは米軍基地の存在とも結びつけられていく。前掲の「佐世保の景観づくり要綱」においては，米軍基地内にある煉瓦造建造物を佐世保市における歴史的景観資源の1つとし，それを「アメリカ東部クラシック調」と表現している箇所がある。また，1998（平成10）年に著者が佐世保市都市開発課で今後の都市計画についてのインタビューをした際，市職員は「鯨瀬埠頭（図6-2参照）に米軍基地の雰囲気を持ってこようという提案がある」ことを語ったが，その「米軍基地の雰囲気」の具体的内容を確認したところ,「クスノキやレンガ倉庫など」と答えた。

　このように，もともと基地内の歴史的な煉瓦造建造物そのものの保存ということを目的とするはずの「近代化遺産」化は，とくに煉瓦という部分的要素を,

「地域らしさ」「地域の個性」を持つまちづくりの景観資源として，基地外に反映させる実践へと転化されていく。そして，その構築される「地域独自の景観」はさらに「アメリカ」や「米軍」と関連づけられていることが明らかとなる。

　以上から，佐世保市において，ことに米軍基地内施設の「近代化遺産」化がいかに進行しているかが明らかとなった。まず，米軍基地内「近代化遺産」の保存状況が良好であるとの調査結果により，「優れた保存管理者」としての米軍像が，さまざまな言説や米軍による演出から構築されていたことが明らかとなった。さらに佐世保市においては，軍側が取り壊した煉瓦造建造物の廃材を活用した基地外での景観整備が「近代化遺産」の活用実践の主要な動きとなっており，それは軍事基地内部での動向に対する干渉がきわめて難しいという特質から，住民が見出すようになった実践でもある。結果的に，これらの動きは，地域における米軍存在を正当化することにもつながっていた。まず「優れた保存管理者」としての米軍像が構築されている状況においては，当然地域の歴史遺産を維持管理する主体としてその存在が正当化される。また，軍事基地外に煉瓦をモチーフとした景観が「地域らしさ」，ひいては「米軍」を象徴するものとして意味づけられている状況は，米軍が佐世保市の地域アイデンティティの1つとして，その存在意義を示しうることにつながっている。

　このように，佐世保市において「近代化遺産」をめぐってなされている実践は，機密性を保持する米軍側が外部からの干渉をシャットアウトする状況をある程度維持しつつ，「地域らしさ」，「地域の歴史」を象徴するものとしてその存在を正当化する意味作用を持つ点で，権力側の戦略としての側面を指摘できる。

第3節　住民の米軍基地返還志向と戦術的実践

1．住民の米軍基地返還志向

　これまで提示してきた佐世保市における「近代化遺産」化の実践には，そもそも決定的な矛盾を含んでいる。それは「優れた保存管理主体」としての米軍

という評価が一方で構築されながら，他方で盛んになっている景観づくりで活用されている煉瓦廃材は，一部米軍が取り壊した結果である，という点である。こうした状況を目の当たりにしつつ，保存に取り組む住民は，それほど単純に米軍存在を評価しているわけではない。ことに米軍基地の返還を強く志向している住民もなかには存在し，その点で学識経験者とのずれが生じている場面があった。本節では，そうした基地返還を志向する住民の主張について考察する。

前節において，米軍が「優れた保存管理者」であるという評価が県の調査報告書で出され，そうした言説が住民のなかでも語られていた状況を明示した。もしそのような評価を住民が内に取り込んでいるのであれば，学識経験者が以下のように語る状況が望まれることとなる。

　　当分米軍が去ることはないでしょう。むしろ〔原文注：集積煉瓦群が〕解放〔ママ〕されない方がいいかもしれません。
　　　－1999年シンポでの学識経験者の発言（九州公論社1999『虹』561：23）

しかし，住民のなかには取り壊しがいつなされるかわからないことへの危惧，また実際に次々と取り壊されている状況に対する憂慮を口にする人々もいた。

　　私，一番心が痛むのは，どうして壊されてしまうのか，その壊すという情報が入るのが非常に遅いということです。
　　　－1999年シンポでの都市研会長の発言（九州公論社1999『虹』561：25-26）

　　今，佐世保の煉瓦は深刻な状況にあります。次々と壊されていて，というのも米軍基地だったり自衛隊の中にあるもんですから，なかなか私どもも力及ばずなところがあります。
　　　－2003年赤煉瓦ネットワーク全国大会IN横浜での都市研メンバーによる報告（著者記録）

ちなみに，上記赤レンガネットワーク全国大会で報告をした都市研メンバーは，前節で取り上げた廃材煉瓦の活用を始めたX氏である。そして，表6-3②の発言をしたアーバン研のメンバーは，その発言の後にこう続けている。

　　今幸いに壊されずに活用されているのは小樽，舞鶴などの都市で，まちづくりの重要な一翼になっています。では佐世保は未だ遺っているけれど

もこれが市民の手に還ってくるのか，それもよく解からない。それではわれわれは黙っていて良いのか…。実は「させぼアーバンデザイン研究会」のメンバーの中の何人かが黙っていればどんどんなくなって行くようでとても心配しています。

― 1999年シンポでのアーバン研メンバーの発言（九州公論社1999『虹』561：23-25）

いわば，「市民が利用できない場所にあったからこそ昭和30年代の高度成長期に壊されずに済んだ」（表6-3②）ととらえていながらも，「黙っていればどんどんなくなっていく」現在の状況への不安が語られる。そして，「市民の手に還ってくる」ことへの期待は薄いながらも，それが活用の最良の方策であることが暗に示されている。

このように，学識経験者は，優れた保存管理主体であるということから米軍基地内にあった方がいいという見方を示しているのに対し，住民のなかには，米軍が優れた保存管理者であるという評価を単純には受け入れない人々が存在する。すなわち，軍事活動の強権性が文化遺産保護とは相いれないことを切実にとらえていること，そして「近代化遺産」活用を進めていくには，「市民の手に還ってくること」，いわば米軍基地が地域に返還されることが必要であるとの認識を持つ人々が少なくなく，そこに前者との間に大きなずれが生じている。

また，軍事施設の「近代化遺産」化に取り組む住民の多くは，とくに表6-4⑧に示した前畑弾薬庫の返還にかなりの期待を寄せていた。前畑弾薬庫は，前章でもふれたように，佐世保港湾の東岸一帯を占め，住宅地と隣接していることからその危険性が危惧され，長く返還が望まれていた場所である。内部には20棟にも及ぶ旧軍施設が存在しており，これらは先の県の調査報告書でも高い評価を得ていたことから，それらの返還による活用に住民は大きな期待を寄せていたのである。先述したように，2007（平成19）年6月の日米合同委員会でようやく返還合意に至っており，今後の動向が注目されている。たとえばこの施設について，いまだ返還合意に至っていない1999年シンポ（表6-1 no.15）においては，以下のようなやりとりがあった。

前畑弾薬庫全部一括返還となると 17, 8 棟のあれだけ大きいものには，
　　ビアホールばかりというわけにもいかないでしょう。どうするかがこれか
　　ら大きな問題です。(九州公論社 1999『虹』561 : 23)

シンポジウムの講演者でもあった学識経験者のこの発言に対し，シンポジウ
ムの司会を勤めた都市研関係者は以下のように反論している。

　　　前畑弾薬庫の返還については，佐世保市の光武 顕市長さんのご意見で
　　は，すでにその使用法について，広く市民のみなさんからのご意見や要望
　　を充分訊いた上で決めたいと仰っていますので，前畑が全部還って来たと
　　き，さて，と思案投げ首することはないと思います。前畑弾薬庫ほど佐世
　　保市民にとってミステリーな場所はなく，一歩も踏み込めず遠望するだけ
　　の広大な土地への思いは，戦後 50 年以上続いているわけです。(九州公論
　　社 1999『虹』561 : 25)

上述の学識経験者は，2001 年シンポ（表 6-1 no.16）においても，前畑弾薬
庫に限定しているわけではないが，米軍施設の返還について以下のように語っ
ている。

　　　あんまり一遍に返してくれと言わないほうが私は良いんじゃないかと
　　常々申し上げています。でっかいし，たくさんありますからね。(九州公
　　論社 2001『虹』592 : 31)

ここでは，米軍基地の返還にあまり執着していない学識経験者に対し，反論
を述べた住民は返還への切実な希望をもっており，そこにかなりの温度差があ
ることがとらえられる。

また，都市研メンバーの X 氏は，2006（平成 18）年度の「佐世保市総合計
画を考える市民会議」[7]に参画しているが，とくに前畑弾薬庫の返還後の活用
について提案をしようとの意気込みで臨んだと語っていた。これも返還合意が
なされる前のことである。

このように住民のなかには，「優れた保存管理者」としての米軍という評価
を表面的には，あるいは過去のこととしては受容しつつも，やはり住民をシャッ
トアウトする米軍基地という場所に，保存すべきと考える対象が存在する状況
に対し，危惧や憂慮を抱える人々は多い。そして，地域への返還がなされたう

えでの「近代化遺産」化が最良のあり方であるという認識をもっている人々も少なくないことがうかがえる。

2. 米軍基地立入のツールとしての「近代化遺産」

　先にあげた住民の発言のなかに「一歩も踏み込めず遠望するだけの広大な土地への思いは，戦後 50 年以上続いている」(1999 年シンポの司会者，都市研関係者) という言葉があった。

　通常，米軍基地内に立ち入ること自体，それほど容易にできることではない。一般の立入りは日本国内の在日米軍基地でもほぼ年に 1〜2 回程度開催される基地内開放行事時のみである。佐世保市においても 1985 (昭和 60) 年から開始された「西海アメリカン・フェスティバル」(企画運営：佐世保青年会議所) という市民祭時に 8 月初旬の 2〜3 日を開放するくらいであり[8]，これも 2001 (平成 13) 年 9 月の同時多発テロの影響により，2002 (平成 14) 年を最後に開催されなくなった。とくにこの一般開放は，米軍のスポーツ・レクリエーション施設が立ち並ぶニミッツパークで行われていたのに対して，「近代化遺産」として評価の高い煉瓦造建造物は，港側の米軍基地司令部を擁する主要軍事施設区域に多く残存している。そして，「まとまった残存建造物群」として評価されている前畑地区は弾薬庫施設が集積している地区であり，立入りはより一層厳しく制限されている。たとえば 2006 (平成 18) 年 10 月 21 日，同地区内の木工作業所で火災が起きた際には，住宅密集地区が隣接しているにもかかわらず，市の消防局が立ち入って消火活動もできなかった。この時，発煙の目撃情報から約 6 時間後の鎮火となったにもかかわらず，米軍側から市へは連絡[9]も支援要請もなかったという (長崎新聞 2006 年 10 月 22 日朝刊)。このような緊急事態にあっても日本の公的機関すら立ち入れない状況におかれている前畑地区において，1995 (平成 7) 年佐世保市内の郷土史研究会のメンバーが前畑地区内にある丘陵地での史跡調査を申請した際，米軍側は許可している。弾薬庫施設そのものではないものの，弾薬庫地区内に立ち入ることになるため，許可が下りたことについて，申請したメンバーはとても驚いたと語った。

こうした歴史的建造物に関しての米軍側の態度の緩和は，1990年代半ば以降の変化といえる。表6-2①の1993（平成5）年の米軍への再提供予定区域内の煉瓦造建造物について都市研が保存要請を行った際，米軍は「拒否」との回答で，取りつく島もない対応であったが，その後とくに歴史的建造物の調査ということでの立ち入りに関しては，より協力的な対応へと変化する。先にも示したとおり，1995（平成7）年度からは2年間にわたって長崎県の「近代化遺産」総合調査が基地内で行われており，また1997（平成9）年には赤煉瓦探偵団メンバーを主とする一般民間人による調査（表6-1 no.13.）も許可された。またアーバン研も，1997（平成9）年の立ち上げ時，基地内調査を行っている[10]。

そして，1999（平成11）年には「近代化遺産」として注目されてもいた米軍基地司令部棟が改装中の火災により基礎部分以外の建物の大半が焼失したが，この時赤煉瓦探偵団が被災した建造物の調査を申請した際にも許可が下りている。この場合は建造物に関する詳細な調査が許されたうえ，赤煉瓦探偵団が調査後に提出した報告書をもとに，ある程度の復元がなされた。表6-4で，米軍基地から返還されない状況で，単なる取り壊しを免れたものはこの司令部棟の復元（⑥）のみである。さらに，何度となく保存の申し入れや基地内見学・調査でやりとりがあった赤煉瓦探偵団の主要メンバーは，2006（平成18）年7月の独立記念式典に米軍側から招待を受け出席している。この時米海軍佐世保基地司令官からは「基地内の赤レンガ建物の保存と修理は，これからも全力をつくしますとの言葉をいただきました」とのことであった[11]。このように，「近代化遺産」（あるいは歴史的建造物等）の調査を目的とする基地内への立ち入りは，とくに都市研メンバーは数年にわたってやりとりをしてきたおかげで，現在はわりとスムーズに許可が下りると語っており，1990年代後半以降立入許可はより緩やかになっているといえる。

こうした米軍側の動きは，とくに1990年代以降の在日米軍再強化の流れと，さらには1995（平成7）年に起きた沖縄の米兵による少女レイプ事件の全国的波紋から，地域でのパフォーマンス向上を必須とするようになったことも関係しているであろう。いわば，米軍基地所在地域においては，その存在意義を明

確に示していかなければならない状況となっている。ただし，先に示した2001（平成13）年のアメリカ同時多発テロ後の規制強化や2006（平成18）年の前畑地区内火災発生時の状況から明らかなように，基地内情報や立ち入りに関する閉鎖性はきわめて厳格でもある。とくに，安保協定の実施にともなう刑事特別法[12]で「部隊の使用する軍事施設の位置，構成，設備，性能又は強度」は「合衆国軍隊の機密」とされているように，「近代化遺産」等の歴史的建造物の調査では建造物の位置や性能，強度などの情報公開も伴っていることから，必ずしも積極的に公開しうる事項とはいえないものでもある。にもかかわらず，「近代化遺産」という側面からアクセスすると，そこでは比較的容易に立ち入ること，あるいは干渉していくことが可能となる。

またアーバン研は，「この重要な時期にいる我々の責務は，市民共有の遺産を大事に保全活用しながら次世代へ引継ぐことだ」とし，とくに「立神の米海軍司令部の火災後の保存活用では，大正十一年日本海軍建設の貴重な建物を民間有志が救った〔傍点著者〕」（させぼ夢大学2001：103）と述べている。先の1999（平成11）年の米軍基地司令部棟の復元の件である。いわば，米軍が優れた保存管理者，ひいては地域の歴史の継承者として，地域社会での存在意義をアピールしようと「近代化遺産」化を実践しているのに対し，住民はそうしたパフォーマンスを単純に受け入れているわけではない。住民のなかには「市民共有の遺産」であるとして，その「立ち入れない」米軍基地内の建造物にアクセスし，その動向に干渉するツールとして戦術的に「近代化遺産」化の実践を行っている人々もいるのである。

このように，「近代化遺産」は，一方で米軍存在を正当化する権力側の戦略に持ち出されながらも，他方で巨大でアンタッチャブルな存在として君臨してきた米軍に，住民らがアクセスするツールという戦術的実践も伴っていることをとらえることができる。

本節では，日米両国家にとって都合良く設定された戦略的ツールとしてとらえることのできる「近代化遺産」を，いかに住民がその機能を転換し，戦術的実践となしているかを描出した。前節において，冷戦体制崩壊後，在日米軍は強化される方向にあり，その存在の受容を促すために「近代化遺産」が持ち出

されていることを明らかにしたが，こうした権力的戦略に対し，住民の「近代化遺産」化の実践は必ずしもそれを敷衍するものではなかった。住民は軍事機密が保持される空間であり，なおかつ外国領域となってしまうがゆえに，これまで不可侵を絶対とされてきた米軍基地に，「我々市民のモノ」であるとしてアクセスし，さらには干渉していく，あるいは自分たちの空間であるとして返還をも求めうるツールとしていた。

第4節　まとめ－矛盾を見すえた戦術的実践－

　以上より，「近代化遺産」は単純に米軍の受容や地域アイデンティティ化を浸透させるものとしてのみ機能しているわけではなく，米軍存在の問題性を見据え，返還を志向するなかで「我々地域社会が保有すべきもの」という理屈を与えるものでもあることが，住民側の実践から確認できた。
　戦後，日本はアメリカの冷戦戦略における防波堤的拠点となった。「平和憲法」の設定と日米共同の防衛体制の併存も，一見矛盾するようであるが，アメリカの軍事戦略上の現実主義的産物であり，そこには何ら矛盾はなかったという[13]。かくして，戦後日本の軍事は第一にアメリカの国家戦略のもと設定されることとなったのである。しかし，この「自国防衛」という大義のもと正当化される国家の武力（警察および自衛隊）が実質的にはアメリカを優先する，という矛盾は，とくに佐世保において1968（昭和43）年のエンタープライズ闘争時，明確に顕在化した。そして今日の冷戦体制の崩壊とグローバル化の進展は，本格的な集団防衛体制を必須とし，日米両国家にとっても米軍の日本駐留はますます強化されている。在日米軍定着の方策が，両国家でさまざまに繰り出されている状況にある。
　「近代化遺産」は，いわばこうした日米両国の防衛戦略にとって，その矛盾を曖昧化しつつ正当化する，都合のよいツールとして動員されているものである。しかし，権力側が一度顕在化させた矛盾は，それほど都合よく曖昧化され，忘れ去られているわけではなかった。
　実は，先に米軍基地返還という志向が「戦後50年以上つづいている」と主

張したY氏は，前章で取り上げたエンタープライズ闘争時の住民らの意見を数多く掲載していた雑誌『虹』の編集を行ってきた人物である。『虹』は1952（昭和27）年に佐世保の文芸雑誌として創刊されたものであり，創刊時の編集後記には掲載対象について，以下のように述べている。

> 佐世保を中心とした人々の，生活に対する多くの意見，反対の考え，随筆，歌，句，詩，小説をすべて，その政治的立場をかまわず掲載しますが，ただどんなにカモフラジしても，一ミリでも戦争を挑発するものはお断りします。（九州公論社 1960『虹』100：17-18）

ここで明示された方針の通り，『虹』は政治的立場・思想にかかわらず，一般市民から地元政財界の中心人物に至るまで，幅広い人々の意見，作品などを収録しており，また1960年代から1970年代にかけては九州一円に及ぶ読者をもっていた。Y氏は雑誌発行に1950年代後半から現在にいたるまで関わっており，ことに1960年代の米軍原子力艦艇寄港反対運動に雑誌編集とともに強い関わりを持っていた。ちなみに雑誌には，前章の引用からもうかがえるように，この寄港問題に関しても，反対・賛成派を問わず，多くの意見が収録されていた。

　Y氏に対し，著者は2005（平成17）年にインタビューを行ったが，その際Y氏は，「佐世保には「国家」がある」という印象的な言葉を述べた。そして米軍の佐世保での空間占有を明確に批判しつつ，ただし戦争は絶対反対としながらも「自分の国は自分で守る」という考えを支持しており，自衛隊は否定しないと語った。いわばたとえ「自国防衛」という大義名分には何とか説得されえても，ことにエンタープライズ闘争時，国家が国民に背を向けても米軍を守りとおす様相を具に見ていたY氏にとって，米軍による空間占有はいまだ納得しえないものとしてとらえている。たとえ国家が体よくその正当化を推し進めようとしても，そもそも戦後日本の軍事は「自国」のみに収まりきれない矛盾を抱えている。Y氏の「近代化遺産」化の実践はこうした国家の軍事的空間編成の綻びのもと，「私たちの空間」の返還を求める戦術的実践なのである。

[注]
1) もともと市の外郭団体として市民活動の財政的支援を行う「させぼ塾」の支援を目的として結成したものであり，その後も大きなインベント計画がある時に結成する形となっていた（2005年都市研関係者への聞き取りによる）．
2) 全国近代化遺産活用連絡協議会が，10月6日の「登録の日」（登録有形文化財（建造物）が5千件を超したこと，および記念物・民俗文化財にも登録文化財制度が導入されたことを記念して，文化庁が2005年に指定），および10月20日の「近代化遺産の日」（全国近代化遺産活用連絡協議会が工部省（鉄道，造船，鉱山，製鉄，電信などの事業を行った明治初期の中央官庁）の設立日をこの日に指定）を含む10月～11月にかけて実施している全国行事（文化庁ホームページ：http://www.bunka.go.jp/bunkazai/koukai/index.html，全国近代化遺産活用連絡協議会ホームページ：http://www.zenkin.jp/［いずれも2012年7月31日最終閲覧］）．
3) 1997（平成9）年に策定された「佐世保市都市景観形成推進計画」やそれに基づく「佐世保の景観づくり要綱」等で推進されていく景観事業の一環で事業化されたもの．1998（平成10）年に第1回が開催され，2010（平成22）年より「佐世保市景観賞」に名称変更し，継続されている．とくに旧軍関連施設の受賞は2004（平成16）年の第7回で「佐世保市民文化ホール」，2005（平成17）年の第8回で「前畑地区の大型倉庫群」，2006（平成18）年に針尾無線塔と同時に「海上自衛隊佐世保史料館」，2007（平成19）年の第10回で「250tクレーンや赤煉瓦建造物を含むSSK造船所」が受賞した（佐世保市役所ホームページ：http://www.zenkin.jp/?page_id=4，文化庁ホームページ：http://www.bunka.go.jp/bunkazai/koukai/index.html［いずれも2012年7月31日最終閲覧］）．
4) 発案者の1人米海軍佐世保基地広報官のメールでの回答による（2012年7月）．本文内意訳の原文は以下．
   Base access was severely restricted following 9/11.CFAS genuinely feels that we are a part of the Japanese community here. As such, we'd like to make the base as transparent as possible for our host population.
   また，発案者のもう1人は1989（平成元）年に米軍放送局記者として佐世保に赴任したフィリップ・イーキンス氏であり（上記広報官の回答による），彼は基地内軍属として旧海軍期の歴史を米軍側資料などを駆使して調査研究し，その成果を『Serving the Fleet』という書籍にまとめて2009（平成17）年に出版した．現在米軍からは離れて佐世保近郊に在住し，基地内見学ツアーではボランティアガイドもつとめる（「佐世保郷土史 こつこつ勉強」2012年5月21日付朝日新聞デジタル記事：http://mytown.asahi.com/nagasaki/news.php?k_id=43000301205210001［2012年7月31日最終閲覧］）．
5) ただし，2011（平成23）年3月は，東日本大震災による海上自衛隊・米軍艦艇災

害派遣のため，催行を中止している（2012年7月発行佐世保観光コンベンション協会資料による）．
6) 2007（平成19）年7月，最初の上陸場跡の石碑設置においては在日米海軍司令長官や海上自衛隊，日本のメディアや佐世保市行政も列席したうえでの除幕式も行われたという（2012年7月の佐世保基地広報官のメールでの回答による）．
7) 佐世保市が「市民と創りあげる総合計画」を基本的なスタンスとして，市民を取り込んだ検討作業を行うというプロジェクト．この「総合計画を考える市民会議」と「総合計画審議会」とが協力・連携（意見や情報の交換・共有）しながら中間答申に作業を進めていくものであった（佐世保市関係資料より）．
8) ほかアメリカの独立記念日（7月4日）周辺でも開放を行っていたりもした．1998（平成10）年6月には夏季期間中として毎週日曜日に基地開放を開始したが，開始後まもない8月に在外米軍全体の警備体制強化により中止となっている．
9) 近くで釣りを行っていた市民の発煙目撃から約2時間後に，報道関係者などからの110番通報により，ようやく市は火災情報を知る形となったという（長崎新聞2006年10月22日朝刊）．
10) アーバンデザイン研究会メンバーは当時のことを以下のように記していた．「物すごい遺産があると知りながら入れない場所，フェンスの向こうにあるアメリカを見たいということで一致，ともかく米軍基地の調査を行うことになりました．」（させぼ夢大学2001：94）
11) 出席した都市研メンバーから著者宛ての書簡（2006年7月5日付）による．
12) 法律の正式名称は「日本国とアメリカ合衆国との間の相互協力及び安全保障条約第6条に基づく施設及び区域並びに日本国における合衆国軍隊の地位に関する協定の実施に伴う刑事特別法（昭和27年5月7日法律第138号）」．第6条で「合衆国軍隊の機密」を「合衆国軍隊についての別表に掲げる事項」をその一部としてあげており，さらに別表の2項が「部隊の使用する軍事施設の位置，構成，設備，性能又は強度」となっている．
13) 古関（2002：2-20）によれば，アメリカは第二次世界大戦後早い時期から日本を資本主義陣営の防波堤的拠点として位置づけていた．憲法の平和条項は継続占領を予定していた沖縄の軍事基地化によって，国境内の「日本」には軍事拠点を設置しなくてもしのげるとの見解をもった，1946年当時連合国軍最高司令官であったマッカーサー独自の判断によって成立したものであるという．その後情勢の深刻化により，沖縄のみならず「日本」国内にも軍事拠点を設置することが決定され，日米共同の安全保障体制が敷かれた．いわば，憲法の非武装条項の成立もその後の日米の安全保障体制整備も，冷戦体制を見据えたアメリカの軍事戦略上では何ら矛盾しないものであった．なお古関は，憲法9条について，「米国による敗戦国日本に対する弱体化政策の一環だという批判がある一方で，悲惨な戦争体験から

生まれた日本人の理想とすべきものだとの評価もある．だが，憲法九条は，単なる日本弱体化政策でも理想の実現でもない．そして日本に戦争を放棄させ，軍備を持たせないことを米国政府が決定したことは一度もない．憲法九条は連合国最高司令官マッカーサーの独自の判断であった．…マッカーサーは，天皇の地位を象徴として残すためには，憲法九条が必要であり，日本本土を非武装化しても沖縄に基地を確保すれば本土の防衛は可能であると判断した」とする．そして「憲法九条は象徴天皇制と沖縄の基地化を条件にして日本を戦後国際社会の中に再生させるきわめて現実的な条項であったのである」と結論づけた．

終章 結論

1.「近代化遺産」をめぐる国家と地域の関係性

　本書は，文化遺産をめぐる地域の国家に対する従順な関係性を再考するべく，地域の人々の日常的な実践を記述分析したものである。近年盛んな「近代化遺産」をめぐる現象に焦点を当て，北部九州の二都市——重工業都市である北九州市と軍事都市である佐世保市——を事例とした。

　「近代化遺産」は，グローバル化が加速度的に進む現代，国家共同体の紐帯を文化主義的に強化するイデオロギー装置として創出されてきた側面をもつ。とくに重工業都市においては，産業構造の転換以降，国内産業を空洞化させてきた企業を，歴史的に意義づける機能も担う。いわば，本来の生産機能を停止した企業施設を，「日本の近代化を支えた」国家のシンボルとして顕彰するよう設定されたものである。ところが，北九州市においては，当初，企業の産業空洞化を推し進める再開発事業に，住民が異を唱え，事業の方向性に軌道修正を迫るツールとして，「近代化遺産」が用いられていた実態を明らかにした。実際に保存が決定し，具体化される段階においては，高炉の「近代化遺産」化はやはり権力側の戦略的実践に取り込まれていったものの，住民は必ずしもその権力側の思惑を受容してはいなかった。住民は高炉の「近代化遺産」としての現在の姿に異を唱え続け，また別の意義を付加し続けてもいた。

　さらに軍事都市においては，「近代化遺産」は戦後越境化した国家の軍事体制の矛盾を文化的側面から曖昧にしながら正当化する機能を担っていた。とくに佐世保市では，米軍による不安定な経済効果および民間産業規制などの複雑な問題が生じている。加えて，その軍事体制の矛盾を顕在化させたインパクトある歴史的事象も起きていた。こうした状況において，「近代化遺産」は米軍

の異質性を文化遺産の保存管理者としての側面から曖昧化し，むしろ地域アイデンティティの一側面としてその存在を意義づけるイメージ戦略のツールとなっていった。1990年代半ば以降，米軍は在日戦力の増強を背景に，地域社会でのパフォーマンス向上と存在意義のアピールを行うようになっている。そうした共同防衛体制の強化を目論む日米両国家の戦略的実践を担うものとして「近代化遺産」は設定されていく。しかしこれに対し，住民は米軍の「保存管理者」としての側面に一定の疑義を持ち，「自分たちのモノ」と称して米軍の占有空間への干渉を行うツール，あるいは「自分たちの空間」と称して返還を主張するツールとして，「近代化遺産」を流用していた。

いずれにおいても，グローバル化が加速度的に進行するなか，国家や企業などの権力主体側にとって都合のよい空間再編のツールとして「近代化遺産」が構築されていく戦略的実践に対し，住民の「近代化遺産」化の実践は必ずしもそれらを単に受容するものではなく，独自の戦術的実践が展開されていた。それはいとも簡単に権力側の戦略に取り込まれていくこともあるが，ただしそこにさらなる独自の戦術的実践が重ねられることもあった。

以上から，地域における文化遺産化実践が国家に資するものであるとの見方は，その一面的な側面のみをとらえたに過ぎないことが明らかとなった。地域において，「近代化遺産」は国家に従順であると見せかけつつ，主体的に使いうるツールである。たとえ権力側が人々の実践を戦略的に利用していったとしても完全に取り込まれることはなく，人々独自の戦術的実践はしなやかに，また新たになされ続ける。地域の日常的実践は，必ずしも国家や企業をはじめとする権力側に都合よく資するだけではなかった。本書の「近代化遺産」の構築実践の記述分析において明白となったのは，国家に容易に収斂されえず，より主体的であろうとする地域という関係性であった。

2. 重工業／軍事都市における戦後の変容－景観の「別物」化－

本書で見出しえた，国家に対し主体的であろうとする地域とは，地域における景観が「別物」と化す過程——すなわち地域における物質的変容——を見据える日常的視線から紡ぎ出されるものであった。とくに戦前「近代日本」の支

柱であった重工業および軍事の拠点となった地域は戦後顕著な変化を経験した。ここで，本書の記述分析から描出しうる両地域の戦後変化と日常的視線について示しておく。

　近代重工業都市の多くは，1970年代以降産業構造が転換する過程で，工業生産の場としての景観を失ってきた。たとえ同じ外観が残されたとしても，それはもはや生産の場としての景観ではなく，産業の痕跡を示す歴史的・文化的景観という「別物」である。そしてその景観を取り巻く地域の空間構造も大きく変化した。かつて工業系企業の強い影響力のもとでつくり上げられてきた地域社会には，資本へのイデオロギー的忠誠を醸成する統制的空間が生成されていた。そうした空間構造は大きく崩壊し，商店街の衰退や人口減少，高齢化などの問題が周辺住宅地にはびこる一方，かつての工場地帯のあった中心部には商業的施設が立ち並び，その一角に工業生産の過去を示す遺物が存在する。

　この「別物」となった工業痕跡の景観が，「近代化遺産」というプロジェクトによって，「近代日本」を支え，「今日の日本」をつくり上げたものとしてシンボライズされているものである。変容を見つめる地域の日常的視線から見れば，それは「今日の日本」を築き上げているという共同体意識を醸成するものではなく，むしろ容赦なく進む商業地・宅地開発による脱工業化——工業痕跡の消滅——に対する最後の牙城である。かつて企業の地域統制を通じて，国内の統制された国民国家空間がつくり上げられていった近代国家形成期からすると，産業構造転換や国内産業空洞化を経た地域の変貌はきわめて著しい。そこには，国家の思惑を容易に受容しうる「地域」はもはや成立していない。

　一方，戦後，軍事都市においては，軍事力正当化の大義である「国家防衛」の国家にアメリカが含まれることとなった。冷戦体制が築き上げられていくなかで軍事は早々に越境化し，軍事が防衛すべき対象は「自国」のみではなくなった。軍事拠点のおかれた地域からみると，軍事施設の立ち並ぶ景観にはいつの間にか米国（軍）という存在が紛れ込んでいた。もはや国家の軍事力を誇示し，高揚させる軍艦建造はほとんどなされず，それにかわって米軍艦艇がその威容を見せつけながらわがもの顔に入港するようになった。艦船建造や港湾産業

で地域社会の経済基盤を支える民間企業は常に米軍と対立しつつ，その規制や制限のなかで生産活動を余儀なくされている。とくに佐世保では，1968（昭和43）年のエンタープライズ闘争において多くの住民が防衛すべき「国家」がアメリカであったことを目撃した。これが古老が「別物」と断じた「軍港」の姿ではなかっただろうか。戦前のもはや自国を防衛し，そのために闘う軍の景観は，大きく変容した。戦後，防衛すべき「国家」にはアメリカが含まれるようになり，さらに今後はますます複雑化する。

こうしたなか，冷戦体制崩壊後の軍事体制の強化において，イメージ戦略として持ち出されているのが「近代化遺産」である。「近代化遺産」がつくり上げようとする「近代日本」の景観，あるいはその歴史を大事に保存してきた（地域アイデンティティの1つとしての）米軍の景観，いずれもが戦後地域に君臨し続ける米軍を見つめてきた地域的視線とはかけ離れたものであろう。

このように，戦後の重工業・軍事都市における変容――生産／軍の景観の「別物」化――が，「近代化遺産」を戦前からの「近代日本」を呼び起こすツールとして持ち出す国家側の思惑と，その変化を見つめてきた地域の日常的視線とのずれを生み出している。重工業都市での顕著な地域変容や軍事都市での防衛対象としての国家の変貌，いずれも，個別の事例にとどまり得ない状況のもとで，実質的な空間編成の変化が地域の日常的景観（物的側面）に刻み込んだ変容を示していよう。

この実質的空間編成の変化とは，本書が近代／現代を区分する指標とした領域国家のあり方の変化，すなわち政治・経済の越境化と深く関わるものである。本書は，地域で100年の時間を生きた古老が強く感じ得ていた変化に焦点を当て，近代から現代への多様な変化の一側面を明らかにしたに過ぎないが，この越境化は多様な現代に通底する物的・空間的編成である。冒頭で触れた近代を再考する歴史地理学的議論をはじめ，現代における国家の編成原理やナショナリズムをいわゆる近代期と区別し，追究していく必要性を主張する議論は多い（たとえば吉野1997；西川2000；山﨑2001）。現代を貫く越境的空間編成がもたらす変容に軸をおいた本書の成果は，現代国家や現代的ナショナリズムの解明にもつながりうるものと考える。

3. 本研究の限界と課題

「あんなサビだらけのもの，早く撤去すればいいと思っとった。」
「対岸の火事でしたよ。私らにとっちゃね。」

北九州市の高炉保存問題についての取材では，こんな声も聞こえてきた。また，佐世保で「近代化遺産」保存に取り組む関係者は，第二次世界大戦中の米軍による空襲で被害にあった女性から「米軍の施設を保存しようだなんて。あなた達のやっていることを私は許せない」と言われたことを忘れるわけにはいかないと語っていた。本書は「近代化遺産」保存に取り組んだ地域の人々を対象とし，そこでなされる多様な実践を明らかにしたが，そこに加わらない，あるいはその運動に反感を抱いている住民の動向は含んでいない。ここで時に「地域」や「住民」と一括りにしてしまうことで見えなくしてしまう側面は少なくなかったことを付け加えておきたい。

本書をとおして示してきたように，景観をめぐる文化的営為は常に変化し続ける。2009（平成21）年にユネスコ世界遺産の国内暫定リストに載った「九州・山口の近代化産業遺産群」には，北九州市の官営製鐵所時代からの産業施設が含まれている。また，佐世保市では2000年代に入り注目されてきたご当地食としてのハンバーガーが，とくに2005（平成17）年以降「佐世保バーガー」として全国的に普及し，「米軍」がさらに地域アイデンティティに取り込まれていく現象も起きている。「近代化遺産」という概念によって文化遺産化してきた重工業施設／軍事施設は，こうした文化的・経済的に影響力ある事象の文脈によって，さらに変転していく。ことに本書が含みえなかった観光資源としての側面は，今後の動向に強い影響力をもつこととなろう。新たな「別物」の生成とともに，本研究も引き続きその解明を課題としていきたい。

あとがき

　本書は，2011（平成23）年3月，お茶の水女子大学に提出した博士論文をもとにしている。専攻を地理学に変えて博士後期課程に入学したのが2000（平成12）年4月であり，それから10年余もかけてようやく完成した。さらに研究対象地域の1つである佐世保との関わりは卒業論文の頃からであり，そこからさらに5年さかのぼる。この変転激しいポストモダン社会で，変化し続けるとされる文化現象を研究対象としながら，あまりに遅々とした成果となった。

　「近代化遺産」は，とくに2000年代後半以降，社会的に影響力をもつ文化遺産へと成長してきた。文化庁の全国調査もすでに40を超える都道府県で実施され，全国的に万遍なく知られたことに加え，近代期の重要文化財指定も増大した。また，「富岡製糸場と絹産業遺産群」（2007年）や「九州・山口の近代化産業遺産群」（2008年）などの「近代化遺産」が相次いでユネスコ世界遺産の国内暫定リストに登録され，さらに関連する遺産として，福岡県筑豊地方の炭鉱労働者の日常を描いた山本作兵衛氏の記録画が，2011（平成23）年5月に国内初となるユネスコの「世界記憶遺産」に登録された。「近代化遺産」に対する国内外の社会的関心・評価は，著者が調査を始めた当初からすると，予想もしないほどに高まった。

　こうした「近代化遺産」の浸透した現状に接したことにより，ようやく本書の批判的視点は明確化した。全国的にも大半の地域でまちづくり資源として保存活用がなされ，また一部地域では観光資源として人気を集め，あるいは世界的にみても重要な歴史遺産として評価されつつある。こうした状況においてこそ，「近代化遺産」の国家イデオロギー性が，より現実的にとらえられるようになった。この点ばかりは著者の遅々とした積年の研究活動が実を結んだ成果

であった．

　なお，本書の一部は以下の論文に加筆修正し，まとめたものである．
「佐世保市行政による軍港像の創出－1960年代の米軍原子力艦艇寄港反対運動をめぐって」地理学評論78（10）：634-648．2005年．＜第5章第3節＞
「近代産業景観をめぐる価値－北九州市の高炉施設のナショナル／ローカルな文脈」歴史地理学48（1）：45-60．2006年．＜第4章＞
「佐世保市における軍港景観の文化資源化」国立歴史民俗博物館研究報告156：71-96．2010年．＜第6章＞
「戦後佐世保市における「米軍」の景観－佐世保川周辺の変容」上杉和央編『軍港都市史研究』清文堂．2012年．＜第5章第1節，第2節＞
「近代産業遺産と文化遺産制度－北九州市の製鉄施設を事例として－」国立歴史民俗博物館・青木隆浩編『地域開発と文化資源』岩田書院．2013年刊行予定．＜第4章第3節＞

　このような遅々とした研究活動により，方々には多大なご心配とお世話をおかけした．博士後期課程入学の時から辛抱強く見守り，ご指導くださった水野勲先生，とくに論文の枠組み構築での行き詰まりを幅広い見識から適切に導いてくださった石塚道子先生（お茶の水女子大学名誉教授），そして教育学から地理学に専攻を変えるきっかけを与えてくださった内田忠賢先生（奈良女子大学大学院教授），常に多角的視野から有効なアドバイスをしてくださった熊谷圭知先生，研究の進捗や方向性について常にあたたかい励ましとご指導を頂きました田宮兵衞先生（帝京平成大学教授）や栗原尚子先生，ほか地理学の諸先生方には本当に多くのご指導，ご助言を頂いた．また，本博士論文へとつながる卒業論文，修士論文のご指導を頂いた田中真砂子先生（お茶の水女子大学名誉教授），波平恵美子先生（お茶の水女子大学名誉教授）には，文化人類学という分野で，地域を探求していくことの面白さと重要性をご教示頂いた．
　そして博士論文の審査の過程では，鷹野光行先生，宮澤仁先生の審査委員の先生方にはそれぞれ文化遺産や地方行政に関する本論文の未熟な分析・見解についてのご指摘・ご指導を頂いた．

また，博士論文作成にいたるまでに，1997（平成9）年以降，多くの現地調査を実施した。その際には「近代化遺産」を対象とする研究需要に時宜を得て，トヨタ財団研究助成「近代化遺産の地域的意義についての考察－北九州市・佐世保両市の事例から」（2005年11月～2006年10月）を受けたほか，立命館大学の村中亮夫先生代表の財団法人福武学術文化振興財団 歴史学・地理学助成「都市景観の中の近代化遺産－軍港都市を対象とした保全と継承に関する基礎的研究－」（2009年4月～2010年3月），京都府立大学の上杉和央先生代表の第39回（平成22年度）三菱財団人文科学研究助成「軍港都市の形成・変遷についての地理学的総合調査研究」（2010年10月～2012年9月）に共同研究者として関わり，補助金の一部使用させて頂いた。また国立歴史民俗博物館の青木隆浩先生代表の基幹研究「地域開発における文化の保存と利用」（2009～2011年度）に2009（平成21）年8月より共同研究員として関わり，日本各地の「近代化遺産」の保存・活用状況を視察したことにより，その現状を把握することが可能となった。本書の実証成果はこれら資金・機会によって得られた研究成果の一部である。

　現地調査では，本当に多くの方々に多大なご協力を頂いた。佐世保市においては，とくに都市環境デザイン研究会の末竹康春氏に，著者が佐世保を調査地とするようになった1997（平成9）年から現在に至るまで，聞き取り・資料収集など調査全般に惜しみないご協力を頂いた。そして佐世保南地区郷土研究会で長年ご活躍され，昨年故人となられた鶴田清人氏にも，同じく1997（平成9）年から貴重な資料のご提供や佐世保の歴史に関するご教示を頂き，多くの点で長年にわたる自身の研究への激励を頂いた。ここにその謝意を申し述べつつ，心よりご冥福をお祈り申し上げたい。またさせぼアーバンデザイン研究会の杉本和孝氏，九州公論社の河口雅子氏，そして林内芽生子氏には佐世保市史編さん室にて，長年にわたって聞き取り調査や資料提供において格別のご協力を頂いた。ほか佐世保南地区郷土研究会，佐世保市郷土研究所の郷土史家の方々には様々なご教示，ご指導を頂き，佐世保市基地政策局をはじめとする市行政の方々，佐世保市立図書館の方々にはとくに資料提供において多大なるご協力を頂いた。

そして北九州市においては千草ホテルの小嶋一碩氏のご協力にまずは感謝申し上げたい。小嶋氏の資料調査・聞き取り調査におけるご協力がなければ東田高炉問題の全容は明らかにはなりえなかった。また末吉興一元北九州市長にもご多忙のなかインタビューにご協力頂いたおかげで，東田開発に関わる重要な側面をとらえることが可能となった。そして八幡21世紀の会関係者の方々，北九州市行政の方々，そして西日本新聞社関係者の方々にも，大変お忙しいなかで調査に対するご協力を頂いた。また，ご協力を頂きながらも本書完成に至るまでに故人となられた北九州国際技術協力協会の元理事長である水野 勲氏，八幡21世紀の会の元会長である大野 浩氏には，深く感謝申し上げるとともに，改めてご冥福をお祈り申し上げたい。

　なお，現地調査におけるご協力と本書の思想的方向性とは一切関わりない。また本書で引用しているインタビュー結果も，当然著者の解釈に基づくものであり，この解釈に同意頂いた方ばかりでなく，率直に違和感を表明してくださった方，あるいは確認をとれていない方もある点，付言しておきたい。

　そして，お茶の水女子大学でさまざまに議論し，叱咤激励しあえた院生・卒業生諸氏，とくに最後まで博士論文の出版化への励ましと，本書の枠組みに関する細やかなご教示をくださったお茶の水女子大学の先輩の森本 泉氏には心より感謝申し上げたい。

　最後に，古今書院の原光一氏には本書の名称を決める際にアドバイスを頂き，また鈴木憲子氏には，原稿の大幅な遅れから，大変なご心配とご迷惑をお掛けしながらも，熱心な励ましと助言を常々頂き，何とか出版に至ることができた。本書の出版に際しては，独立行政法人日本学術振興会平成24年度科学研究費補助金（研究成果公開促進費 学術図書 課題番号245122）の交付を受けた。記して感謝の意を表したい。

2013年1月
山本理佳

引用文献

アーリ, J.（加藤宏邦訳）1995.『観光のまなざし－現代社会におけるレジャーと旅行』法政大学出版局. Urry, J. 1990. *The tourist gaze : leisure and travel in contemporary societies.*
秋田県教育委員会 1992.『秋田県の近代化遺産－日本近代化遺産総合調査報告書』秋田県文化財保護協会.
阿部　一 1992. 近代日本の教科書における富士山の象徴性. 地理学評論 65A-3：238-249.
阿部亮吾 2006. 平和記念都市ヒロシマと被爆建造物の論争－原爆ドームの位相に着目して. 人文地理 58-2：197-213.
荒井明夫 2011.『明治国家と地域教育－府県管理中学校の研究』吉川弘文館.
荒山正彦 1995. 文化のオーセンティシティと国立公園の成立－観光現象を対象とした人文地理学研究の課題. 地理学評論 68A-12：792-810.
荒山正彦 1998a. イントロダクション. 荒山正彦・大城直樹編『空間から場所へ－地理学的想像力の探求』90-91. 古今書院.
荒山正彦 1998b. 明治期における気象観測ネットワークの形成－国土空間をつくりあげる技法. 荒山正彦・大城直樹編『空間から場所へ－地理学的想像力の探』14-29. 古今書院.
荒山正彦 1998c. 自然の風景地へのまなざし－国立公園の理念と候補地. 荒山正彦・大城直樹編『空間から場所へ－地理学的想像力の探求』128-142. 古今書院.
荒山正彦 2003. 風景のローカリズム－郷土をつくりあげる運動.「郷土」研究会編『郷土－表象と実践』90-107. 嵯峨野書院.
アルチュセール, L.（西川長夫・伊吹浩一・大中一彌・今野晃・山家歩訳）2005.『再生産について－イデオロギーと国家のイデオロギー諸装置』平凡社. Althusser, L. 1995. *Sur la Reproduction.* Paris : Presses Universitaires de France.
アンダーソン, B.（白石　隆・白石さや訳）1987.『想像の共同体－ナショナリズムの起源と流行』リブロポート. Anderson, B. 1983. *Imagined communities : reflections on the origin and spread of nationalism.*

イーグルトン，T．（大橋洋一訳）1996．『イデオロギーとは何か』平凡社．Eagleton, T. 1991. *Ideology : an introduction*.
石崎尚人 2003．戦前期東京の「郷土の緑」－東京郊外の郷土史家・富岡丘蔵の言説をめぐって．「郷土」研究会編『郷土－表象と実践』154-177．嵯峨野書院．
石田　雄 1989．『日本の政治と言葉　下　「平和」と「国家」』東京大学出版会．
石丸紀興 1996．景観研究と景観政策－都市計画・まちづくりにおいて．地理科学 51-3：184-189．
磯村幸男 1999．日本の近代遺跡の保護．東京国立文化財研究所『産業遺産－未来につなぐ人類の技』10-16．大河出版．
伊東　孝 1997．産業遺産の保存－TICCHIH，ナショナル・トラストと日本の産業土木遺産．建築雑誌 112-1400：50-51．
伊東　孝 2000．『日本の近代化遺産』岩波書店．
今里悟之 2004．景観テクスト論をめぐる英語圏の論争と今後の課題．地理学評論 77-7：483-502．
岩本通弥 2002．「文化立国」論の憂鬱－民俗学の視点から．神奈川大学評論 42：95-103．
岩本通弥 2003．フォークロリズムと文化ナショナリズム－現代日本の文化政策と連続性の希求．日本民俗学 236：172-188．
岩本通弥 2007．「ふるさと文化再興事業」政策立案過程とその後．岩本通弥編『ふるさと資源化と民俗学』37-61．吉川弘文館．
ウェーバー，M．（脇　圭平訳）1984．『職業としての政治』岩波書店．
ウォーラーステイン，E．（川北　稔訳）1997．『史的システムとしての資本主義』岩波書店．Wallerstein, I. 1995. *Historical Capitalism with Capitalist Civilization*.
内田星美 1999．日本の産業遺跡と保存の問題点．東京国立文化財研究所 1999『産業遺産－未来につなぐ人類の技』6-9．大河出版．
遠藤誠治 2000．ポスト・ウェストファリアの世界秩序へのアプローチ－グローバリゼーションと近代の政治秩序構想の再検討．小林　誠・遠藤誠治編『グローバル・ポリティクス－世界の再構造化と新しい政治学』27-48．有信堂．
大河直躬 1995．『都市の歴史とまちづくり』学芸出版社．
大城直樹 1998．ナショナリズムと「民俗」の風景－八重山の御嶽のエピソード．荒山正彦・大城直樹編『空間から場所へ－地理学的想像力の探求』144-161．古今書院．
大城直樹 2001．「場所の力」の理解へむけて－方法論的整理の試み．南太平洋海域調査研究報告（鹿児島大学）35：3-12．
太田　勇・高橋伸夫・山本　茂 1970．日本の工業化段階と工業都市形成（上）．経済地理学年報 16-1：1-29．
大平晃久 2004．対立する記憶と場所－小港町・香川県汐木をめぐる歴史意識．歴史

地理学 46-5：25-39.
岡林隆敏・佐世保市教育委員会社会教育課 2009.『佐世保市軍水道第一次拡張（岡本水源地）報告書』佐世保市教育委員会.
荻野昌弘編 2002.『文化遺産の社会学－ルーヴル美術館から原爆ドームまで』新曜社.
小熊英二 2009.『1968（上）－若者たちの叛乱とその背景』新曜社.
小樽市経済部観光振興室 2006.『小樽市観光基本計画「新・いいふりこき宣言」－歴史と誇りと技が織りなす ふれあい都市「小樽」へ』
遠城明雄 1999. 空間スケールと「社会的実践」－「近代性」の変容をめぐって. 納富信留・溝口孝二編『空間へのパースペクティブ』67-89. 九州大学出版会.
遠城明雄・大城直樹 1998. 序章. 荒山正彦・大城直樹編『空間から場所へ－地理学的想像力の探求』1-8. 古今書院.
片桐新自・鳥越皓之編 2000.『歴史的環境の社会学』新曜社.
加藤康子 1999.『産業遺産－「地域と市民の歴史」への旅』日本経済新聞社.
加藤政洋 2001. 都市と空間的実践－「時間地理学」とその周辺. 流通科学大学論集（人文・自然編）13-2：37-49.
加藤政洋 2003. 郷土教育と地理歴史唱歌.「郷土」研究会編『郷土－表象と実践』嵯峨野書院. 26-44.
神田孝治 2011. 日本統治期台湾における国立公園の風景地選定と心象地理. 歴史地理学 53-3：1-26
亀井伸雄 1999. 近代化遺産の保護と現状. 東京国立文化財研究所 1999『産業遺産－未来につなぐ人類の技』26-41. 大河出版.
鎌田 慧 1996. 悲しみの企業城下町. 佐高 信編『現代の世相2－会社の民俗』小学館.
萱野稔人 2005.『国家とはなにか』以文社.
川上 順 2003.「まちは財産」JUDI.（都市環境デザイン会議）70：9-10.
北九州市 1993.『八幡東田地区周辺まちづくり地域デザイン基本計画策定調査』
北九州市・新日本製鐵株式会社 1994.『東田第一高炉（1901）の今後のあり方に関する調査委員会報告書』
北九州市企画局情報化推進部情報化推進課 2000.『北九州市長期時系列統計書』
北九州市企画局企画課・北九州都市協会 1989.『北九州市の建築－明治 - 大正 - 昭和初期』北九州市企画局企画課.
北九州市企画政策室企画政策課 2003.『北九州市ルネッサンス構想評価研究報告書』
北九州市議会事務局 1984.『北九州市議会史資料編』北九州市議会事務局.
北九州市議会事務局 2006.『北九州市議会史資料編2』北九州市議会事務局.
北九州市産業史・公害対策史・土木史編纂委員会産業史部会 1998.『北九州市産業史』北九州市.
北九州市史編さん委員会 1983.『北九州市史－五市合併以後』北九州市.

北九州博覧祭協会 2001.『北九州博覧祭 2001 テクニカルガイドブック』
北九州八幡信用金庫編集委員会 1995.『わが故郷八幡』北九州八幡信用金庫.
城戸宏史 1989.『北九州市八幡地区における変容過程－消費の視座から』九州大学卒業論文.
木村至聖 2010.「軍艦島」をめぐるヘリテージ・ツーリズムの現状と課題. 社会情報（札幌学院大学）19-2：225-234.
木村至聖 2011.『文化遺産と記憶の社会学－旧産炭地域における産業遺産の保存と活用をめぐって』京都大学博士論文.
旧軍港市振興協議会事務局 2000.『旧軍港市転換法施行 50 年のあゆみ』
九州経済調査協会 1967.『佐世保市経済の現況と展開方向』（九州経済調査協会研究報告 No.136）
「郷土」研究会 2003.『郷土－表象と実践』嵯峨野書院.
栗林久美子 1995. まちづくりにおける歴史的建造物の保存・活用に係る考察. 大河直躬先生退官記念論文集刊行会『建築史の鉱脈－大河直躬先生退官記念論文集』中央公論美術出版.
グレアム, B. 2005. アイデンティティの歴史地理－記憶の場所. グレアム, B.・ナッシュ, C. 編（米家泰作・山村亜希・上杉和央訳）『モダニティの歴史地理（上）』85-122. 古今書院. Graham, B. The past in place : historical geographies of identity. In Graham, B. and Nash, C. eds. 2000. *Modern Historical Geographies*. 70-99. Harlow : Pearson Education Ltd.
グレアム, B.・ナッシュ, C. 2005. モダンな歴史地理ができあがるまで. グレアム, B.・ナッシュ, C. 編（米家泰作・山村亜希・上杉和央訳）『モダニティの歴史地理（上）』1-11. 古今書院. Graham, B. and Nash, C. The making of modern historical geographies. In Graham, B. and Nash, C. eds. 2000. *Modern Historical Geographies*. 1-10. Harlow: Pearson Education Ltd.
黒川雄三 2003.『近代日本の軍事戦略概史』芙蓉書房.
建築史学会 1995. 記念シンポジウム 近代化遺産と産業建築. 建築史学 25：91-118.
「原爆ドーム世界遺産化への道」編集委員会 1997.『原爆ドーム世界遺産化への道－次代へのメッセージ』原爆ドームの世界遺産化をすすめる会.
河野 靖 1995.『文化遺産の保存と国際協力』風響社.
古関彰一 2002.『「平和国家」日本の再検討』岩波書店
米家泰作 2005. 歴史と場所－過去認識の歴史地理学－. 史林 88-1：126-158.
米家泰作 2012.「近代」概念の空間的含意をめぐって－モダン・ヒストリカル・ジオグラフィの視座と展望. 歴史地理学 54-1：68-83.
今 和次郎 1971. 北九州八幡製鉄所の社宅を見る.『今和次郎集 第 5 巻』372-386. ドメス出版.
才津祐美子 2003. 世界遺産『白川郷』の『記憶』. 岩本通弥編『現代民俗誌の地平 3

－記憶』204-227．朝倉書店．
才津祐美子 2007．世界遺産という『冠』の代価と住民の葛藤－『白川郷』の事例から－．岩本通弥編『ふるさと資源化と民俗学』105-128．吉川弘文館．
斎藤貞之 1989．労働下宿－八幡製鉄の重層構造．北九州産業社会研究所紀要 30：53-68．
斎藤日出治 2000．《空間の生産》の問題圏．ルフェーブル，H．（斎藤日出治訳）『空間の生産』603-645．青木書店．
斎藤英俊 1997．文化財登録制度導入の意義．建築雑誌 112-1400：26-27
坂根嘉弘 2010．軍港都市と地域社会．坂根嘉弘編『軍港都市史研究Ⅰ　舞鶴編』1-83．清文堂．
坂本忠次 1980．海軍工廠都市における国庫助成金の成立－呉市の海軍助成金に関する書類をめぐって．岡山大学経済学会雑誌 12-2：299-321．
坂本紀子 2011．書評：荒井明夫著『明治国家と地域教育－府県管理中学校の研究』．教育學研究（日本教育学会）78-4：467-469．
佐世保市議会 2001．『佐世保市議会史資料編』佐世保市議会．
佐世保市議会 2002．『佐世保市議会史記述編』佐世保市議会．
佐世保市企画調整部基地対策課 2000．『基地に関する調査』佐世保市．
佐世保市教育委員会 2011．『旧日本海軍針尾送信所学術調査報告書』
佐世保市市長室調査課編 1955．『佐世保市史　総説篇』佐世保市．
佐世保市史編さん委員会 1975．『佐世保市史　上』佐世保市．
佐世保市史編さん委員会 2003a．『佐世保市史　通史編　下』佐世保市．
佐世保市史編さん委員会 2003b．『佐世保市史　軍港史編　下』佐世保市．
佐世保 19 日市民の会 1969．『市民運動の出発』社会新報．
佐世保重工業 60 年史編纂委員会 2006．『佐世保重工業 60 年史：海を走り陸を拓く』佐世保重工業株式会社．
佐世保市渉外課 1970．『米国原子力潜水艦寄港問題』佐世保市．
佐世保市選挙管理委員会事務局 1997．『選挙結果の記録－昭和 21 年～平成 8 年－』佐世保選挙管理委員会．
佐世保市総務部庶務課編 1956．『佐世保市史　産業経済篇』佐世保市．
佐世保市土木部道路維持課・株式会社アーバンデザインコンサルタント 1997．『平成 9 年度佐世保市（中心市街地地区）歩行者案内整備計画』
佐世保市土木部道路維持課・株式会社アーバンデザインコンサルタント 1998．『平成 9 年度佐世保市（中心市街地地区）歩行者案内整備計画実施設計』
佐世保市南地区郷土誌調査研究会 1997．『烏帽子は見ていた―佐世保と南地区・21 世紀への記録―』
佐世保市役所 1934．『佐世保の今昔』佐世保市．
させぼ夢大学 2001．『佐世保歴史・文化夢紀行』

佐藤健二 2002a. 民俗学と郷土の思想. 小森陽一ほか編著『編成されるナショナリズム』51-81. 岩波書店.
佐藤健二 2002b. 郷土. 小松和彦・関　一敏編『新しい民俗学へ―野の学問のためのレッスン 26』311-321. せりか書房.
志岐叡彦 1995.『年表・佐世保港』年表・佐世保港刊行会.
柴田　剛 2008.「場所」／「記憶」／「物語」. 空間・社会・地理思想（大阪市立大学地理学教室）12：51-57.
島津俊之 2002. 明治政府の地誌編纂事業と国民国家形成. 地理学評論 75-2：88-113
社史編さん委員会 1981.『炎とともに―八幡製鐵株式会社史―』新日本製鐵株式会社.
ジャクソン, P.（徳久球雄・吉冨　亨訳）1999.『文化地理学の再構築』玉川大学出版部. Jackson, P. 1989. *Maps of Meaning : An Introduction to Cultural Geography*.
新日本製鐵株式会社住環境開発部 1983.『新日本製鐵株式会社社宅史』
杉本士郎 2011. 軍艦島観光の現状と課題. ながさき経済（長崎経済研究所）262：39-47
スターケン, M（岩崎　稔ほか訳）2004.『アメリカという記憶―ベトナム戦争，エイズ，記念碑的表象』未来社. Sturken, M. 1997. *Tangled memories : the Vietnam War, the AIDS epidemic, and the politics of remembering*.
瀬川真平 1995. 国民国家を見せる―「うつくしいインドネシア・ミニ公園」における図案・立地・読みの専有. 人文地理 47-3：215-236.
関戸明子 2003. 戦時中の郷土教育をめぐる制度と実践―群馬県師範学校・女子師範学校の事例を中心に.「郷土」研究会編『郷土―表象と実践』嵯峨野書院：4-25.
関戸明子・加藤政洋・大城直樹 2003. はじめに.「郷土」研究会編『郷土―表象と実践』嵯峨野書院：i-xi.
千田　稔 1999.『高千穂幻想―「国家」を背負った風景』PHP 研究所.
高島平吾・斎藤さだむ 1991. 八幡＝スペースワールドと鉄の都. FUKUOKA STYLE（福博総合印刷株式会社）2：5-17.
田中哲也 1969.『佐世保からの証言―「70 年の選択」を前に』三省堂.
蔦川正義 1971. 大企業都市＝北九州市の諸問題―大企業，大企業労組との関係から. 産業労働研究所報 56：37-54.
土屋敦夫 1974. 工業都市・八幡の形成―八幡の人口変遷と八幡製鉄所. 都市計画 80：47-54.
都留大治郎 1973. 工業化と地域生活八幡―寒村への大企業立地のもたらしたもの. ジュリスト 533：84-87.
當眞嗣一 1997. 沖縄の米軍基地と文化財問題. 考古学研究. 44（2）：1-6.
時里奉明 1996 日露戦後における官営製鉄所と地域社会―製鉄所購買会と八幡町商業者の関係を中心に. 九州史学（九州史学研究会）115：44-68.

時里奉明 2006．八幡製鐵所の住宅．北九州地域史研究会『北九州の近代化遺産』178-186．弦書房．
ド・セルトー，M．（山田登世子訳）1987．『日常的実践のポイエティーク』国文社．de Certeau, M. 1980. *Art de Faire*.
土木史編纂委員会 1976．『八幡製鐵所土木誌』新日本製鐵八幡製鐵所．
長崎県教育委員会 1998．『長崎県の近代化遺産：長崎県近代化遺産総合調査報告書』
中島弘二 1998．戦後日本の緑化推進運動と「みどり」の風景．荒山正彦・大城直樹編『空間から場所へ－地理学的想像力の探求』92-107．古今書院．
中島弘二 2003．第自然の国民化／国民の自然化－和辻風土論の再検討．「郷土」研究会編『郷土－表象と実践』嵯峨野書院：226-246．
中村 淳 2007．文化という名の下に－日本の地域社会に課せられた二つの課題．岩本通弥編『ふるさと資源化と民俗学』2-36．吉川弘文館．
中本昭夫 1985．『続・佐世保港の戦後史』芸文堂．
永吉 守 1998．ライフ・ヒストリーに見る炭鉱労働者像－閉山間近の三井三池炭鉱労働者の「語り」より．熊本大学文化人類学調査報告（熊本大学文学部地域科学科文化表象学教室）2：1-96．
永吉 守 2009a．地域の記憶を文化遺産として活用する－大牟田・荒尾の事例より．九州民俗学 6：34-48．
永吉 守 2009b．『近代化産業遺産の保存・活用実践とその考察－大牟田・荒尾炭鉱のまちファンクラブの事例より』西南学院大学博士論文．
南後由和 2006．アンリ・ルフェーブル－空間論とその前後．加藤政洋・大城直樹編『都市空間の地理学』190-209．ミネルヴァ書房．
西川長夫 2000．国家論の現在と国民国家の行方－「国民国家論」の立場から．『国家を読む』情況出版．
西川長夫 2001．『増補 国境の越え方－国民国家論序説』平凡社．
西部 均 2001．都市計画濫觴期の地理的想像力をめぐるポリティクス－『大大阪』の都市範囲と高速度交通機関路線への投影．人文地理 53-4：369-386．
西村幸夫 1997．『町並みまちづくり物語』古今書院．
二瓶 敏 1999．ポスト冷戦期の日本資本主義．大西勝明・二瓶 敏編『日本の産業構造』3-43．青木書店．
日本建築学会編 1980．『新版 日本近代建築総覧』技法堂出版．
日本産業遺産研究会・文化庁歴史的建造物調査研究会 1998．『建物の見方・しらべ方－近代産業遺産』ぎょうせい．
根本長兵衛 2005．『文化とメセナ：ヨーロッパ／日本－交流と対話』人文書院．
ノラ，P．編（谷川 稔監訳）2002．『記憶の場－フランス国民意識の文化＝社会史 1 対立』岩波書店．Nora, P. 1984-1992. *Les lieux de memoire*.

ハーヴェイ，D.（水岡不二雄訳）1991.『都市の資本論－都市空間形成の歴史と理論』青木書店．Harvey, D. 1985. *The urbanization of capital : studies in the history and theory of capitalist urbanization.*

ハーヴェイ，D.（水岡不二雄訳）1996. 先進資本主義社会の建造環境をめぐる労働，資本，および階級闘争．日本地理学会「空間と社会」研究グループ編『社会－空間研究の地平：人文地理学の古典を読む』12-31. 大阪市立大学文学部地理学教室．Harvey, D. 1976. Labor, capital, and class struggle around the built environment in advanced capitalist societies. *Politics and Society* 6 : 265-295.

羽賀祥二 1998.『史跡論――九世紀日本の地域社会と歴史意識』名古屋大学出版会．

馬場俊介 1990. 近代土木の現在と未来－歴史意匠との出会い．土木学会誌 75-14 : 95-99.

原口 剛 2003.「寄せ場」の生産過程における場所の構築と制度的実践－大阪・「釜ヶ崎」を事例として．人文地理 55-2 : 121-143.

東田第一高炉保存調査委員会 1995.『東田第一高炉保存調査委員会報告書　東田第一高炉保存・活用基本計画』

平岡昭利 1997.『地図でみる佐世保』芸文堂．

広島県教育委員会事務局管理部文化課 1998.『広島県の近代化遺産－広島県近代化遺産（建造物等）総合調査報告書』広島県教育委員会．

福岡県教育委員会 1993.『福岡県の近代化遺産：日本近代化遺産総合調査報告』

藤森照信・渡辺豊和・松葉一清 1983. 近代の建築遺産をどう読むべきか：保存・再生のデザインをめぐって．建築文化 38-436 : 31-40.

ブラウン，P. 2005. ローカルとしてのナショナル，ナショナルとしてのローカル－日本研究におけるローカル・ヒストリー－．河西英通・浪川健治・スティール，M. W. 編『ローカルヒストリーからグローバルヒストリーへ－多文化の歴史学と地域史』97-106. 岩田書院．

文化財保護審議会 1993.『時代の変化に対応した文化財保護施策の改善充実について：審議経過報告』

文化庁 1988.『我が国の文化と文化行政』ぎょうせい．

文化庁 1999.『新しい文化立国の創造をめざして－文化庁 30 年史』ぎょうせい．

文化庁 2009.『文化芸術立国の実現を目指して－文化庁 40 年史』ぎょうせい．

文化庁長官官房総務課 1986.『国民文化の創造－三浦長官文化を語る』ぎょうせい．

細川竹雄 1954.『「軍轉法」の生れる迄』旧軍転市転換連絡事務局．

堀川三郎 2000. 運河保存と観光開発－小樽における都市の思想．片桐新自・鳥越皓之編『歴史的環境の社会学』107-131. 新曜社．

本間 浩 1996.『在日米軍地位協定』日本評論社．

益田兼房 1995. 会議報告　世界遺産条約と世界文化遺産奈良コンファレンス．建築

史学 24：44-57．
丸山　稲 1956．交付金制と旧軍港市の振興．市政（全国市長会館）5-10：88-92．
三木理史 2012．総括－近代の歴史地理・再考．歴史地理学 54-1：111．
水内俊雄 1987．近代都市形成期における北部九州都市．史淵（九州大学文学部）124：89-127．
水内俊雄 1996．資本・政治・景観－政治経済学派と社会 - 文化地理学の接点．地理科学 51-3：175-183．
水内俊雄 1998．地理学における景観・空間論に関する若干の紹介．九州史学．120：63-72．九州史学研究会．
水内俊雄 1999．総力戦・計画化・国土空間の編成．現代思想 27-13：174-195．
水内俊雄 2000．開発という装置――土建国家論の起源を探る．栗原　彬・小森洋一・佐藤　学・吉見俊哉編『越境する知 4　装置－壊し築く』東京大学出版会：69-102．
水岡不二雄 2002．建造環境－生産された空間編成の固着化．水岡不二雄編『経済・社会の地理学－グローバルに，ローカルに，考えそして行動しよう』189-209．有斐閣．
森　建資 2005．官営八幡製鐵所の労務管理（1）．経済学論集 71-1：2-47．
森　正人 2002．近代における空間の編成と四国遍路の変容－両大戦間期を中心に．人文地理 54-6：535-556．
森　正人 2006a．節合される日本文化と弘法大師－1934 年の「弘法大師文化展覧会」を中心に．地理学評論 78-1：1-27．
森　正人 2006b．ミシェル・ド・セルトー―民衆の描かれえぬ地図．加藤政洋・大城直樹『都市空間の地理学』70-84．ミネルヴァ書房．
森　正人 2009．言葉と物－英語圏人文地理学における文化論的転回以降の展開．人文地理 61-1：1-22．
森嶋俊行 2011．旧鉱工業都市における近代化産業遺産の保存活用過程－大牟田・荒尾地域を事例として．地理学評論 84-4：305-323．
安川尚宏・中島木祖也 1995．新日鉄誕生・攻防　巨大企業と公取委．NHK 取材班『NHK スペシャル　戦後 50 年その時日本は　第 2 巻』215-395．日本放送出版協会．
安田　浩 1997．戦後平和運動の特質と当面する課題．渡辺　治・後藤道夫編『日本社会の対抗と構想』261-269．大月書店．
八幡商工会議所 1965．『八幡商工会議所全史』
八幡製鐵株式会社八幡製鐵所 1950．『八幡製鐵五十年史』
八幡製鐵所所史編さん実行委員会 1980．『八幡製鉄所八十年史　資料編』新日本製鐵株式会社八幡製鐵所．
八幡製鐵所総務部厚生課 1958．『厚生課　五十年史』八幡製鐵所．
八幡製鐵ビルディング株式会社 1979．『八幡製鐵ビルディング株式会社史』

山﨑孝史 2001. グローバル化時代における国民国家とナショナリズム－英語圏の研究動向から. 地理学評論 74A-9：512-533.

山﨑孝史 2005. 安保「再定義」の地政的コンテクスト－ポスト冷戦期における日本と米軍のプレゼンス. 人文研究（大阪市立大学）56：171-186.

山田　誠 2000.『日本近代都市における連続性と非連続性に関する地理学的研究』平成9年度～平成11年度科学研究費補助金（基盤研究（C）(2)）研究成果報告書.

山田朋子 2003. 石川栄耀の盛り場論と名古屋における実践. 人文地理 55-5：428-450.

山根伸洋 1999. 測量地図の集積と国家全域の補足－国家的近代にみる交通基盤構築戦略. 現代思想 27-13：205-225.

山野正彦 1998.『ドイツ景観論の生成－フンボルトを中心に』古今書院.

山野正彦 2001. 景観論の可能性についての覚書－「文化論的転回」との関連で. 人文研究（大阪市立大学大学院文学研究科紀要）53-3：129-150.

山本理佳 2012. 地形図と空中写真からみる佐世保の景観変遷. 上杉和央編『軍港都市史研究 II　景観編』85-122. 清文堂出版.

吉野耕作 1997.『文化ナショナリズムの社会学』名古屋大学出版会.

寄藤晶子 2005. 愛知県常滑市における「ギャンブル空間」の形成. 人文地理 57-2：131-152.

ルフェーブル, H.（斎藤日出治訳）2000.『空間の生産』青木書店. Lefebvre, H. 1974. *La Production de l'espace.*

渡辺　治 1996.『現代日本の帝国主義化－形成と構造—』大月書店.

渡辺　治 1997. 第 I 章　帝国主義的改革と対抗の戦略. 渡辺　治・後藤道夫編『日本社会の対抗と構想』20-114. 大月書店.

Adams, A. J. 1994. Competing communities in the "Great Bog of Europe", identity and seventeenth-century Dutch landscape painting. Mitchell, W. ed. *Landscape and Power*. 35-76. Chicago：University of Chicago Press.

Agnew, J. A. 1998. European landscape and identity. Graham, B. ed. *Modern Europe：Place, Culture and Identity*. 213-235. London：Arnold.

Atkinson, D. and Cosgrove, D. 1998. Urban Rhetoric and Embodied Identities：City, Nation, and Empire at the Vittorio Emanuele II Monument in Rome, 1870-1945. *Annals of the Association of American Geographers* 88：28-49.

Bermingham, A. 1987. *Landscape and Ideology：The English Rustic Tradition, 1740-1860*. London：Thames and Hudson.

Cosgrove, D. 1978. Place, landscape, and the dialectics of cultural geography. *Canadian Geographer*. 22：66-72.

Cosgrove, D. 1983. Towards a radical cultural geography：problems of theory. *Antipode* 15：1-11. コスグローブ, D.（中島弘二訳）1996. ラディカル文化地理学に向けて：理

論の諸問題. 日本地理学会「空間と社会」研究グループ編『社会＝空間研究の地平－人文地理学のネオ古典を読む』83-99. 大阪市立大学文学部地理学教室.
Cosgrove, D. 1984. Social Formation and Symbolic Landscape. London : Croom Helm.
Cosgrove, D. 1985. Prospect, perspective and the evolution of the landscape idea. *Transactions, Institute of British Geographers,* new series 10 : 45-62.
Crang, M. 1994. On the heritage trail : maps of and journeys to olde Englande. *Environmental and Planning D : Society and Space* 12 : 341-355.
Crang, M. 1999. Knowing, Tourism and Practices of Vision. Crouch, D. ed. *Leisure / Tourism geographies.* 238-256. London : Routledge.
Duncan, J. S. 1990. *The city as text : The politics of landscape interpretation in the Kandyan Kingdom.* Cambridge : Cambridge University Press.
Graham, B., Ashworth, G. J., Tunbridge, J. E. 2000. *A Geography of Heritage.* London : Arnold.
Gregory, D. 1994. *Geographical Imaginations.* Cambridge: Blackwell Pub.
Groening, G. 1992 The feeling for landscape : a German example. *Landscape Research* 17 : 108-115.
Harvey, D. 1979. Monument, and myth. *Annals of the Association of American Geographes.* 69 : 362-381.
Hewison, R. 1987. *The Heritage Industry : Britain in a Climate of Decline.* London : Methuen Publishing Ltd.
Johnson, N. 1994. Sculpting Heroic Histories : Celebrating the Centenary of the 1798 Rebellion in Ireland. *Transactions of the Institute of British Geographers* 19 : 78-93.
Johonson, N. 1995. Cast in Stone : Monuments, Geography and Nationalism. *Society and Space* 13 : 51-66.
Lowenthal, D. 1975. Past, time, present place : landscape and memory. *Geographical Review* 65 : 1-36.
Lowenthal, D. 1991. British National Identity and the English landscape. *Rural History* 2 (2) : 205-230.
Massey, D. 1999. Entanglements of Power : reflections. Sharp, J., Routledge, P., Philo, C. and Paddison, R. eds. *Entanglement of Power.* 279-286. London : Routledge.
Merrifield, A. 2000. Henri Lefebvre : A socialist in space. Crang, M. and Thrift, N. eds. *Thinking Space.* 167-182. London : Routledge.
Mizuuchi, T. 1999. Development policies and spatial integration in Japan from 1868 to 1941. In Mizuuchi, T. ed. *Nation, Region and the Politics of Geography in East Asia,* 30-42. Osaka : Osaka City University Department of Geography.
Miller, D. 1998. *Material Cultures : Why Some Things Matter.* London : UCL Press.
Mitchell, D. 2001. *Cultural Geography : A Critical Introduction.* Oxford : Blackwell.

Muir, R. 1999. *Approaches to Landscape.* London : Macmilan Press.

Rollins, W. H. 1995. Whose landscape? Technology, fascism and environmentalism on the National Socialist Autobahn. *Annals of the Association of American Geographers* 85 : 494-520.

Schama, S. 1995. *Landscape and Memory.* London : Harper Collins. シャーマ, S. （高山宏・栂　正行訳）2005.『風景と記憶』河出書房新社.

Thompson, J. B. 1984. *Studies in the Theory of Ideology.* Cambridge : Polity Press.

Yoneyama, L. 1999. *Hiroshima Traces : Time, Space, and the Dialectics of Memory.* University of California Press. 米山リサ. （小沢弘明・小澤祥子・小田島勝浩訳）2005.『広島－記憶のポリティクス』岩波書店.

Winberry, J. 1983. Lest we forget : the Confederate monument and the Southern townscape. *Southeastern Geographer* 23 : 107-121.

Withers, C. 1996. Place, Memory, Monument : Memorialising the Past in Contemporary Highland Scotland. *Ecumene* 3 : 325-344.

Wright, P. 1985. *On living in an old country : the national past in contemporary Britain.* London : Verso.

索　引

[ア行]
アーリ（Urry, J.）　52,53
赤煉瓦探偵団　193,194,198,199,205,212,216
赤煉瓦と佐世保のまちづくりシンポジウム
　　［1999年シンポ］　193,199,200,208-210
赤煉瓦フェスタ IN 佐世保［2001年シンポ］
　　193,199,200,210
旭硝子工業株式会社［旭硝子工業］　72-75
新しい文化地理学　47
アメリカ同時多発テロ　200,213
新たな景観研究　37,41
アルバカーキ橋　174-176
荒生田　76,77,82
安保を守る佐世保市民協議会　163
石川島播磨重工業株式会社　156,186
遺跡　29,36,120,123,124
一般建築物　3,50,52
イデオロギー　37,38,56,83,95
宇野宗佑　27
枝光　76,77,82
越境　ⅱ,15,139,221,222
エンタープライズ闘争　162,163,168-173,176,
　　188,189,214,215,222
円高ドル安　152,183
オイルショック　ⅱ,63,156
大蔵　76,77,82
大谷会館　77,84,85
大谷球場　77,84,85
岡崎工業株式会社　73,74
尾倉町　77,82
小樽（運河）　1,7,45,50,51,208
小野田セメント株式会社　73,74

[カ行]
海軍橋　154,172 ☞佐世保橋

海軍共済組合所　145
海軍工廠　143-146,154-156,185
海軍さんの港まちツアー　193,200,201
海軍助成金　146
海上警備隊　142
海上自衛隊（佐世保地方総監部）　ⅰ,142,176,
　　177,180,193,195
階層（的空間）構造　76,79-82,84
開発志向　51,52
科学史（学）　3,35
門田（地区）　76-78
官営（八幡）製鐵所　ⅴ,65,68,70,72,73,96,124,
　　146
観光案内地図　181,182
観光（産）業　147,177,181,183
観光資源　1,53,223
官舎［社宅］　75-82
　　一戸建　79-81
　　長屋　79-81
　　二戸建　79-81
神田（地区）　76-78,84,98
記憶　3,40,56
　　――論　39,40
『記憶の場』（ノラ Nora, P.）　40,56
祇園（商店街）　76,77,97
（企業）城下町　82,95,108
企業都市　65
企業の多国籍化　ⅳ,23-25,29
北九州市立国際村交流センター　84
北九州国際技術協力協会（KITA）　118,119
北九州市　ⅲ,4,5,63-69,89-92
北九州市教育委員会［市教委］　102,103,123,124
北九州市（行政）　90-94,102,103,123
（北九州市）東田土地区画整理組合　126-128
北九州市ルネッサンス構想　92-94,127,128,135

北九州青年会議所　102,103,118,119
北九州博覧祭 2001（博覧祭）　127-129,134,135
（基地）大幅返還　150,158,160,173,175,186-187
基地突入　170,171
基地返還　159-161
　　──（志向）　207-210,214
　　──陳情　158-161
機動隊　162,164,165,168-173
記念物（遺跡）　18,29,36
機密性　191,196,199,207
君津製鉄所　71
（旧）大蔵省［財務省］　192,197,202
旧（海）軍　ⅰ,ⅴ,141,142,168,191,195
旧海軍（佐世保鎮守府）凱旋記念館　168,173, 192,193,202
旧下士官兵集会所　168,173
旧軍港市　144,146,148,149,157,185
旧軍港市転換法［軍転法］　149,157,158,185
旧軍施設　141,142,148,149,154,157,158,181,182, 192-195,209
九州・山口の近代化産業遺産群　1,223,225
（旧）水交社　168,173,202
旧鎮守府司令長官官舎　168
旧八幡駅　76,77,82
強襲揚陸艦ベローウッド　156
郷土　42-44,57
　　──教育　42,43,57,58
　　──研究　43,57
均質化　15
近代　ⅲ,ⅳ,14,40,222
「近代化遺産」　ⅱ,ⅳ,1-4,17-20,29,31,33,123, 195,213,220-222,225
「近代化遺産」化　ⅳ,32,133,134,191,195,207, 213,215
近代化遺産（建造物等）総合調査［文化庁主導の全国調査］　17,28,29,35,194
近代化遺産全国一斉公開　193,194,216
「近代化産業遺産」　1,19
近代期建造物　ⅳ,17,18,35,49,50,197
近代（国民）国家　2,8,14,15,31,38
近代国家の支柱　ⅱ,4

近代的（な）国家支配　8,13,16,46
「近代土木遺産」　1,19
「近代遺跡」　18,123
「近代の文化遺産」　18,24,28,29,33,123
近代の文化遺産の保存と活用に関する調査研究協力者会議　28,29,33,34
近代の文化遺産の保存と活用について　28,36
近代洋風建築　18,50
均等配置　90,91
『空間の生産』（ルフェーブル Lefevbre,H.）　46,48
　空間の表象　46,54
　表象の空間　46,54
洞岡（高炉群）　64,65,68-71,104
鯨瀬埠頭　203,204,206
クラング（Crang,M）　55
呉市　144,157
グローバル化　ⅱ-ⅳ,5,15,16,25,35,38,95,183, 214,220
黒崎　76,87,91,93
黒崎窯業株式会社　72-74,97
軍艦島☞端島
軍港　ⅰ,170,191,198
軍事　31,32,139,221
軍事的主体　5,32,191,195
軍事施設　139,140,165,166,181,182,191,195,196
軍事都市　4,139,219
軍需産業　143,147-149
景観　6,37-39
　　──研究　4,5,37,42
　　──のポリティクス（政治性）　ⅲ,37
経済産業省　1,19
経済大国　20
傾斜生産（方式）　63,70
芸術文化振興基金　24
（原子力艦艇）誘致運動　163
（原子力空母）エンタープライズ　160,162,188
原子力潜水艦シードラゴン　160,168
原潜入港推進市民連絡協議会　163
建造環境　38
現代　ⅲ,ⅳ,2,13,16,44,54,55,222
現代国家　16,223

現代的（な）国家支配　13,16,20,32,46,54
建築史（学）　3,35
原爆ドーム　29,36
公開性　191,196
洪水輸出　23,34
購買所　77,83,86 ☞製鉄所購買会
高炉　70,129
高炉稼働数　65,70,71
国際化　25,26
国際鉄鋼彫刻シンポジウム　105,107,109,120
国際通り　174,175
国土［領土］　iv ,14-16,26,41,47
国土交通省（旧建設省，旧国土省）　1,26,59
国内暫定リスト　1,2,223,225
国民国家研究　2,38,41
国民（国家）統合　8,21,41
国民文化　8,21,26
国民文化祭　49,58
小倉（区／市）　63,64,66,69,90-93,95,134,135
5市合併　89,134
コスグローブ（Cosgrove, D.）　38,47
国家　13-16,46,47
国家イデオロギー　2,38-44,225
国家のイデオロギー（諸）装置　2,3,8
国家の抑圧装置　8
国境　2,14,15
今（和次郎）　79,82

[サ行]
西海アメリカン・フェスティバル　175,211
再軍備　148,162
再提供　150,155,161,202
在日米軍　150,151,211,212,214
財務省　22 ☞旧大蔵省
再領域化　32
崎辺地区　140,156,161
　　　——即時返還要求市民会議　156
　　　——返還（問題）　156,159160,186
させぼアーバンデザイン研究会［アーバン研］
　　　193,194,203,208,212,213,217
佐世保川　165-168,171,173,174,176

佐世保観光コンベンション協会　193,200
佐世保空襲を語り継ぐ会　163,188
佐世保港　i ,139,151,152,154-156,162
佐世保公園　173-175
佐世保市　i , iii ,4,139-148,157,158
（佐世保）市街地　154,155,166,167,172,174,203
佐世保市教育委員会［市教委］　193,194
佐世保市行政　158-161,172-177,217
佐世保市景観（デザイン）賞　195,206,216
佐世保市民文化ホール　173,192,193,197,202,
　　　216 ☞旧海軍佐世保鎮守府凱旋記念館
（佐世保）市立総合病院　173,174
佐世保重工業株式会社［SSK］　147,155,156,
　　　193,195,198
佐世保船舶工業株式会社　147 ☞佐世保重工業
　　　株式会社
させぼ塾　193,216
佐世保駐留米軍　150-152,183
佐世保の景観づくり要綱　206,216
（佐世保）中央消防署　173,174
佐世保バーガー　181,223
佐世保橋　165,166,168,169,173,174
佐世保プロムナード・ギャラリー　174,176
佐世保湾　139-141
産業遺産　52,53
産業技術史　3
（産業）空洞化　ii ,5,15,63,95,112,134,221
産業考古学会　50,102,103
産業構造（の）転換　24,89,94,112,221
「産業・交通・土木に関する構築物」　17,18,112
産業施設　3,50,51
三派全学連　164,168,171,188,189
　　　——解放派　169,188,189
　　　——中核派　169,188,189
自衛隊　i ,32,139,142,162,180,190,198,215
　　　——施設　v ,140,155,165,166,168,174,181,
　　　182,196,201,203,204
自国防衛　5,139,172,184,214,215
『市勢要覧』　177-180,189,190
史跡　29,36,120,124,129
悉皆調査　17,29

『69 sixty nine』（村上龍）　189
指定文化財　29,30
資本　15,16,31,32,46,47,98,99
資本主義　14-16,99
資本蓄積極大化　14,15,47
姉妹都市　175,176,181
（JICA 国際協力機構）九州国際センター　84,85
社会学　3,26,43,45
社宅☞官舎
19日佐世保市民の会　163,168-171,188
重工業都市　4,63,219
重厚長大産業　ⅱ,5,63,67
集団防衛体制　ⅱ,25,214
集中型都市　92
重要文化財　28,29,36,193
収斂　48,49,57,58,196,206
主権国家　14
商業　65,69,75,86-89
少数優品主義　27
商店街　75-77,86
職員　76,78,79,82,97,98
職工　76,78,79,82,97,98
　役付——　78
職夫　76,78,97,97,98
　指定——　78,97
新日米防衛協力のための指針　35,183
新提供　150,159,161
新日鐵住金株式会社　ⅴ,69
新日本製鐵株式会社［新日鐵］　ⅴ,65,68,96,
　　102,107,127
人文主義（地理学）　38
新返還6項目　158,161,187
末吉（興一）　90,92,93,113,120,121
スペースワールド　68,69,107,125,127,135
生産拠点の海外移転　ⅳ,112☞企業の多国
　　籍化
製鉄産業　63,64,67,69
製鉄所購買会　75,76,86,87
世界遺産　1,36,223,225
　——条約批准　24,27,36
世界記憶遺産　225

銑鋼一貫（工程）　70,96
全国近代化遺産活用連絡協議会　193,194,216
戦術　54,55,59,112,133,134,213,215,220
戦争放棄条項　148
戦略　54,55,59,122,132-134,206,207,213,220
造船（産）業　147,177
想像の共同体　2,8
総務省（旧自治省）　26,105,135
粗鋼生産量　65,70

[タ行]
第1次中期経営計画　69,71
大規模合理化　67,69,86,107,124☞第1次中期
　　経営計画
第3ドック　155,156,185,186
　——問題　156,157
第7艦隊司令部の佐世保移駐問題　152-154
対日圧力政策　23,34
多角（複合）経営　69,71,124
多核都市　90,92
高見（地区）　76-78,80-82,84,85
竹下（登）　23,27
脱工業化　46,221
脱領域化　3,16,20,29,32,47,48
立神音楽堂　192,193,202
立神（地区）　155,161,198,202
谷（伍平）　90,93,121
炭鉱（産）業　63,147,163,177
炭鉱施設　3
地域　42,44,46,48,55,221
地域主義　48,49
地域文化財保全事業　103,104,124,134
地政的　8
　——再編　3
地方の時代　48,49
中央町（商店街）　76,77,113
朝鮮戦争　148-151
地理学　4,5,37,45,55
鎮守府　ⅰ,141,142,144,154
槻田（地区）　76-78,80-82,84,85,98
辻（一三）　158-160

抵抗　46,48,50,52,54,55
鉄鋼業　67,69
鉄は国家なり　63
鉄冷え　63,86,124
テツビルストアー　86
洞海湾　64,72,73
登録文化財　28,30,36,193,197
特需　147,153
　　自衛隊――　147,151-153
　　米軍――　147-149,151-154
特集「東田高炉への思い」　102,106-111
都市環境デザイン研究会（都市研）　192,193,
　　197,198,202,205,208,210,212
ド・セルトー☞『日常的実践のポイエティーク』
戸畑（高炉群）　64,65,68-71
戸畑構区　64,68-71,96
戸畑（区／市）　63,64,66,89,95,134,135
戸畑第四高炉　68,104
土木構造物　3,50,51
土木史（学）　3,35,51
富岡製糸場と絹産業遺産群　1,225

[ナ行]
長崎県近代化遺産総合調査　193,196,198,212
ナショナリズム　ⅲ,16,26,35,42,43,45,56
　　文化――　26,42
『虹』　171,172,215
西岡武夫　171
西日本新聞（北九州支）社　102,106,134
西本町　76,77,82,97
日常的視線（地域的視線）　44-46
日常的実践　ⅲ,219,220
『日常的実践のポイエティーク』（ド・セルトー
　　De Certeau,M.）　53
日米安全保障条約　150,184,187
日米安保共同宣言　183
日米行政協定　148,184,187
日米共同防衛体制　ⅳ,5,139,150,172,184,214
日本科学史学会　102
日本建築学会　18,50-52

日本産業技術史学会　102
日本製鐵株式会社　ⅴ,64,65,68,95
ニミッツパーク　211
人夫　78
農林水産省　26
ノラ（Nora, P）☞『記憶の場』

[ハ行]
ハーヴェイ（Harvey,D.）　38,47,95,99
ハウステンボス　147
破壊活動防止法（破防法）　169
端島［軍艦島］　1,7
羽田闘争　163,164,189
針尾（地区）　159,187
針尾無線塔［旧針尾送信所］　193-195,216
針尾無線塔を保存する会　193,195
春の町（商店街）　76,77,82,113
東田（高炉群）　64,65,68-71,104,134
東田高炉記念広場　105,109,119,120,131
東田高炉を考える懇談会　102,103,106,113-
　　117,122
東田第一高炉　101,105,130,135
　　――傾斜塔　129,130
　　――給水塔　130,131
「東田第一高炉」　101,105
東田（第一）高炉存廃問題　102,103,104-
　　106,113
東田第一高炉の今後のあり方に関する調査委
　　員会［今後委］　103,104,114-117,122,123
東田第一高炉保存調査委員会［保存委］
　　103,104,114-117,122,123,129
東田（地区）再開発　124-129
非軍事的転用　148,157
100万トンドック　156,186
日雇労働者　82
平瀬（地区）　155,198
平瀬橋　165,166,168,172,174
フィリップ・キング　102
フィリップ・イーキンス　216
福利厚生施設　83,84,86
富国強兵　ⅱ,124

富士製鐵株式会社　65,96
藤原辰雄　188
物質論的転回　47,55,58
物的環境［物的側面］　5,38,40,46,47
プラザ合意　ii , iv ,23,152
武力［物理的暴力］　13,16,214
文化遺産　iv ,2,8,191
　　──化　iv 220
　　──概念　ii ,1
　　──のポリティクス　iii ,8
文化国家　20,21,27,29
文化財　iv ,27-31
文化財登録制度　27,28,49,196,198
文化財保護法　iv ,27
文化振興マスタープラン－文化立国の実現
　　に向けて　21,25
文化政策　24-26,48
文化大国　20,21
文化庁　21,22,25-28,36,48,59,102
文化庁建造物課　18,28,33,123
文化地理学　iii ,46
文化立国　20-22,25
文化論的転回　47,58
米海軍（佐世保基地）　i ,142,150,177,180,184,
　　193,195,200
　　──司令官　201,212
米海軍佐世保弾薬廠　150,160
米軍　i ,139,142,157,162,180,183,192,198,200-
　　202,206,207,215,221-223
　　──施設　140,155,165,166,168,173,174,181,
　　182,195,196,204
米軍基地　151,152,157-161,180,191,196,199,201,
　　205-207,209-211
　　──司令官宿舎　166,168
　　──司令部　166,168,173,211
　　──司令部棟　202,212,213
　　──立入　211,212
米軍原子力艦艇寄港反対運動［寄港反対運動］
　　162,168,180,187,188,215
米軍将校クラブ　166,168,173,202
（米軍）制限水域　139,140,158,160,184

平和運動　162,163,187
反米運動　180
平和憲法　148,187,214
壁画レリーフ「世界をつなぐ海」　174-176
ベトナム戦争　150,152,159
ヘリテイジ　39,56
返還使用協定　156
変動相場制　152
防衛計画の大綱　183,190
北部九州　4,8
歩行者案内サイン　203,204
　　──整備事業　193,203,206
ポストモダニズム　48
保存志向　52

［マ行］
舞鶴（市）　144,157,208
前田（地区）　76-78,84,97,98
前畑（弾薬庫）地区　140,159,202,211,213,216
　　──返還　159,161,183,186,187,209,210
マルクス主義国家理論　8
水野（勲）　107,108,118,119
光武　顯　158,159,161,210
三菱化成工業株式会社［日本タール工業］　72-74
三菱セメント株式会社　73,74
宮原幸三郎　148
民俗学　26,42,44,45
村上龍☞『69 sixty nine』
明治生命保険相互会社本社本館　29
メセナ　24
門司（区／市）　64,66,90,95,98
モダニズム（建築）　51
モニュメント　39,40,56
桃園（地区）　77,78,82,85

［ヤ行］
屋敷町　82
株式会社安川電機製作所　72-74
安田工業株式会社［安田製釘所／大和工業］
　　72-75
矢動丸廣　168,171

柳田國男　43,57
八幡（区／市）　63,64,66,69,72,74,75,87,89,95,146,185
　東西分区　69,88,120
八幡構区　64,68-71,104
八幡構区合理化　70,71,84,86 ☞八幡製造所マスタープラン
八幡製造所マスタープラン　68,71
八幡製鐵株式会社　v,64,65,68,96
八幡製鉄所（製鉄所）　64-71,72-77,84-86,102,103
八幡製鐵ビルディング株式会社　86
八幡西区（西部）　73-75,87-91
八幡東区（東部）　73-77,84-89,112,118,121
八幡東田地区周辺開発計画策定委員会（東田策定委員会）　126-128
唯物論文化地理学　38
遊休地開発　84,94,113
有形文化財（建造物）　18,29
誘致運動　162

ユネスコ　1,23,24,223,225
横須賀市　144,157,158

[ラ行・ワ行]
領域国家　iv,222
領域的支配　13-15
領土☞国土
ルフェーブル（Lofebvre, H）☞『空間の生産』
冷戦体制　ii,139,162,221
　——崩壊　ii,iv,3,150,183,214,222
歴史　40,56
歴史学　40,42
歴史地理学　iii,iv
煉瓦造建造物　192,194,197-200,211
煉瓦廃材　202-205,208
労働下宿　82
6項目返還陳情　158,186,187
ロンドンスピーチ　23,34
若松（区／市）　64,66,90,95,98,134,135

［著者略歴］

山本理佳

1976 年長崎県生まれ．

お茶の水女子大学文教育学部卒業，お茶の水女子大学大学院人間文化研究科博士課程単位修得退学．博士（社会科学）．専攻は文化地理学．現在，明治学院大学非常勤講師／2013 年 4 月から愛知淑徳大学交流文化学部講師．

主要著作に，

『北九州の近代化遺産』［分担執筆］（弦書房，2009 年），『軍港都市史研究 II 景観編』［分担執筆］（清文堂出版，2012 年），「佐世保市行政による軍港像の創出－1960 年代の米軍原子力艦艇寄港反対運動をめぐって」（『地理学評論』78（10）．2005 年），「近代産業景観をめぐる価値－北九州市の高炉施設のナショナル／ローカルな文脈」（『歴史地理学』48（1），2006 年）．「佐世保市における軍港景観の文化資源化」（『国立歴史民俗博物館研究報告』156，2010 年）など．

「近代化遺産」にみる国家と地域の関係性

平成 25（2013）年 2 月 25 日　初版第 1 刷発行

著　者　山本理佳

発行者　株式会社古今書院　橋本寿資

印刷所　株式会社理想社

製本所　渡邉製本株式会社

発行所　株式会社古今書院

〒 101-0062　東京都千代田区神田駿河台 2-10

Tel 03-3291-2757

振替 00100-8-35340

©2013　YAMAMOTO Rika

ISBN978-4-7722-3148-0　C3025

〈検印省略〉　Printed in Japan